AF387617

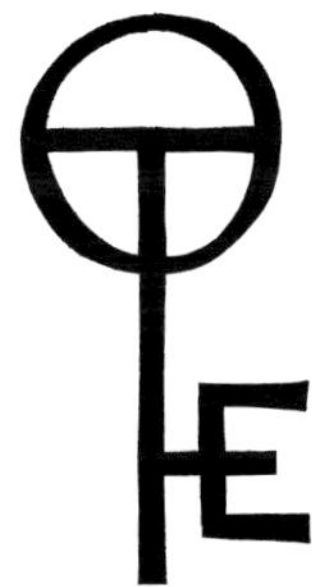

LES TRADITIONS MÉTAPHYSIQUES
ONT TOUJOURS ÉTÉ À LA SOURCE
D'UN ART SACRÉ ET VISIONNAIRE.
LA BIBLIOTHÈQUE DE L'ÉSOTÉRISME
EXPLORE LE LANGAGE SYMBOLIQUE DES
GRANDS RÉCITS UNIVERSELS, RÉCITS
QUE NOUS RELATONS PAR LA PEINTURE,
L'ENCRE, LE TEXTILE ET L'ARGILE.

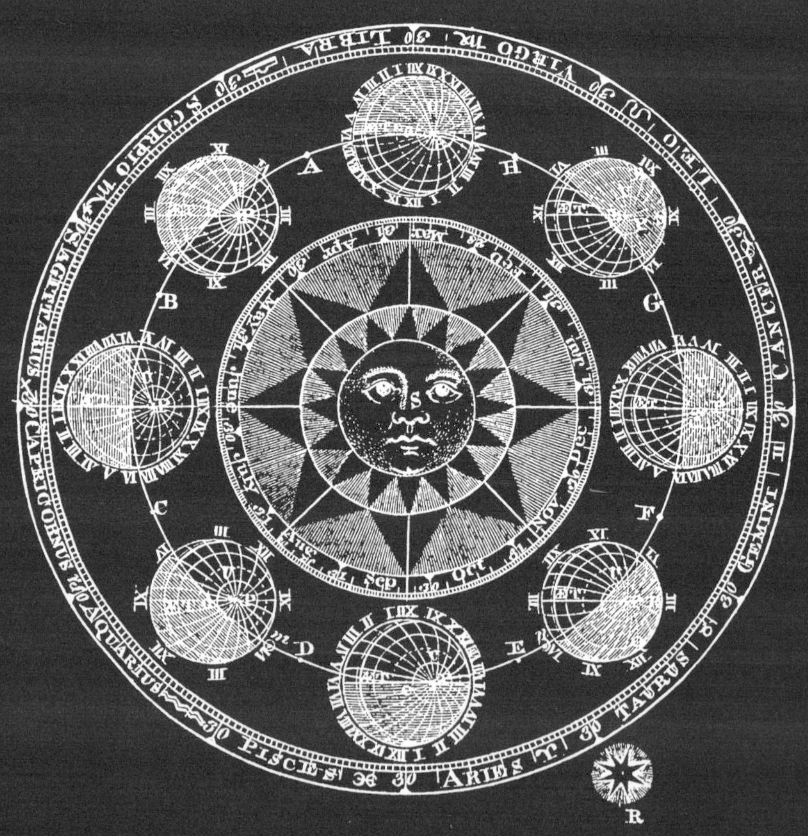

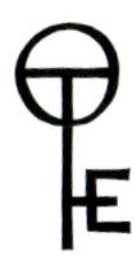

LA BIBLIOTHÈQUE
DE
L'ÉSOTÉRISME

ASTROLOGIE

DIRECTRICE
DE COLLECTION
Jessica Hundley

CONCEPTION
Thunderwing

TEXTES
Andrea Richards

TASCHEN

ASTROLOGIE

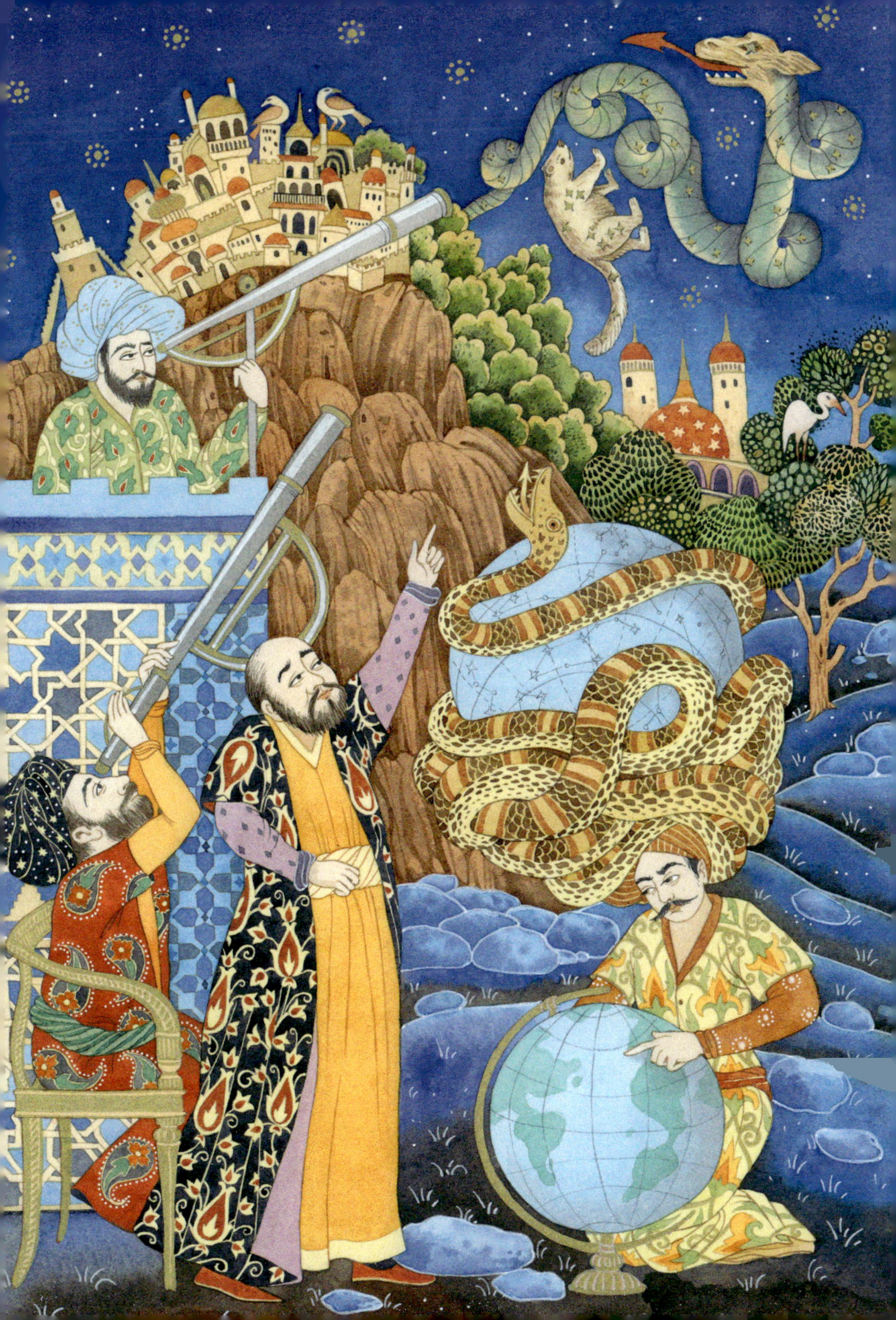

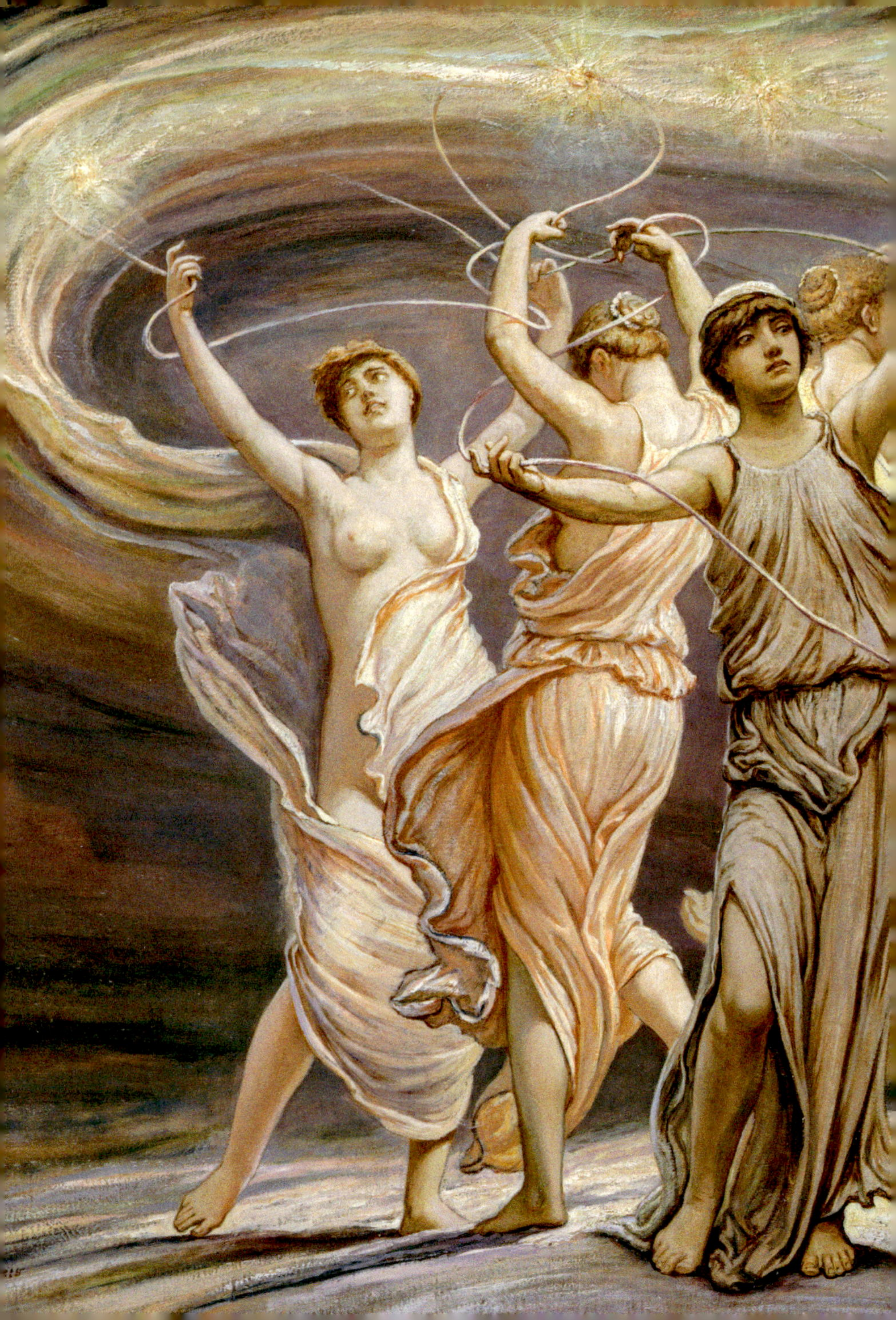

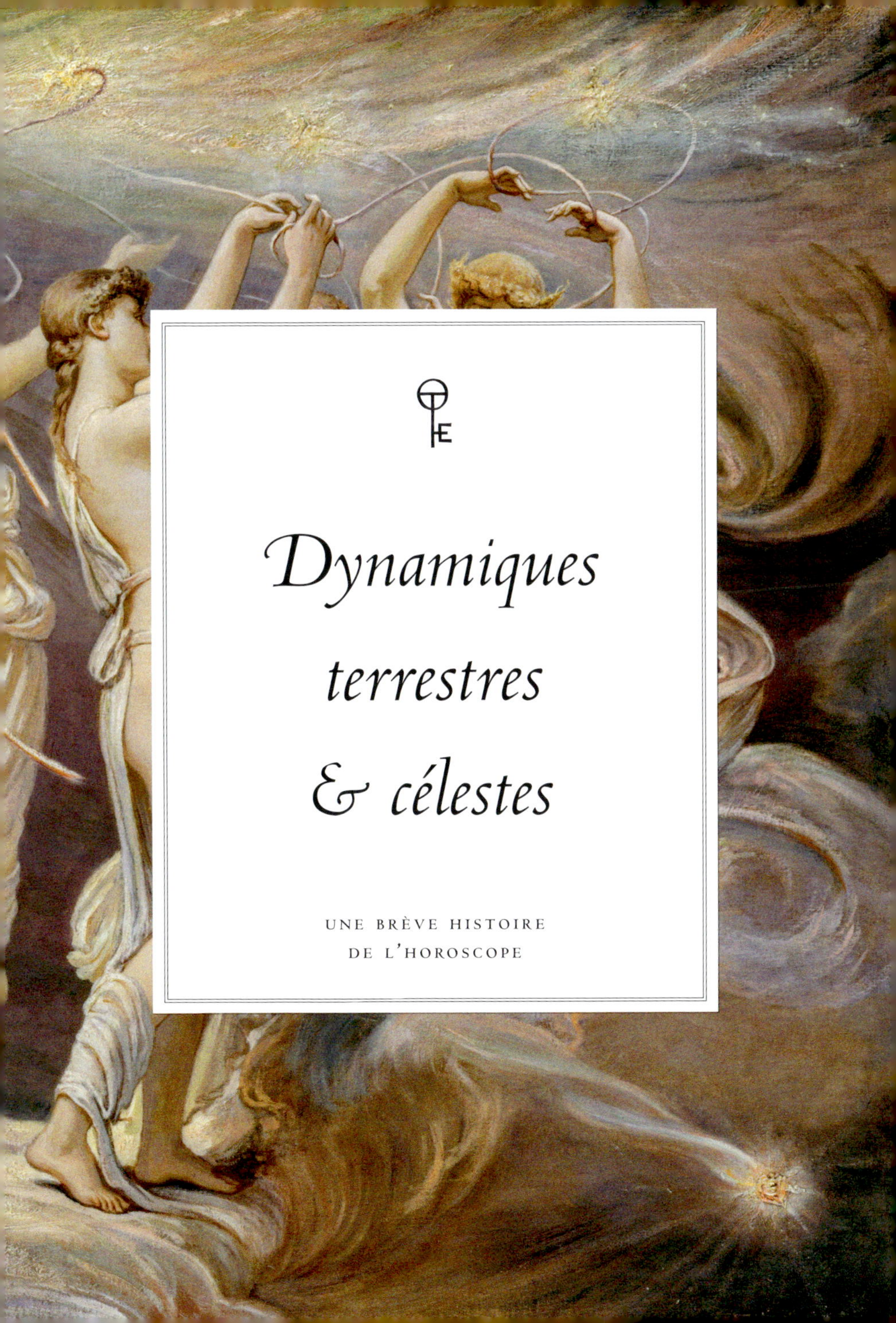

Dynamiques terrestres & célestes

UNE BRÈVE HISTOIRE
DE L'HOROSCOPE

UNE BRÈVE HISTOIRE DE L'HOROSCOPE

À travers le globe, il existe de multiples traditions astrologiques. Aussi faut-il déterminer laquelle de ces riches histoires est à démêler. Cet ouvrage met l'accent sur ce que l'on appelle l'« astrologie horoscopique occidentale ». Elle s'est développée dans le nord de l'Afrique, dans l'ouest de l'Asie (notamment dans les territoires correspondant aux actuels pays islamiques) et en Europe. Née chez les Mésopotamiens au IIe millénaire avant notre ère, elle a évolué au fil des siècles. Elle diffère de ce que l'on appelle l'« astrologie orientale », en ce qu'elle recourt aux calculs astronomiques plutôt qu'aux cycles de 60 ans à la base des astrologies chinoise et tibétaine. Ces deux catégories sont loin d'être les seules. Il existe aussi en effet l'astrologie africaine qui dérive de la géomancie, l'astrologie des Amérindiens qui est totémique, l'astrologie de la Méso-Amérique pratiquée par les Aztèques et les Mayas, ou encore l'astrologie celtique qui repose sur le système druidique et les signes des arbres. La tradition indienne de Jyotisha, nommée aussi « astrologie védique ou hindoue », bien qu'« orientale », présente des similitudes et partage à l'origine des points communs avec l'astrologie occidentale. C'est pourquoi elle est incluse dans ces pages bien que les deux systèmes soient différents.

Outre les systèmes organisés d'astrologie, presque toutes les cultures du monde ont connu une forme de divination céleste ou de quête du sens fondée sur les configurations du ciel. Pour beaucoup, l'émergence de l'astrologie – et de l'astronomie – va souvent de pair avec la mise au point d'un calendrier lié aux saisons agricoles et à leurs fêtes. Dans l'Égypte ancienne, par exemple, la crue annuelle du Nil a imposé un modèle d'événements récurrents : l'étoile Sirius, la plus brillante du ciel, qui surgit à l'est juste avant le lever du soleil, annonçait la crue. Son apparition coïncidait avec le solstice d'été qui, pour les anciens Égyptiens, était à la fois une occasion de fête (célébration de la fertilité de la vallée du Nil) et un indicateur de temps (début de l'année). De même, dans plusieurs cultures, le groupe d'étoiles des Pléiades donnait le signal de la moisson. Au Japon, le mouvement de Subaru (nom japonais des Pléiades) indiquait quand planter le riz. Dans la Grèce antique, on semait le blé lorsque les Pléiades quittaient le ciel et on le coupait quand elles revenaient. L'observation des cycles du Soleil et de la Lune, ou d'autres étoiles, a fourni à de nombreuses cultures anciennes un cadre – ainsi des calendriers lunaire et solaire toujours utilisés – pour mesurer l'écoulement du temps.

Athanase Kircher · Frontispice d'*Arithmologia* Allemagne · 1665 Savant jésuite, Kircher a écrit sur les mathématiques, l'astronomie et la géométrie sacrée. Dans *Arithmologia*, son traité sur la numérologie et l'univers, une illustration figure les étoiles et les planètes en orbite autour d'une terre immobile.

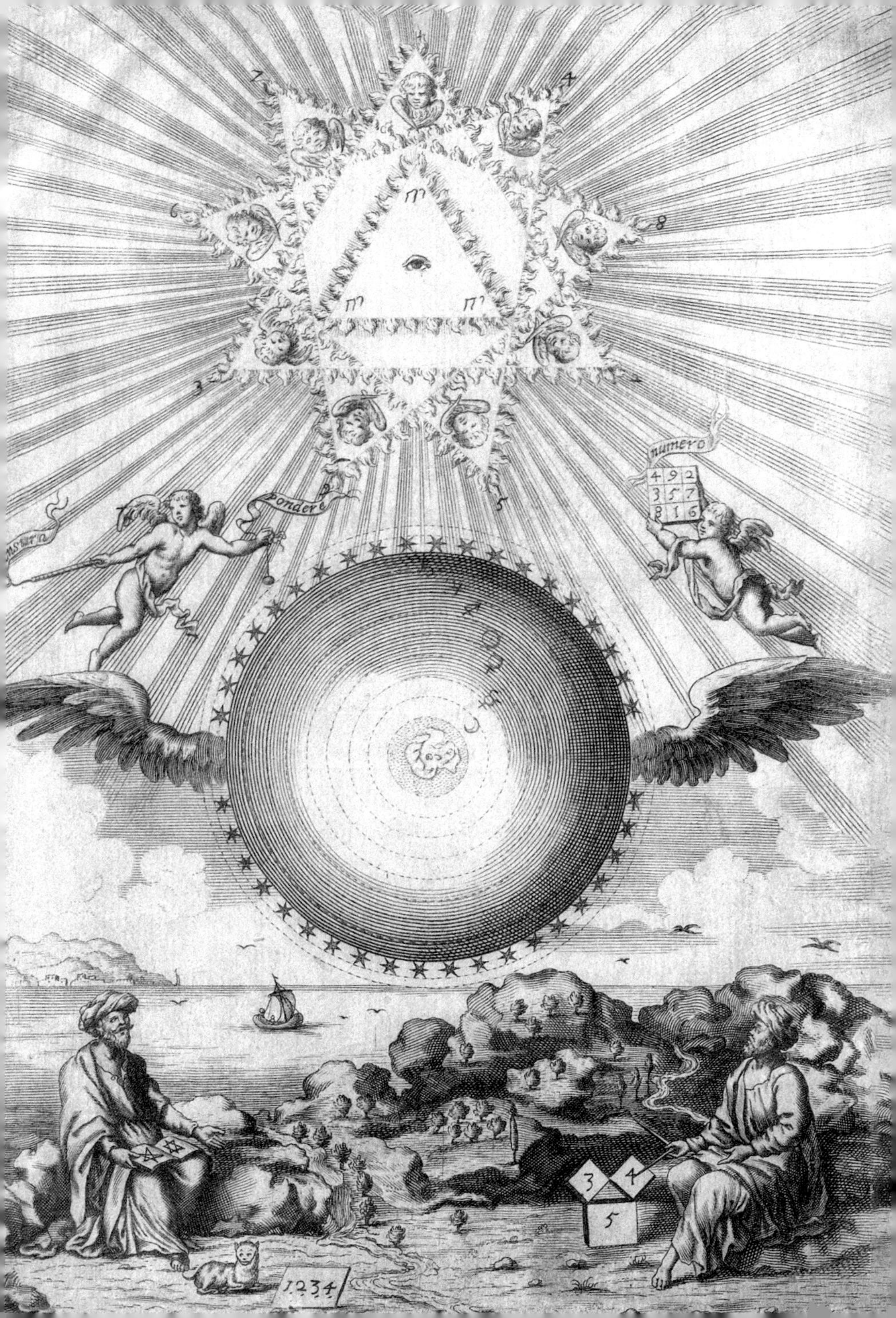

numero
pondere
mensura
492
357
816
1234
3 4
5

L'historien Nicholas Campion définit l'astrologie comme l'idée « qu'il existe une relation significative entre les étoiles ou les planètes et les affaires terrestres ». Il note que ce « principe simple » a donné de nombreuses variantes à travers le monde. La plupart des cultures pratiquent l'astrologie et, comme il l'écrit dans *Astrology and Cosmology in the World's Religions*, toutes recourent aux mêmes étapes fondamentales. « D'abord, on observe le ciel ; de nos jours, cela est du ressort de l'astronomie. Puis, on interprète les configurations du ciel. Enfin, on conseille une action. Ce dernier point est essentiel, car l'astrologie est incontestablement un guide pour agir. »

L'ÈRE DE L'ASTRONOMIE

Pour certains chercheurs, les racines de l'astrologie horoscopique occidentale remonteraient aux peintures rupestres du paléolithique. Des dessins d'animaux de la grotte de Lascaux, exécutés vers 15000 av. J.-C. dans le sud-ouest de la France, pourraient en effet être interprétés comme une représentation de la position des planètes dans le ciel nocturne. Que ce soit exact ou non, les archéologues n'en qualifient pas moins d'« ère de l'astronomie » l'époque de la révolution de l'agriculture, qui débuta au Proche-Orient vers le Xe millénaire av. J.-C. et s'acheva en Europe occidentale au IIIe millénaire av. J.-C. Des monuments de cette période – Stonehenge, les pyramides et les obélisques d'Égypte, les pyramides des Mayas – prouvent que les alignements astronomiques servaient de cadrans solaires ou d'horloges à ombre pour mesurer le mouvement du Soleil pendant la journée.

Les historiens font remonter l'astrologie occidentale à la civilisation babylonienne du IIe millénaire av. J.-C., voyant dans ses origines un mélange d'astrologie babylonienne ancienne, de religion égyptienne et de philosophie hellénistique. Une collection de tablettes cunéiformes du VIe siècle av. J.-C. découvertes près de Mossoul témoigne de la filiation babylonienne. Connus sous le nom d'Enuma Anu Enlil, les fragments de 70 tablettes exhumés du site de la plus ancienne bibliothèque royale conservée, fondée par le roi d'Assyrie Assourbanipal, appartenaient à un manuel de présages célestes. Ces tablettes consignaient des prédictions faites à partir du mouvement des planètes en établissant une correspondance directe entre des événements célestes d'une part, et la vie de certains souverains et les catastrophes terrestres (pluies, inondations, siège, destruction, etc.) d'autre part. L'historien Tamsyn Barton, entre autres, souligne qu'elles intégraient aussi un matériel plus ancien d'étude de l'activité céleste, notamment des catalogues d'étoiles et de journaux qui décrivent le mouvement de certaines planètes et attribuent un nom à des constellations données. Autre élément surprenant, les 88 constellations reconnues officiellement aujourd'hui sont les héritières d'une connaissance qui remonte à plus de 5 000 ans. Quarante-huit d'entre elles, dites « originelles », et connues aussi des

Anonyme · Lascaux, peintures rupestres · France Paléolithique Parmi les peintures de la grotte de Lascaux, datées de quelque 17 000 ans, figureraient la constellation du Taureau, la ceinture d'Orion et les Pléiades. Si cela se révélait exact, il s'agirait des plus anciennes représentations astrologiques.

Grecs, trouvent leur origine, une fois de plus, en Mésopotamie. Dès 3000 av. J.-C., les Babyloniens avaient identifié (ou inventé) les constellations auxquelles ils ont donné le nom de personnages empruntés à leurs traditions. Les auteurs de ces recherches appartenaient à la caste des prêtres dite « chaldéenne » dans la littérature astrologique. Si la Chaldée est un pays de langue sémitique annexé par Babylone au milieu du VIe siècle av. J.-C., le terme a par la suite servi à désigner les anciens prêtres astrologues, quelle que soit leur appartenance ethnique. Ces prêtres se livraient à l'astrologie dans les grandes ziggourats en briques de terre crue telle celle d'Ur (Irak actuel), érigée au XXIe siècle av. J.-C. et dédiée à Nanna, dieu sumérien de la Lune. Un texte sumérien de 2100 av. J.-C. environ évoque la construction d'un temple fondée sur la position des constellations. Le lien est déjà évident : par le biais des étoiles, les divinités s'adressaient à la Terre, une communication qui prenait souvent la forme d'un récit. Les configurations dessinées par les corps célestes pouvaient être interprétées et utilisées comme des représentations visuelles de la sagesse divine, et pour décrire leurs particularités

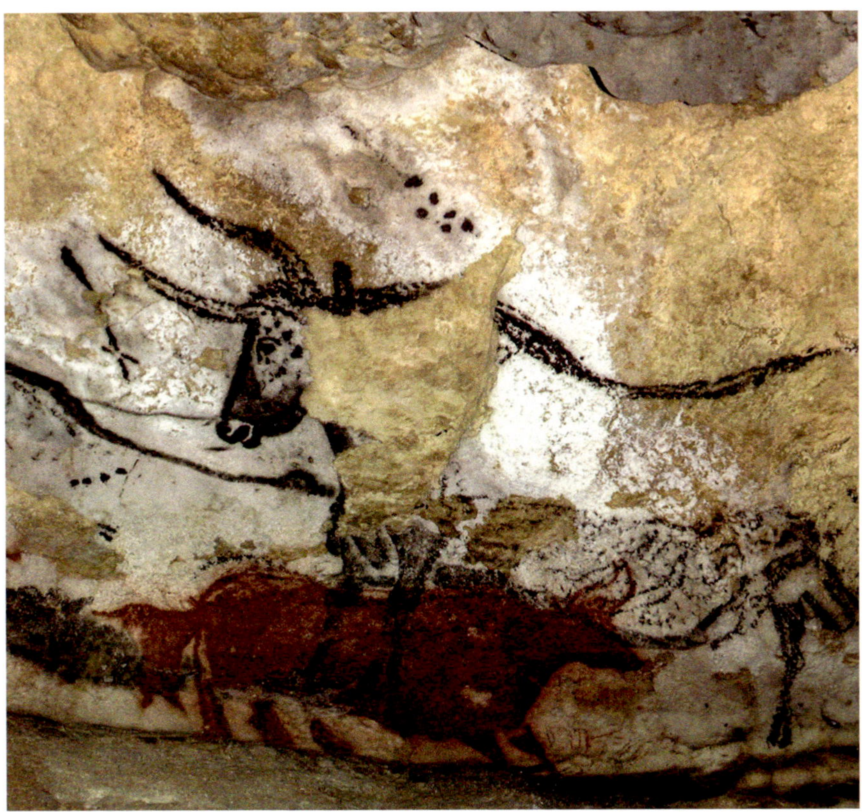

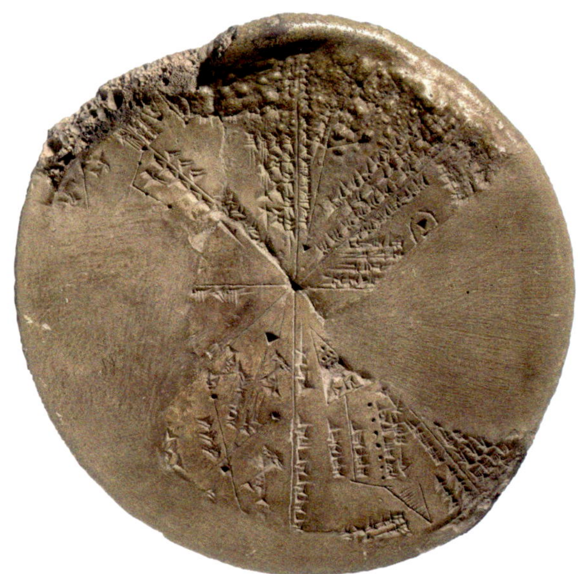

et leur signification – à savoir lire les signes et les messages du cosmos –, il fallait un langage symbolique nouveau. Le mot « astrologie », qui aujourd'hui désigne ce langage, dérive du grec *astron* (étoile) et *logos* (parole, discours), et bien qu'ils n'aient pas utilisé ce terme, les Babyloniens ont véritablement créé des « paroles d'étoiles » qui allaient servir de fondements à la discipline. Dès les débuts de l'astrologie, les astres ont été perçus comme des présages capables de révéler une connaissance cachée.

L'avancée la plus importante attribuée aux astrologues chaldéens remonte à 700 av. J.-C. Il s'agit de l'invention de l'écliptique, un cercle imaginaire dans le ciel qui indique le mouvement apparent du Soleil autour de la Terre au cours d'une année. (Bien sûr, on découvrira plus tard que c'est la Terre qui tourne autour du Soleil.) En observant le ciel nocturne, les anciens astrologues avaient remarqué des étoiles « fixes » qui semblaient tourner autour de la Terre, mais restaient stationnaires les unes par rapport aux autres. Parmi elles, certaines voyageaient rapidement et de manière irrégulière, mais dans la même direction que les étoiles fixes. Ces étoiles plus véloces et inconstantes (qualifiées par la suite d'« errantes ») sont désormais identifiées aux planètes. Toutes ont la particularité de circuler sur une voie étroite, l'écliptique, que les anciens astrologues avaient cartographié et qui permettra par la suite d'établir le zodiaque. Vers 539 av. J.-C., ceux-ci vont diviser le cercle en 12 parties et les nommer

Anonyme · Planisphère néoassyrien · Assyrie
VIIe siècle av. J.-C. Découverte dans les ruines de la ville de Ninive, la tablette en terre cuite enregistre le ciel nocturne du 3 au 4 janvier 650 av. J.-C.

Plusieurs sites archéologiques de la Mésopotamie, où vécurent les premiers astronomes responsables des progrès de l'astrologie et de l'astronomie, ont livré des tablettes cunéiformes de ce type.

d'après les constellations d'étoiles qui y sont. Ainsi est né le zodiaque. Pour contextualiser sa naissance, rappelons que Gautama Bouddha est né 20 ans plus tôt et Confucius 12 ans auparavant ; Jésus-Christ naîtra 500 ans après et Mahomet 1 000 ans plus tard. Le principe du zodiaque, 12 signes qui divisent le ciel en signes particuliers, est véritablement l'héritage d'un savoir ancien, puisqu'il est apparu à peu près à la même époque que les autres grands systèmes qui visaient à définir notre place dans le cosmos.

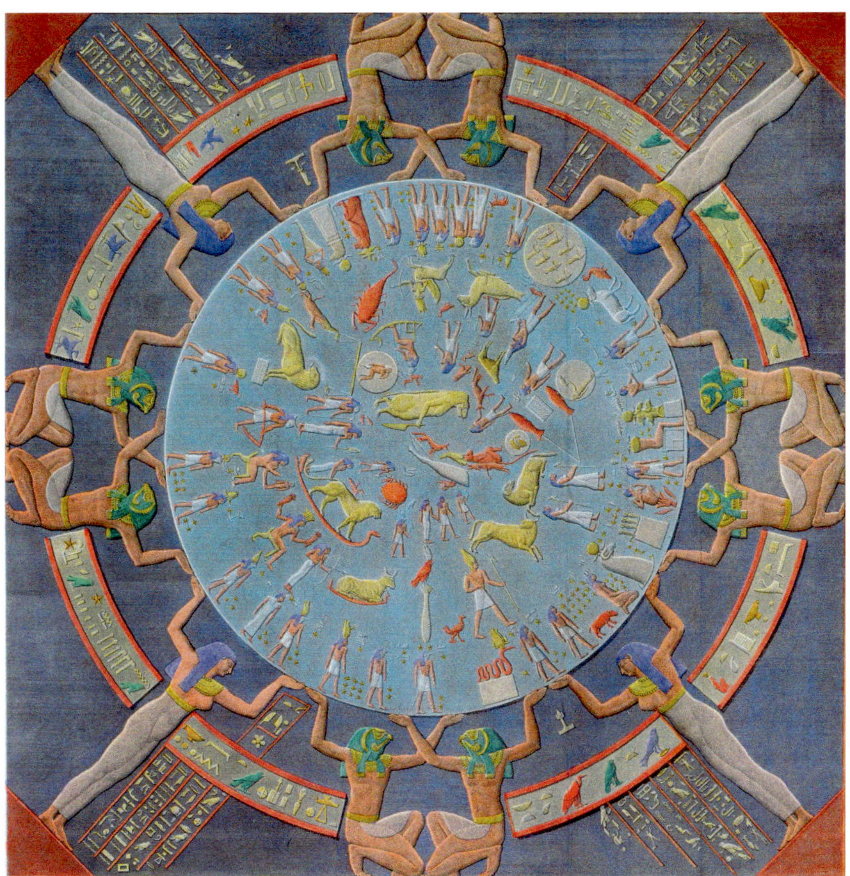

Jean-Baptiste Jollois & Édouard Devilliers · Zodiaque de Dendérah tiré de *Description de l'Égypte* · France 1809 Parmi les objets illustrés dans l'inventaire de l'Égypte commandé par Napoléon Bonaparte figure le célèbre zodiaque décorant le plafond de la chapelle d'Osiris, dans le temple d'Hathor, à Dendérah, en Égypte. Aujourd'hui au musée du Louvre, le bas-relief en grès représente le ciel nocturne avec les cinq planètes anciennes, les 36 décans (ou génies), les 12 signes du zodiaque et diverses constellations.

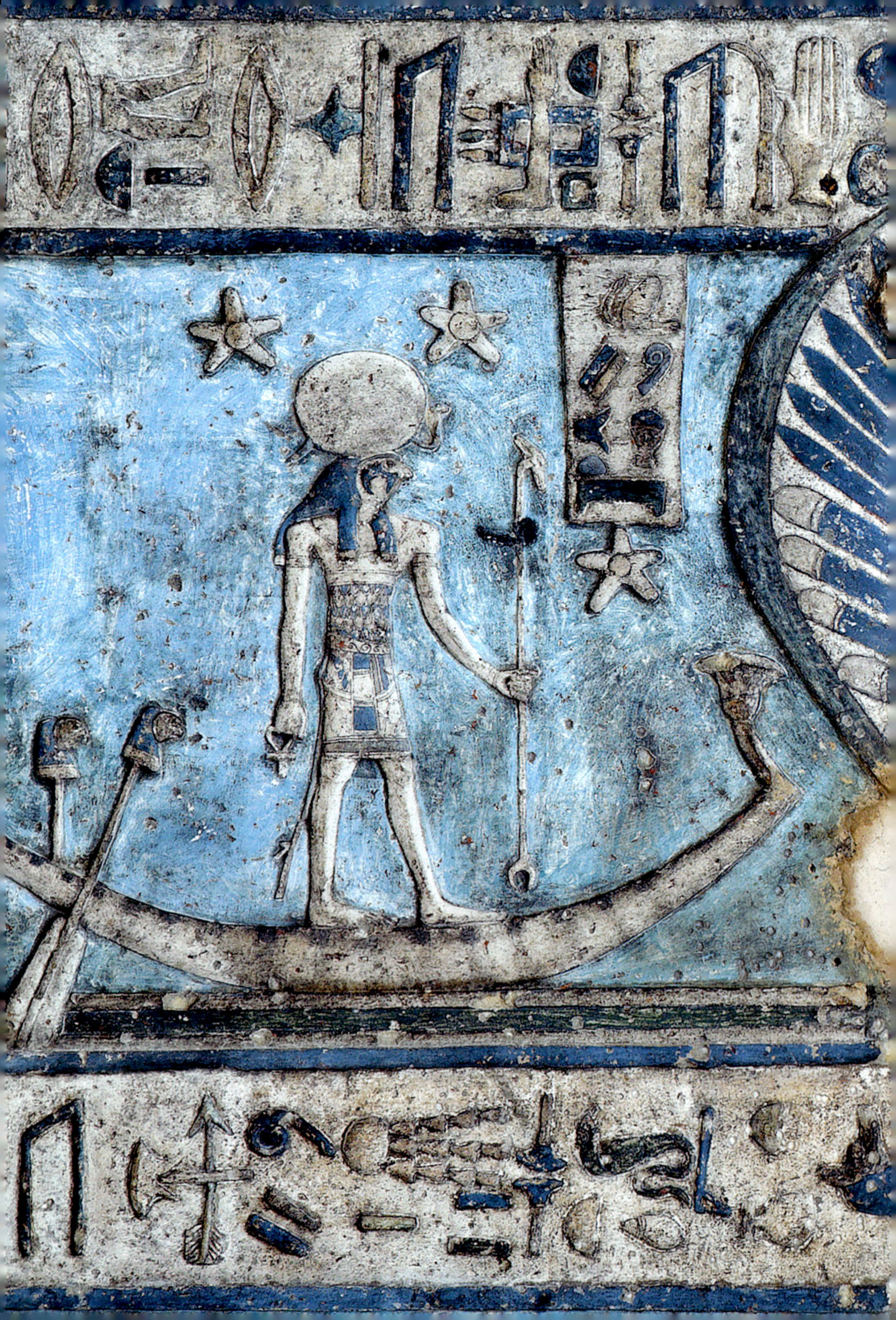

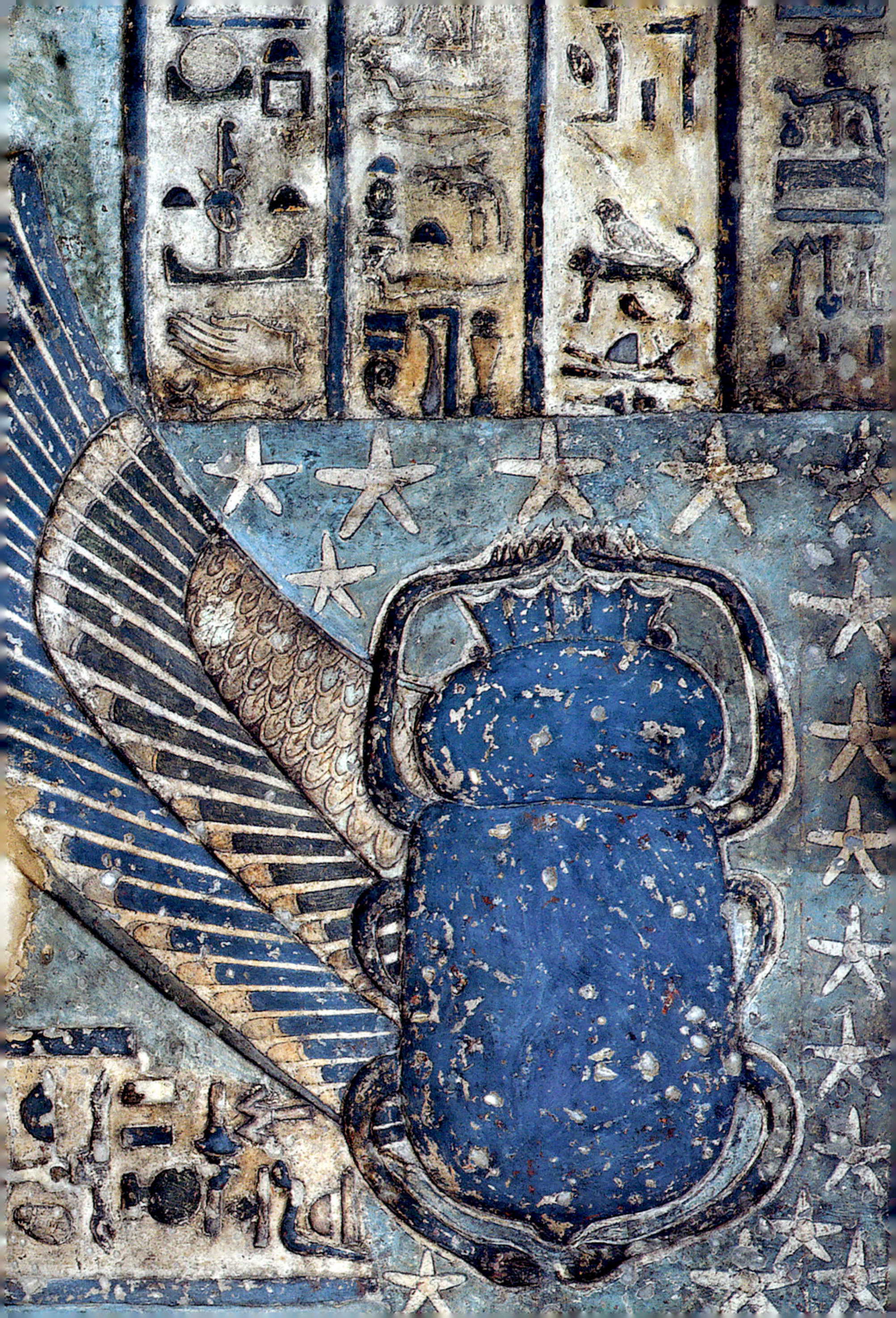

Si les Babyloniens ont posé les fondements de ce que nous appelons l'«astrologie occidentale», ce sont les Égyptiens, les Grecs, les Romains, les Arabes et les Perses, notamment, qui ont développé et élargi le champ d'activité de la discipline. Au VIe siècle av. J.-C., le premier Empire perse importe la tradition astrologique babylonienne en Égypte où elle va rencontrer le système astrologique égyptien déjà bien organisé. Depuis le XIIIe siècle av. J.-C. au moins, les Égyptiens enregistraient leurs propres données sur les étoiles, dont des tables de constellations et les influences qu'elles exercent sur les êtres humains d'heure en heure. À la fois astronomes et astrologues, ils ont établi un lien entre des parties et des fonctions précises du corps humain et les étoiles, créant des associations qui perdurent aujourd'hui. De même, l'idée des décans, subdivision des signes du zodiaque en trois, est d'origine égyptienne. De manière générale, les conquêtes grecques en Égypte et en Mésopotamie ont conduit à la fusion des traditions babyloniennes, égyptiennes et grecques, et donné naissance à l'astrologie horoscopique occidentale. La bibliothèque d'Alexandrie, riche de 700 000 rouleaux de papyrus à son apogée, a joué un rôle fondamental dans l'évolution de l'astrologie dans l'Antiquité classique. Ce célèbre centre de savoir a favorisé l'éclosion de nombreuses découvertes scientifiques, mathématiques et artistiques, dont le livre considéré comme le texte fondateur de l'astrologie appliquée : le *Tetrabiblos* de Claude Ptolémée. Avant lui, de nombreux grands penseurs grecs (Euclide, Aristarque de Samos, Ératosthène) avaient étudié à la bibliothèque et y avaient fait des découvertes déterminantes dans des domaines aussi variés que les mathématiques et la géographie. Et ces découvertes n'ont pas été sans influencer l'astrologie. C'est durant cette période féconde qu'Ératosthène de Cyrène, savant universel et écrivain qui officiait à la tête de la bibliothèque et que l'on considère généralement comme le père de la géographie, a calculé pour la première fois la circonférence de la Terre ainsi que la distance la séparant du Soleil et d'autres corps célestes.

Cette intense activité intellectuelle était la norme au moment où Ptolémée, érudit égyptien d'origine grecque, commence à travailler à la bibliothèque d'Alexandrie. En combinant les avancées en mathématiques, en géométrie, en astronomie et ses propres découvertes en optique avec la documentation consacrée à l'astronomie que détient la bibliothèque, il allait écrire «un ouvrage de référence sur l'astronomie mathématique», *Mathematike Syntaxis*, considéré comme la bible des astronomes de l'époque, qui sera plus tard traduit en arabe sous le titre d'*Almageste*. Ptolémée va ensuite rédiger une annexe, le célèbre *Tetrabiblos*, qui puise aussi ses sources dans la riche collection de la bibliothèque. Ensemble, ces deux textes formaient un catalogue des constellations cartographiées (48 à l'époque et des milliers d'étoiles) et exposaient une vraie méthodologie pour comprendre l'influence de leurs mouvements. Le *Tetrabiblos*, qui se compose de quatre livres (d'où son nom), décrit beaucoup d'aspects de l'astrologie

(pages 14-15) Anonyme · Plafond du temple d'Hathor · Égypte · Ier siècle av. J.-C Dendérah, dédié à Hathor, déesse du ciel et de la fertilité, est orné de reliefs sculptés, aux motifs astrologiques.

Anonyme · *L'Observatoire de Maragha* · Perse XVe siècle Édifié au XIIIe siècle pour le philosophe et savant Nasir al-Din al-Tusi, l'observatoire de Maragha fut majeur dans l'histoire de l'astronomie.

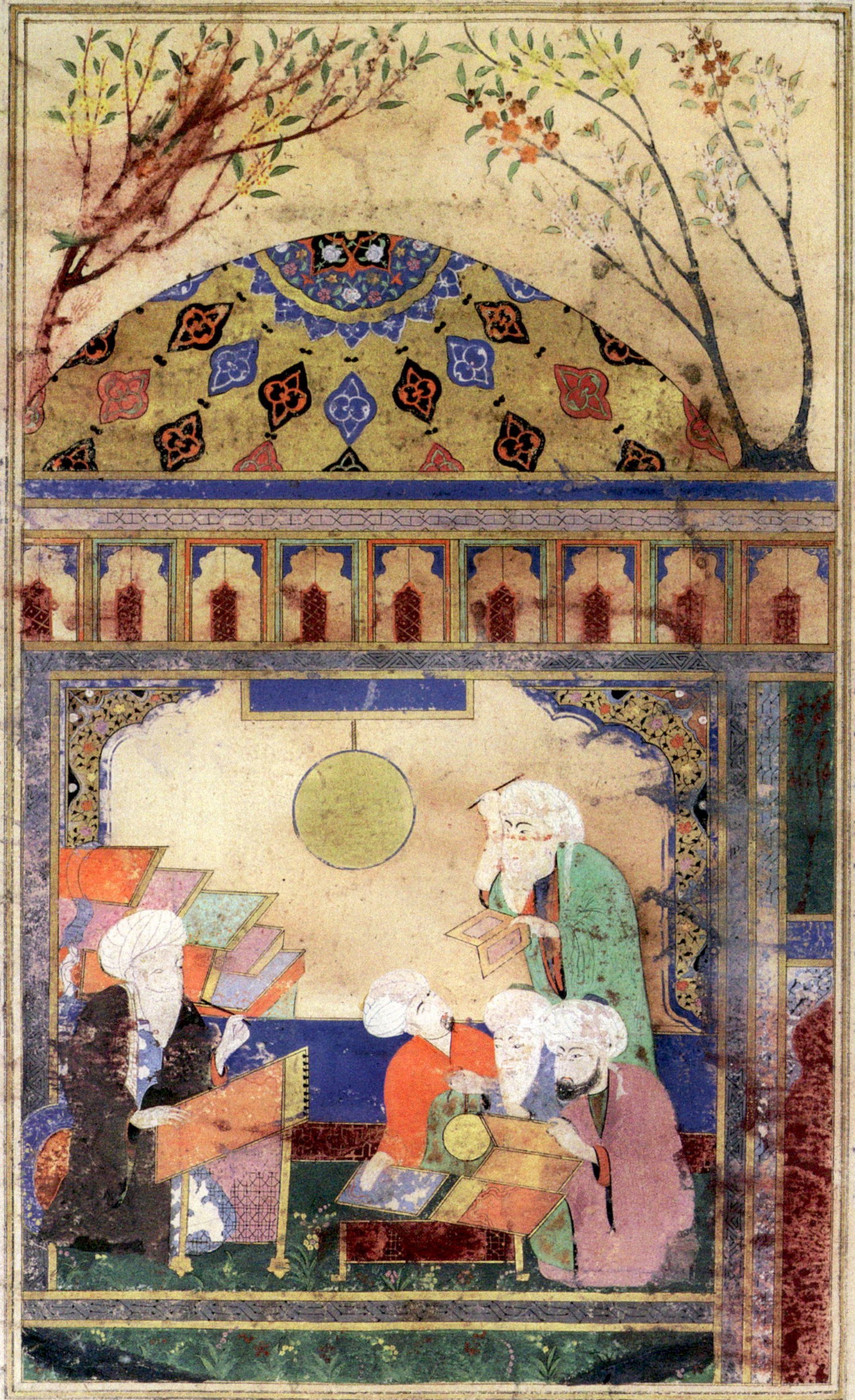

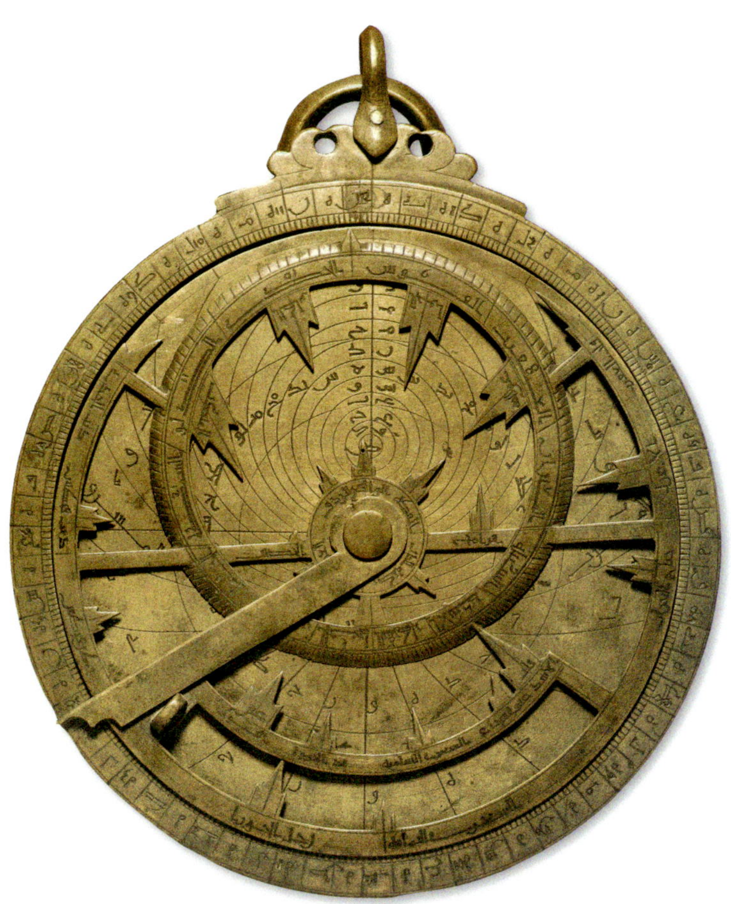

devenus canoniques dans l'astrologie occidentale, telles l'utilisation du zodiaque tropical et la manière de dresser un horoscope. Comme, aujourd'hui, nous avons tendance à identifier l'horoscope aux préconisations publiées dans les journaux ou sur les réseaux sociaux, il est nécessaire de préciser qu'il s'agit, en réalité, d'un graphique qui cartographie les positions des corps célestes à partir desquelles se font les interprétations. Un horoscope – ou carte horoscopique – est une carte du ciel établie à un moment et en un lieu particulier. Il sert, bien sûr, de base à l'astrologie horoscopique. Car bien qu'il y ait toutes sortes d'horoscopes – et de techniques pour les utiliser –, tous commencent par un diagramme. Il est

Anonyme · Astrolabe · Provenance inconnue
Xᵉ siècle Pour les calculs astronomiques et mathématiques, les anciens astronomes et astrologues recouraient aux astrolabes. Sur ce modèle, en cuivre, sont gravées une échelle graduée et des marques indiquant les mois et les signes du zodiaque.

à noter que l'œuvre de Ptolémée, dont le rôle est fondamental dans la pratique actuelle de l'astrologie horoscopique, se compose d'ouvrages qui sont des résumés sélectifs des idées astrologiques qui circulaient alors. Ses travaux font partie d'un dialogue plus vaste qui fusionnait les idées de plusieurs savants et de nombreuses cultures.

L'ASTROLOGIE PREND FORME

À la mort d'Alexandre le Grand, ses généraux se partagent les territoires de son empire. Pendant toute la période hellénistique, les rois qui les gouvernent vont conserver leurs idées et leurs goûts cosmopolites, favorisant ainsi les échanges commerciaux avec l'Asie de l'Ouest, incluant l'Inde, le Proche-Orient, la Grèce et l'Égypte. En accumulant à la fois des biens matériels et des idées, ils vont créer un milieu fécond, le sol fertile convenant au développement de la doctrine astrologique. Un grand nombre de gens parlaient une langue commune, une sorte de grec informel qui facilitait les échanges d'idées, y compris astrologiques, et leur diffusion dans ces régions. D'une culture à l'autre, des concepts spécifiques ont été adoptés ou ont fusionné, de sorte qu'il est difficile aujourd'hui de déterminer qui, le premier, a apporté tel ou tel élément à l'astrologie.

Au Ier siècle de notre ère, l'astrologie est une pratique répandue dans la majeure partie de l'Empire romain et parfaitement intégrée à la vie quotidienne en tant qu'outil de divination. (Aujourd'hui, en astrologie, ce sont les noms romains plutôt que grecs ou babyloniens qui sont utilisés pour les planètes et les signes du zodiaque.) Ce nouveau système complexe de divination convenait parfaitement aux souverains puisqu'il était conçu pour l'individu plus que pour une communauté. En consultations privées, les empereurs recueillaient des prédictions qu'ils exploitaient ensuite à des fins politiques, en utilisant les symboles astrologiques pour contrôler l'opinion publique. L'astrologie se mit à prospérer jusqu'à conduire à une spécialisation poussée de ses praticiens. Dans son livre *Ancient Astrology*, l'historien Tamsyn Barton évoque un groupe d'astrologues qui se consacrait uniquement aux courses de chars du cirque romain et qui consultait les cartes pour identifier les vainqueurs. Avec la chute de Rome et l'avènement du christianisme, les pratiques astrologiques deviennent suspectes et sont interdites. Le lien de l'astrologie avec la magie, qui explique notamment pourquoi les empereurs respectaient ses injonctions, est désormais perçu comme maléfique. Au IVe siècle, sous saint Augustin, l'Église, qui se mobilise contre toute forme de concurrence potentielle, proscrit l'astrologie en tant que doctrine tout en continuant à s'en servir par intermittence au service de son propre intérêt. Jugée sacrilège, l'astrologie va entrer dans la clandestinité en Occident. L'Empire romain christianisé édicte des lois qui punissent les astrologues ou quiconque est impliqué dans la pratique de la magie ou de la divination. Barton raconte ainsi qu'en 409, les astrologues sont poussés à brûler leurs livres. Quant à ceux qui agissent par *curiosita divinandi*, ou « désir d'apprendre par la divination », ils connaissent des châtiments plus sévères encore, pouvant aller jusqu'à l'exil et la mort. Pourtant, comme le soulignent Barton et d'autres chercheurs, les textes sacrés du christianisme, l'Ancien et le Nouveau Testament,

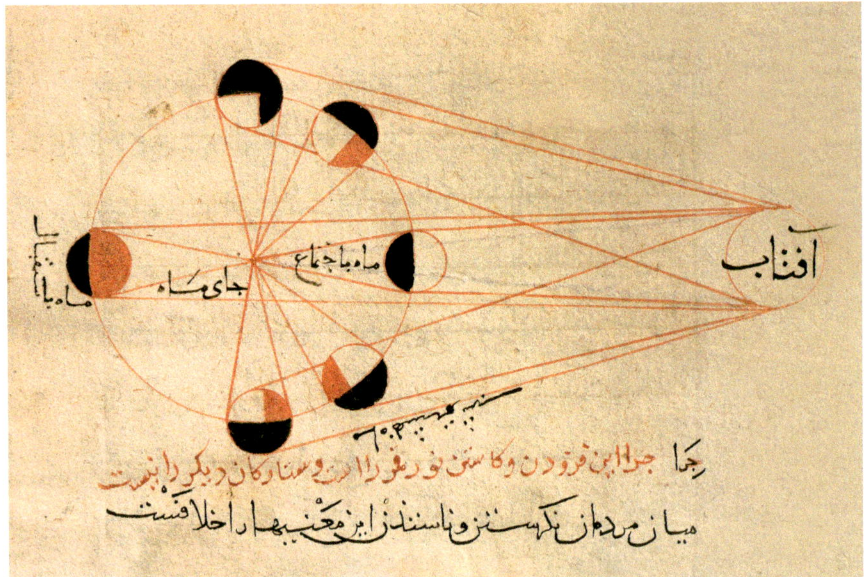

fourmillent de références astrologiques et de présages célestes comme l'atteste, par exemple, l'histoire des mages, ces trois hommes qui suivirent une étoile jusqu'au lieu de naissance de Jésus. Des siècles durant, on les qualifia de « sages », cachant ainsi leur identité. Aujourd'hui, les chercheurs s'accordent à dire qu'il s'agissait d'astrologues (dans la Bible, on note également qu'une éclipse solaire commence à la dernière heure de la Crucifixion). Tandis que le christianisme se transforme en structure organisée, il semble que la perception de l'astrologie par ses chefs de file change : de composante de la culture et de l'histoire, elle prend l'allure d'une sérieuse menace contre l'autorité de l'Église.

Sur le territoire de l'ancien Empire romain, l'astrologie entre dans une période d'immobilisme et de répression, mais ailleurs, elle continue à prospérer grâce aux scientifiques et aux astrologues du millénaire dit « islamique ». Au cours de cette période d'un peu moins de 700 ans, qui s'étend du VIIIe au milieu du XVe siècle, les astronomes/astrologues et les mathématiciens des pays islamiques vont réaliser de grandes découvertes et des travaux scientifiques qui feront progresser non seulement leur domaine, mais aussi les sciences connexes : mathématiques, géographie et physique. À Bagdad,

Anonyme · *Phases de la Lune* extrait de *Kitab al-Tafhim* · Perse · XIe siècle Éminent savant, mathématicien, scientifique et astronome de l'âge d'or islamique, Al-Bīrūnī a couché par écrit et commenté des connaissances scientifiques et les a diffusées dans d'autres cultures. Également historien et linguiste, il a rendu compte d'inventions et traduit des découvertes majeures dans de nombreuses langues.

foyer de culture, les savants musulmans retrouvent des sources anciennes de la Grèce et de l'Inde et traduisent fébrilement de nombreux textes du sanskrit, du pahlavi et du grec en arabe. Ils consignent, par ailleurs, les traditions des Bédouins arabes qui ont cartographié les positions des étoiles et des constellations en suivant les mouvements du Soleil et de la Lune à travers les signes du zodiaque et les mansions lunaires. Bien que le Coran interdise de vénérer le Soleil et la Lune, l'islam a encouragé l'étude de l'astrologie, car il était nécessaire d'indiquer aux fidèles leur position relative afin qu'ils puissent faire leurs prières en direction de La Mecque. À l'instar des empereurs romains (et par la suite les rois des cours de la Renaissance, et jusqu'à la reine Élisabeth Iʳᵉ d'Angleterre), les califes et les sultans aiment à s'entourer d'astronomes/astrologues même si leur présence semble incompatible avec la religion officielle du pays. Ces derniers ne se contentent pas de traduire et de résumer des connaissances puisées ailleurs – grecques, romaines, indiennes et perses –, ils adaptent les savoirs existants et font des découvertes fondamentales apportant de nouvelles contributions. Comme le note Stephen P. Blake dans son livre *Astronomy and Astrology in the Islamic World*, «jusqu'à la fin du XVIᵉ siècle, ce sont les astronomes et les mathématiciens du monde islamique (et non les Européens) qui sont à la pointe de la science. Ce sont leurs idées et leurs découvertes qui préparent la voie à la grande révolution qui va suivre».

En terre d'islam, les astronomes/astrologues ont perfectionné les instruments scientifiques d'étude de l'astronomie. Notamment, ils ont amélioré l'astrolabe et le *zij*, un ensemble de tables permettant de calculer la position du Soleil, de la Lune, des cinq planètes et des étoiles environnantes. On leur doit aussi l'idée d'un observatoire scientifique. Ce type d'établissement rempli d'instruments voués à l'étude des astres dépasse ce que les Grecs avaient réalisé en termes d'observation céleste. Il favorise aussi le développement de domaines d'étude voisins. Commandé par Houlagou, souverain mongol ilkhan, et achevé en 1259, l'observatoire de Maragha s'affirme comme l'institution scientifique la plus avancée

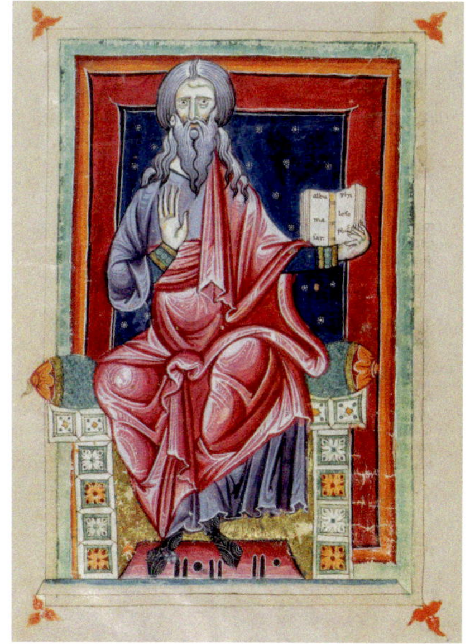

Anonyme · Portrait d'Abu Ma'shar tiré de *Liber astrologiae* · Italie · XIIIᵉ siècle Important traité du Moyen Âge, le *Liber astrologiae* de Georgius Zothorus Zaparus Fendulus consigne l'étude et le texte sur l'astrologie orientale et occidentale du mathématicien et astronome perse Abu Ma'shar, auteur, savant et professeur à la cour de Bagdad au IXᵉ siècle.

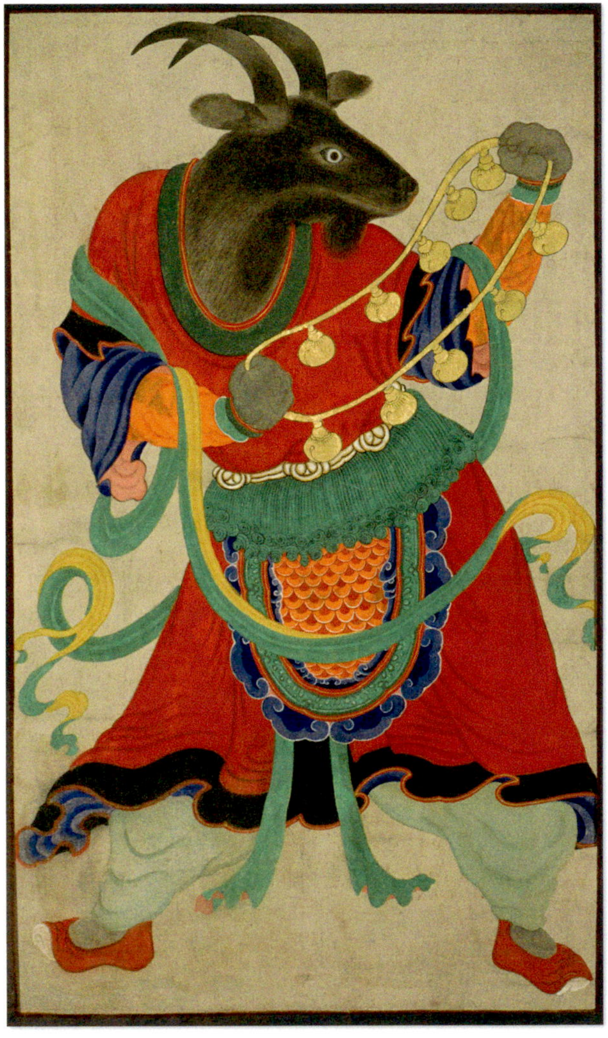

Anonyme · Animaux du zodiaque chinois : la Chèvre
et le Cheval · Corée · XVIIe siècle Emprunté à l'astrologie chinoise, où chaque signe correspond à un
animal, ce zodiaque de l'art populaire coréen
est appelé *Sibijisin* (« 12 dieux sur Terre »).

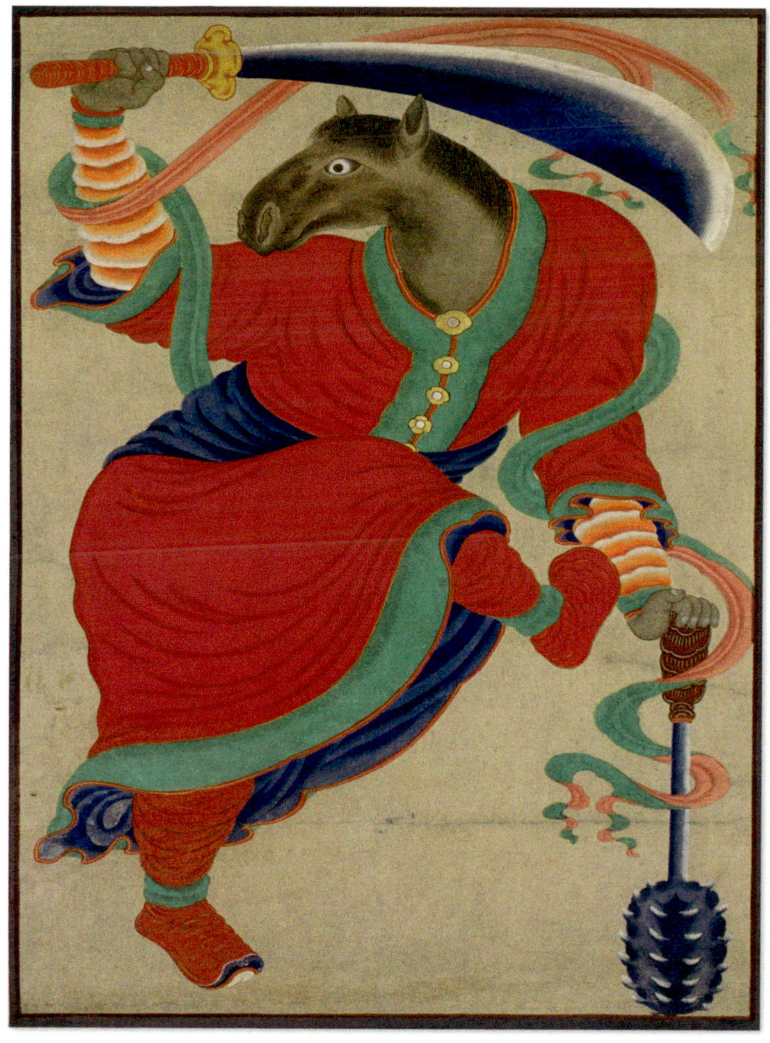

de son temps, possédant sa propre bibliothèque et hébergeant une communauté de savants et d'étudiants qu'il finance entièrement. Tout en remplissant ses fonctions de directeur de l'observatoire, Nasir al-Din al-Tusi, mathématicien et astronome perse, affine et révise une partie des mathématiques de l'*Almageste* de Ptolémée ; il fait également des découvertes majeures en mathématiques et élève la trigonométrie au rang de discipline indépendante, en la dissociant de l'astronomie.

Globalement, à cette époque, les savants du monde islamique font des avancées considérables – qu'il s'agisse de la découverte des équations algébriques ou de la diffusion du système décimal – qui vont avoir des répercussions sur le développement de l'astrologie, de l'astronomie et des domaines connexes. Grâce à leurs relations avec les astrologues indiens, ces savants adoptent de nouvelles idées comme le concept du zéro ou le système hindou qui utilise des symboles différents pour noter les chiffres. C'est ainsi qu'ils introduisent les chiffres «arabes». Ces progrès témoignent des échanges culturels et intellectuels entre de grandes villes comme Bagdad et Balkh (Irak et Afghanistan actuels), lieu de naissance d'Abu Ma'shar, l'un des plus grands astrologues musulmans. D'après l'historien Stephen P. Blake, Balkh «était un foyer de diversité culturelle et religieuse, fourmillant d'Indiens, de Chinois, d'Iraniens, de Scythes et de Gréco-Syriens qui étaient juifs, nestoriens, bouddhistes, hindous et zoroastriens». Abu Ma'shar, né en 787 dans une famille de l'élite persane et devenu un spécialiste du Hadith (traditions concernant le Prophète), était en contact avec un autre savant musulman qui lui servira d'aiguillon intellectuel, le philosophe et mathématicien arabe Yusuf Ya'qub ibn Ishaq al-Sabbah al-Kindi. Favorisant l'introduction d'œuvres grecques (d'Aristote et des néoplatoniciens) traduites en arabe, ce dernier laissera aussi des traités philosophiques englobant la cosmologie, la métaphysique et l'astrologie.

DÉVELOPPEMENT DE LA DISCIPLINE

Abu Ma'shar va rédiger 42 œuvres relatives à l'astrologie dont certaines influencent encore l'astrologie actuelle. On lui doit le traité le plus important sur la Grande conjonction, ou conjonction de Jupiter et Saturne en Bélier, laquelle se produit tous les 960 ans et est censée provoquer un changement radical dans la société. D'autres érudits musulmans ont formulé des idées novatrices, comme les progressions et l'importance des nœuds lunaires, qui ont permis d'étendre l'interprétation des thèmes natals. Ces avancées – en astrologie, mathématiques et sciences connexes – feront partie intégrante des travaux des savants européens du Moyen Âge après avoir eu accès à des traductions latines de textes grecs, perses et arabes dans l'Espagne musulmane des Xe, XIe et XIIe siècles. Alors que la chrétienté rejette l'aspect le plus magique de l'astrologie, une tradition qui peut être qualifiée d'«astrologie pratique»

Antoine Caron · *Denys l'Aréopagite convertissant des philosophes païens* · France · 1571 Peintre à la cour de France au temps de Catherine de Médicis, Caron partage l'intérêt de la reine pour l'occulte, l'astronomie, l'astrologie et la magie. La peinture figure, entre autres, une sphère armillaire sur le sol et un homme, un compas à la main, qui se penche sur un horoscope.

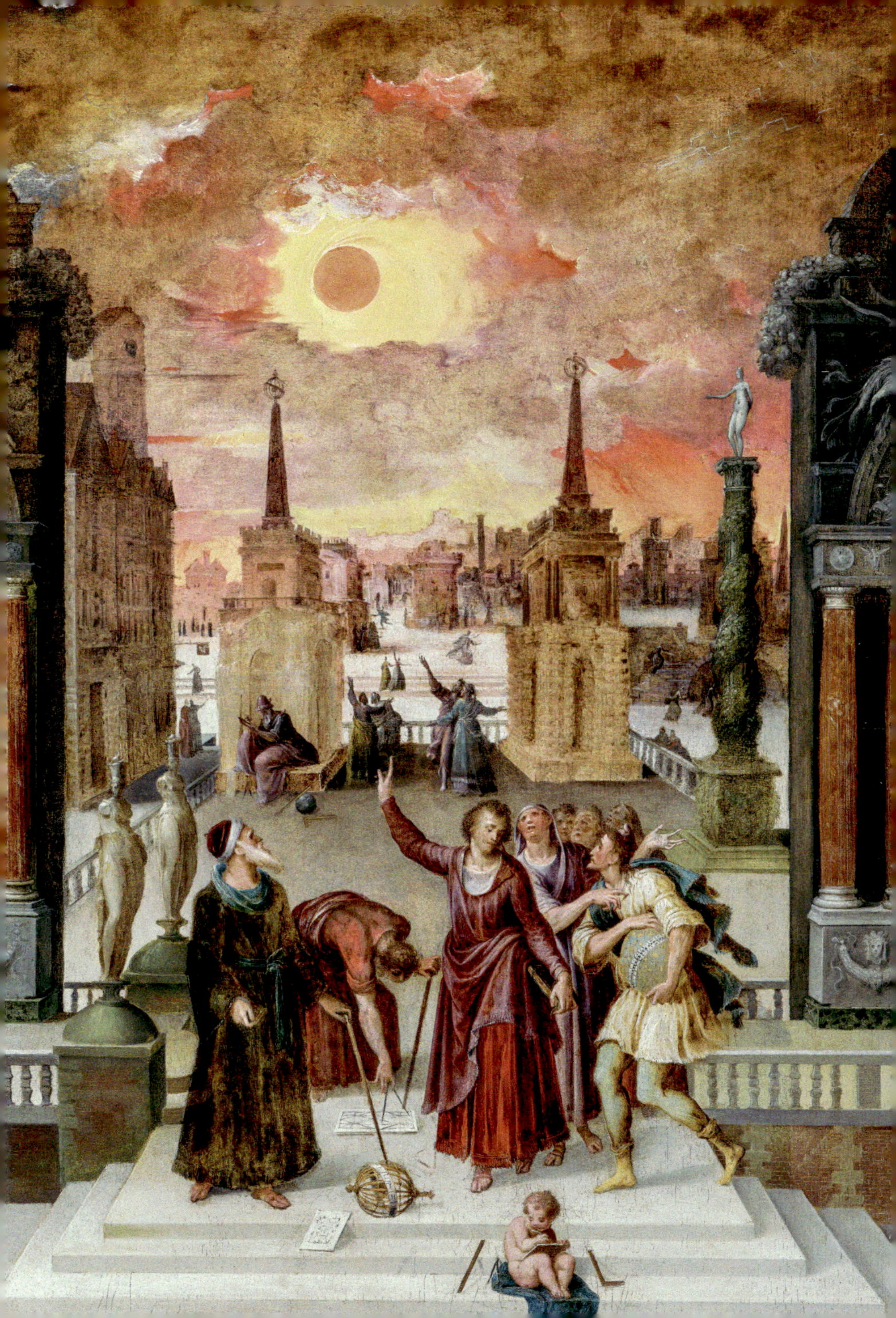

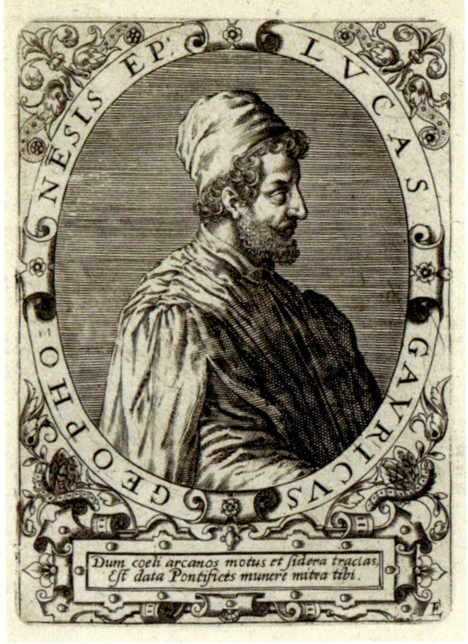

subsiste, qui s'avère indispensable pour déterminer les fêtes comme Pâques et les heures des prières quotidiennes. Grâce à cette contrainte, la tradition n'a pas disparu dans le monde chrétien et l'Église n'est pas parvenue à éradiquer l'intérêt pour le sujet. L'introduction, surtout au XIIe siècle, des idées des érudits musulmans – et des traductions latines de leurs textes – va réveiller l'intérêt pour l'astrologie, qui s'épanouira à la Renaissance.

À la fin du Moyen Âge et à la Renaissance, l'astrologue de cour s'impose comme un personnage incontournable, tandis que la connaissance astrologique, au même titre que la philosophie, l'art, la science ou encore la littérature, fait partie de la redécouverte générale de l'Antiquité classique qui se produit en Europe du XIIe au XVIIe siècle. La « renaissance » de ces traditions culturelles et intellectuelles relance la croyance dans le pouvoir des étoiles et des planètes, sans compter l'intérêt pour les divinités païennes qui s'y rattachent. C'est pourquoi, depuis l'utilisation visuelle de la géométrie sacrée et des images allégoriques d'animaux et de dieux jusqu'aux représentations précises d'instruments d'astrologie, l'imagerie astrologique abonde particulièrement dans l'art de la Renaissance.

Croire à nouveau dans les astres va s'accompagner, en Europe, d'habiles contorsions pour réconcilier les forces de l'astrologie et la doctrine du christianisme. Tant que les planètes et leur influence restent des agents du dessein providentiel de Dieu, la théologie chrétienne tolère la pratique de l'astrologie. Les éléments de celle-ci sont christianisés : les signes du zodiaque et les constellations sont figurés par des personnages bibliques ; les 12 apôtres correspondent aux 12 signes. Dans cette version christianisée de l'astrologie, le Christ est tel le maître du temps cosmique : par sa naissance, il a transformé la conception même de celui-ci. De cyclique (la crue du Nil), le temps est devenu linéaire (l'Armageddon final). Mais loin de se limiter à une seule théorie, tant dans la croyance que dans la pratique, l'astrologie présente toujours plusieurs tendances, certaines chrétiennes, d'autres plus proches de la magie

Johann Theodor de Bry · *Portrait de Luca Gaurico* Allemagne · XVIe siècle Luca Gaurico, astronome, astrologue et mathématicien, fut le conseiller de Catherine de Médicis.

Gerrit Dou · *L'Astronome à la chandelle* · Pays-Bas 1650 Alors que les principes de l'astronomie d'observation de Galilée se répandent en Europe, l'art occidental s'empare des thèmes scientifiques.

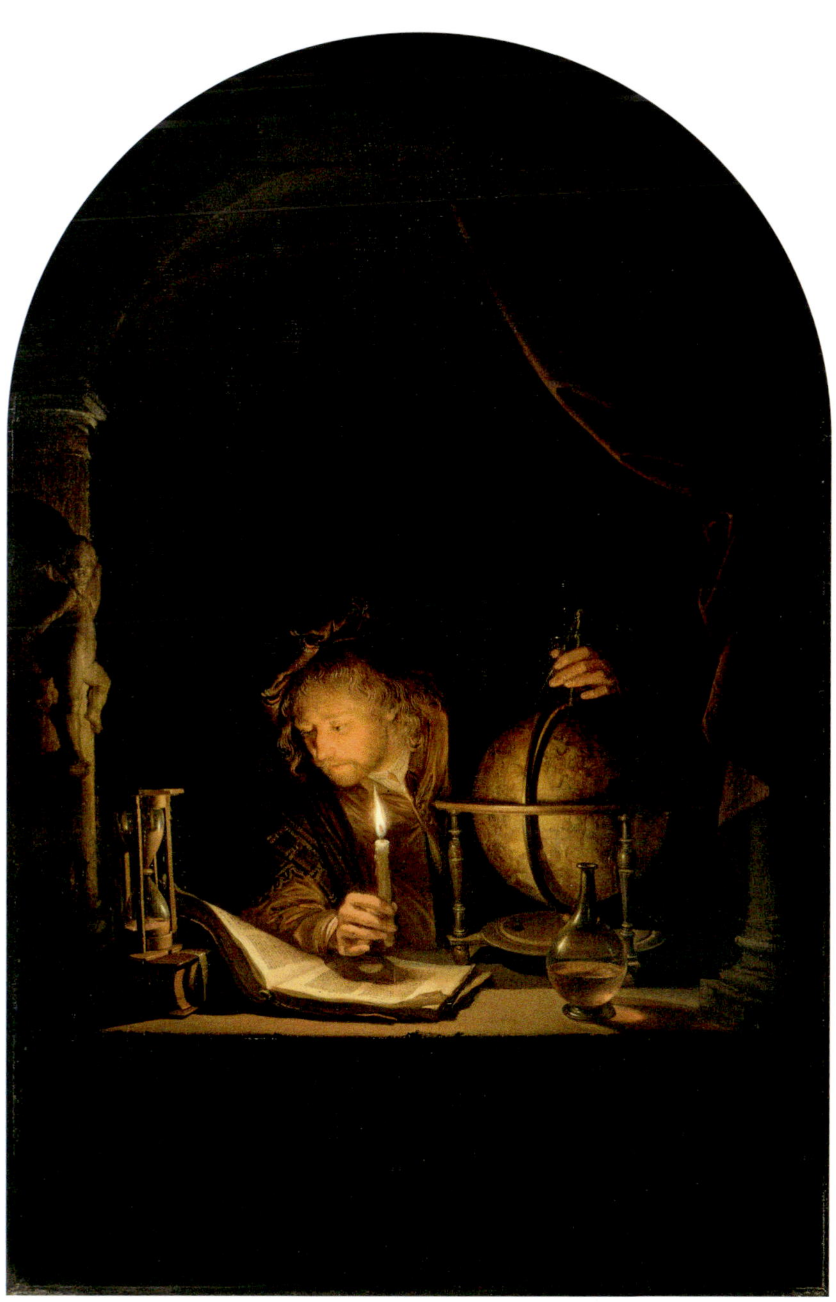

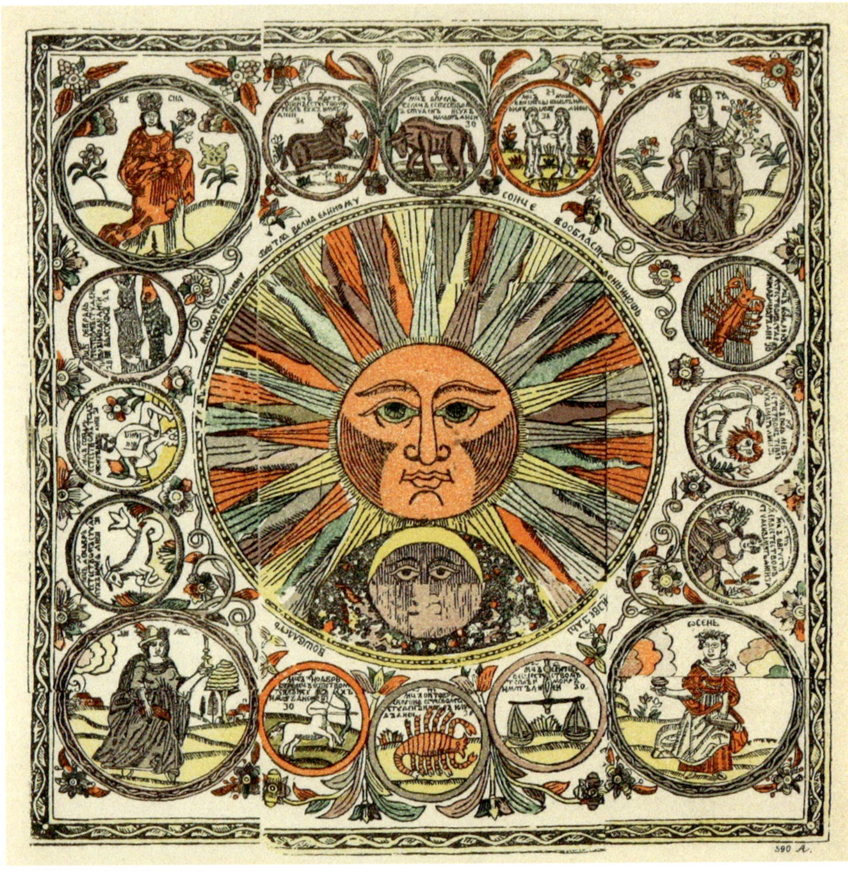

cérémonielle et de l'occulte, et échappant au radar officiel. Ainsi, Michael Scot, plus tard célèbre pour son utilisation de la magie et de l'alchimie, est l'astrologue de cour de Frédéric II de Sicile. Scot, qui a étudié Aristote en arabe et aurait joué un rôle dans la découverte de la suite de Fibonacci, est nommé par le pape Grégoire IX archevêque de Cashel en 1227. Parmi les ouvrages perdus qu'on lui attribue figure le *Magic Book*, qu'il aurait écrit avec un arc-en-ciel d'encres colorées, dans une langue inconnue, et qui contiendrait des instructions pour convoquer (et renvoyer) les esprits et les démons.

À la Renaissance, alors même qu'elle connaît un nouvel élan dû à la présence d'astrologues forts d'une nouvelle considération dans toutes les cours, l'astrologie suscite de nombreux débats et désaccords. Luca Gaurico est un autre personnage important : astrologue à la cour de Catherine de Médicis, il se hissera au rang de conseiller du pape Paul III. C'est lui qui aurait déterminé le moment le plus favorable pour poser la pierre de fondation de la basilique Saint-Pierre en se fondant sur l'astrologie élective (choix du moment). En 1552, Gaurico va publier *Tractatus astrologicus*, une série d'ouvrages d'aphorismes astrologiques contenant des horoscopes pour des villes et des personnalités célèbres, comme les papes, les cardinaux, les rois et même Martin Luther, dont le jour de naissance correspondait à une grande conjonction en Scorpion. Gaurico dirigeait une école à Ferrare, en Italie, et aurait été torturé à cause de l'une de ses prédictions qui aurait déplu à un noble de Bologne. Même aux époques les plus favorables, être astrologue de cour n'est assurément pas une profession sans risque quand les astres ne s'alignent pas à l'avantage du client.

L'invention de l'imprimerie au milieu du XVe siècle, en diffusant les connaissances astrologiques au-delà du cercle étroit de l'élite, va favoriser la publication et la propagation d'almanachs astronomiques, surtout ceux contenant des horoscopes. À la fin du Moyen Âge et au début de la Renaissance, l'étude de l'astrologie est surtout liée à l'alchimie. Les deux disciplines intervenaient dans la médecine : les diagnostics et les traitements médicaux se fondaient, effectivement, sur les informations que pouvaient livrer les planètes et leurs positions. En Europe, les universités créaient des chaires d'astrologie et invitaient les étudiants en médecine à apprendre la matière et à utiliser des instruments comme l'astrolabe et les tables astronomiques. La Lune, par exemple, régissait les saignées. C'est pourquoi les livres de médecine renfermaient des volvelles, des cartes tournantes représentant les phases de l'astre. Le mot *influenza* rappelle le lien historique entre l'astrologie et la médecine, la racine latine du mot signifiant « influence ». On pensait en effet à l'époque que les maladies et les épidémies résultaient d'influences célestes défavorables. Aussi incluait-on la consultation des planètes et des étoiles dans les traitements.

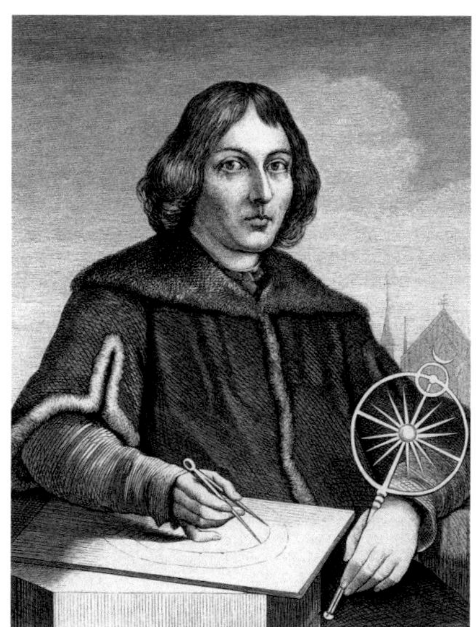

Anonyme · Zodiaque loubok · Russie · XIXe siècle
Popularisés au XVIIe siècle, les louboks sont des estampes populaires en bois présentes dans de nombreux foyers russes et qui comportent le plus souvent des scènes bibliques ou astrologiques ainsi que des symboles mystiques.

Anonyme · Gravure figurant Nicolas Copernic
Pologne · XVIe siècle Avec son modèle héliocentrique, qui place le Soleil et non la Terre au centre du système solaire, Copernic est à l'origine de la révolution copernicienne, qui considère l'univers et la place que nous y tenons de manière radicalement nouvelle.

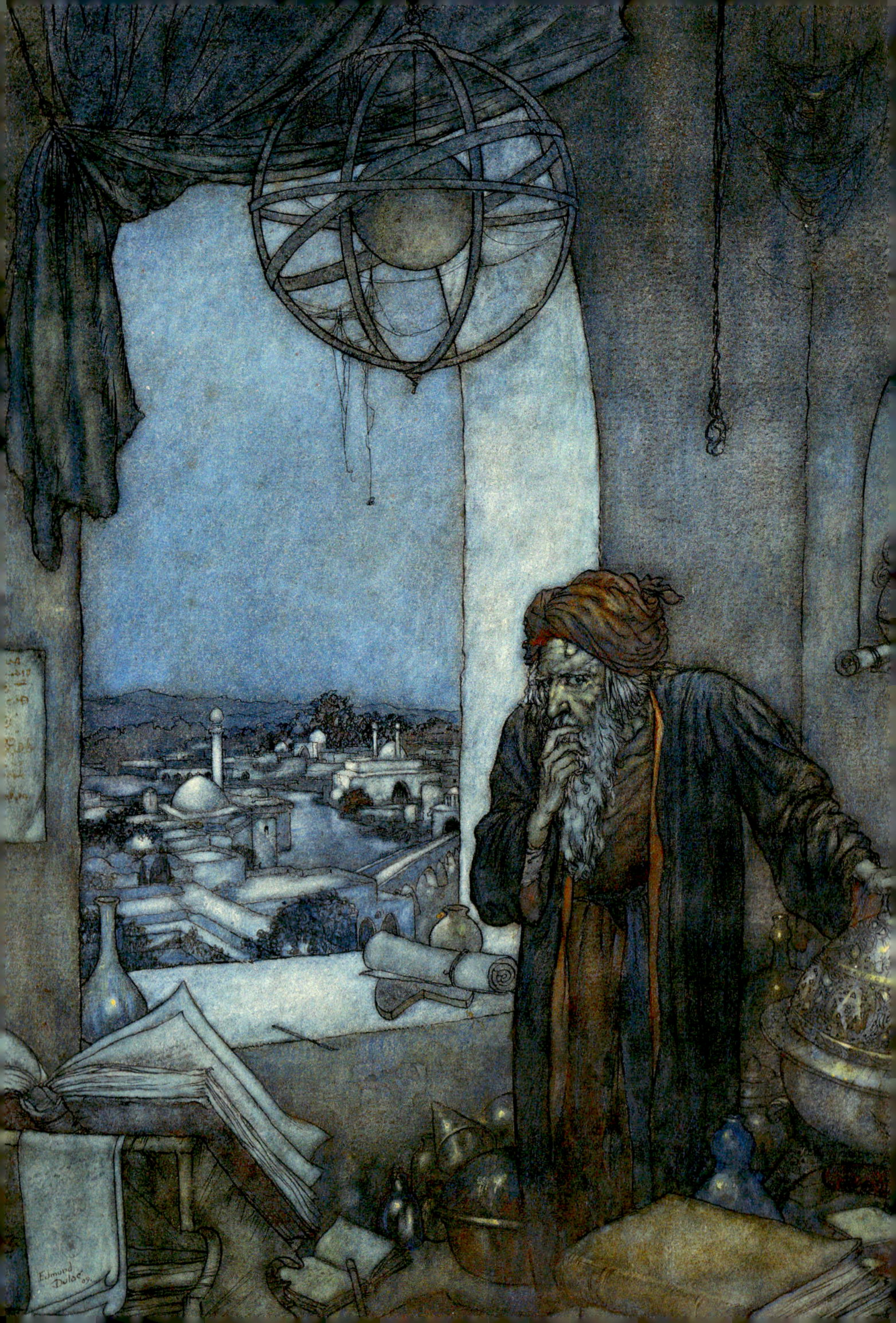

L'ASTROLOGIE DANS UN UNIVERS HÉLIOCENTRIQUE

Au XVe siècle, Nicolas Copernic, étudiant formé à l'astrologie à l'université de Bologne, va bouleverser le monde avec sa théorie affirmant que le Soleil est au centre de l'univers et que la Terre et les autres planètes tournent autour de lui. Tandis que les sceptiques font valoir cette découverte, alors très contestée, de l'univers héliocentrique par Copernic pour clamer qu'elle sonne le glas de toute l'astrologie, il est à souligner cependant qu'elle se fonde sur les outils astrologiques et un corpus de connaissances venant des astrologues/astronomes musulmans. De même, certains des scientifiques les plus impliqués dans les découvertes astronomiques modernes, à qui on a dédié des centres de savoir comme les planétariums et les bibliothèques, étaient des astrologues de cour et des alchimistes. Alors que l'astronome danois Tycho Brahe (1546-1601) reçoit de son premier protecteur, le roi du Danemark Frédéric II, une île où construire un observatoire, son second protecteur, l'empereur Rodolphe II, engage Johannes Kepler (1571-1630), astronome et mathématicien allemand, pour qu'il l'assiste. Galilée (1564-1642) bénéficie du mécénat des Médicis pour lesquels il fait des horoscopes. Son amitié avec le cardinal Maffeo Barberini, futur pape Urbain VIII, contribuera à lui sauver la vie quand les dignitaires de l'Église le condamneront au bûcher pour avoir défendu l'existence d'un univers héliocentrique. Rien de surprenant à ce que ces grands esprits scientifiques soient imprégnés d'astrologie : non seulement ce domaine d'études était transdisciplinaire, mais il était également une source d'invention scientifique, d'inspiration artistique et d'infinie créativité.

La découverte que la Terre, notre planète, n'est pas le centre de l'univers remettait en cause la réalité de l'influence des planètes sur la vie humaine. Alors qu'auparavant notre orgueil nous plaçait au centre de l'univers, désormais une autre conclusion s'impose : les êtres humains n'ont peut-être aucune importance dans le grand dessein du cosmos. À la fin du XVIe siècle, les nouvelles découvertes en astronomie provoquent une perte d'intérêt pour l'astrologie, en partie dépouillée de son lustre.

Au XVIIIe siècle, la découverte des planètes externes vient renforcer le doute. Le matérialisme scientifique, qui s'impose alors comme philosophie dominante, va porter un coup sévère à l'astrologie. En la reléguant dans la catégorie de la superstition et du non-sens, il ruine irrémédiablement son activité universitaire. La naissance de la « science exacte » transforme les astrologues en charlatans. Cette fois-ci, l'astrologie n'est pas bannie parce qu'on la redoute, comme par le passé, ou parce que face à la science « dure » elle apparaît comme désespérément « molle ». Elle est rejetée parce que « Dieu a quitté le monde », ainsi que l'analyse Benson Bobrick dans son livre *The Fated Sky: Astrology in History*.

Edmund Dulac · *The Dark Tower* tiré de *Rubáiyát of Omar Khayyám* · France/Angleterre · 1909 La traduction anglaise des quatrains d'Omar Khayyám par Edward Fitzgerald, en 1859, a inspiré l'édition illustrée par Dulac, qui contient une planche en couleurs figurant un astronome avec ses instruments.

Toutefois, tout n'est pas perdu après Copernic. Si l'astrologie a été coupée de l'astronomie et de la science, ses pratiques et ses traditions investissent des domaines qui font encore place au mystère – la littérature, l'art et la psychologie –, stimulant et inspirant des artistes et des penseurs comme Goethe, Byron, Blake, et Carl G. Jung au XXᵉ siècle. L'intérêt pour elle va renaître à la fin du XIXᵉ et au début du XXᵉ siècle grâce à l'essor de l'occultisme aux États-Unis et en Angleterre d'où surgira la théosophie, vaste mouvement syncrétiste.

UNE PHILOSOPHIE DE L'UNITÉ

Fondée en 1875 à New York par l'immigrée russe visionnaire Helena Petrovna Blavatsky, Henry Steel Olcott et William Quan Judge, la Société théosophique s'intéresse, comme l'indique son nom, à la théosophie, une philosophie qui combine de nombreux systèmes de croyances différents. Les théoso-phistes forment une organisation qui s'étend dans le monde entier et adopte tout à la fois des traditions occidentales comme le mysticisme, le néoplatonisme, le gnosticisme et des philoso-phies religieuses orientales telles que le védanta, le bouddhisme, la kabbale et le soufisme.

Mettant l'accent sur la sagesse ancienne de ces traditions hétéroclites, ils croient en une fra-ternité universelle de l'humanité qui reconnaît l'unité de toute vie et qui se penche par consé-quent sur le genre de mystères que la science a désavoué. Inspirés notamment par le mouvement spiritualiste qui les a précédés, les théosophistes veulent explorer ce qu'ils appellent les « pou-voirs cachés de l'humanité » et les « lois inex-pliquées de la nature ». Ces pouvoirs incluant tout, de la projection astrale à la médiumnité, en passant par le yoga de la kundalini et, bien sûr, l'astrologie.

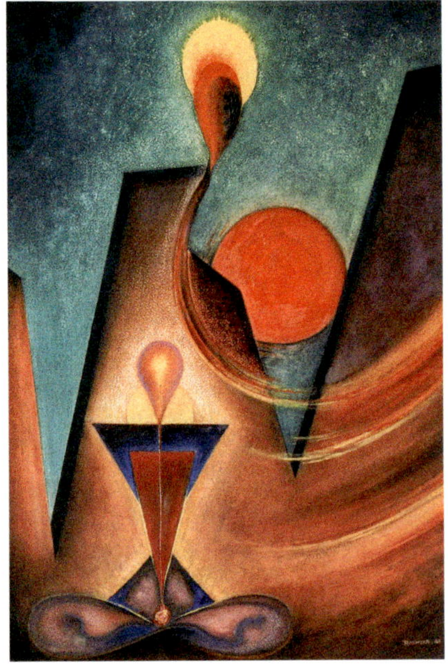

Dane Rudhyar · *Meditation on Power* · France/États-Unis · 1946 À la fin des années 1930, Rudhyar a contribué à la fondation du Transcendental Painting Group, qui aborde la spiritualité par le biais de l'art. Il a produit plusieurs œuvres influencées par sa pra-tique de l'astrologie et de la méditation.

Hilma af Klint · *Group IX/UW, The Dove, No. 14* Suède · 1915 Nombre d'œuvres d'af Klint com-portent des symboles astrologiques, alchimiques et magiques. Dans celle qui clôt la série «The Dove», l'artiste a introduit les glyphes des signes du Sagit-taire, du Capricorne, du Verseau et des Poissons.

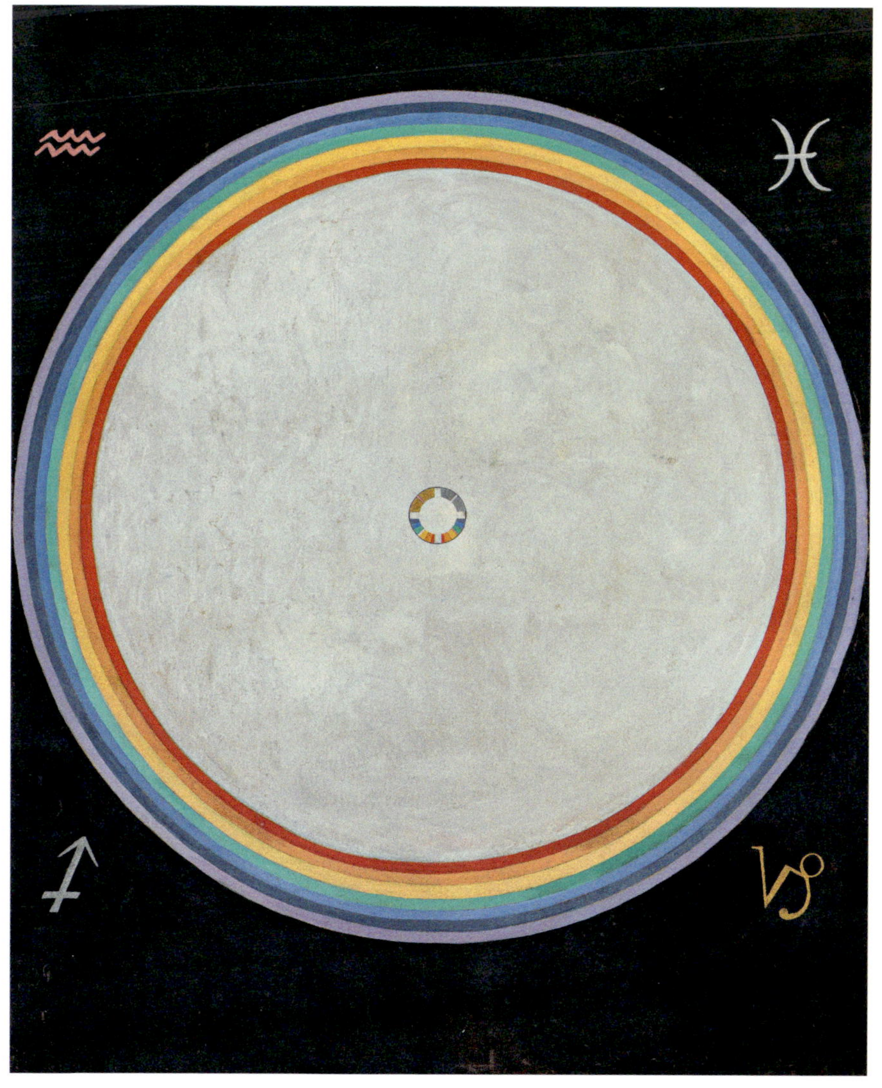

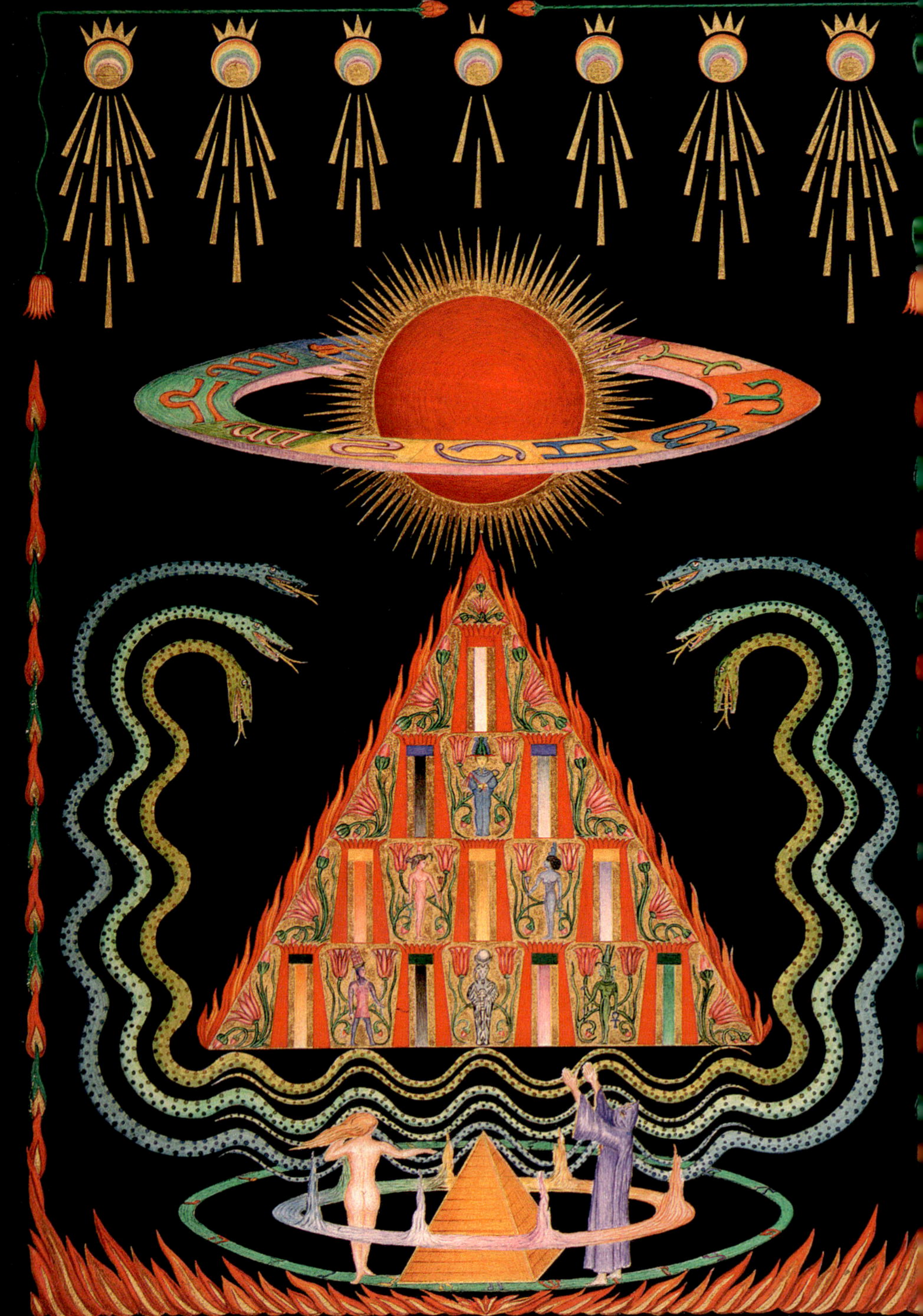

La Société théosophique, qui comptera son plus grand nombre de membres dans les années 1920, est l'organisation qui a vraisemblablement joué le plus grand rôle dans la diffusion des enseignements occultes à l'époque moderne. Nombre d'idées attribuées au New Age ne dérivent pas de la contre-culture des années 1960 mais d'apports plus anciens. William Allan, qui va changer son nom pour l'accorder à son signe solaire, est l'un des premiers membres de la Société théosophique en Angleterre : sous le pseudonyme d'Alan Leo, ce Britannique devient l'astrologue le plus célèbre du monde et provoque un regain d'intérêt pour l'astrologie inconnu depuis la Renaissance.

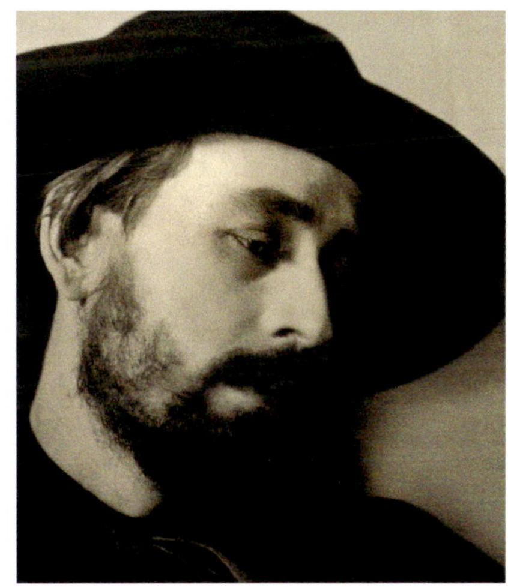

En 1890, Leo lance *The Astrologer's Magazine* qu'il rebaptise rapidement *Modern Astrology*. La revue propose à ses abonnés un petit horoscope qui coûte un shilling. Son succès est tel que Leo finit par recruter toute une équipe pour satisfaire l'afflux de commandes d'horoscopes complets. Outre l'introduction des idées empruntées par la théosophie à d'autres religions, comme la réincarnation et le karma, on doit surtout à Leo l'adoption généralisée du signe solaire comme accès rapide à l'astrologie horoscopique. Cette simplification, qui consiste à n'utiliser qu'une influence planétaire au lieu d'un grand nombre, rend l'astrologie plus accessible. La revue et les publications de Leo captivent le public, d'autant que l'astrologue bénéficie aussi du rayonnement des maisons d'édition de la Société théosophique qui excelle dans la diffusion des brochures, des livres et des revues. Considéré par bien des astrologues et occultistes comme le père de l'astrologie moderne, Leo a laissé cependant un héritage controversé. Certes, il a démocratisé la recherche astrologique, mais ses publications souffrent d'un trop grand nombre de généralités et s'écartent des textes classiques qui les inspirent.

La Société théosophique n'est pas la seule, à cette époque, à éditer des horoscopes. En Europe et aux États-Unis, l'astrologie touche le grand public par l'entremise des journaux. En 1930, en Grande-Bretagne, le tabloïd dominical *Sunday Express* publie sa première rubrique astrologique après avoir

Major General J. F. C. Fuller · *The Portal of the First Order, Building of the Pyramid* · États-Unis · 1909 Écrivain, artiste et fervent étudiant de l'occultisme, Fuller est un disciple du mystique Aleister Crowley. Il a peint une série d'œuvres accompagnant ses écrits sur l'astrologie et l'ésotérisme.

William Mortensen · *Portrait of Dane Rudhyar* États-Unis · 1923 À l'apogée du mouvement théosophique, Rudhyar a livré son approche humaniste de l'astrologie dans *The Astrology of Personality* en 1936. Il faut attendre le mouvement New Age à la fin des années 1960 pour que son nom soit connu.

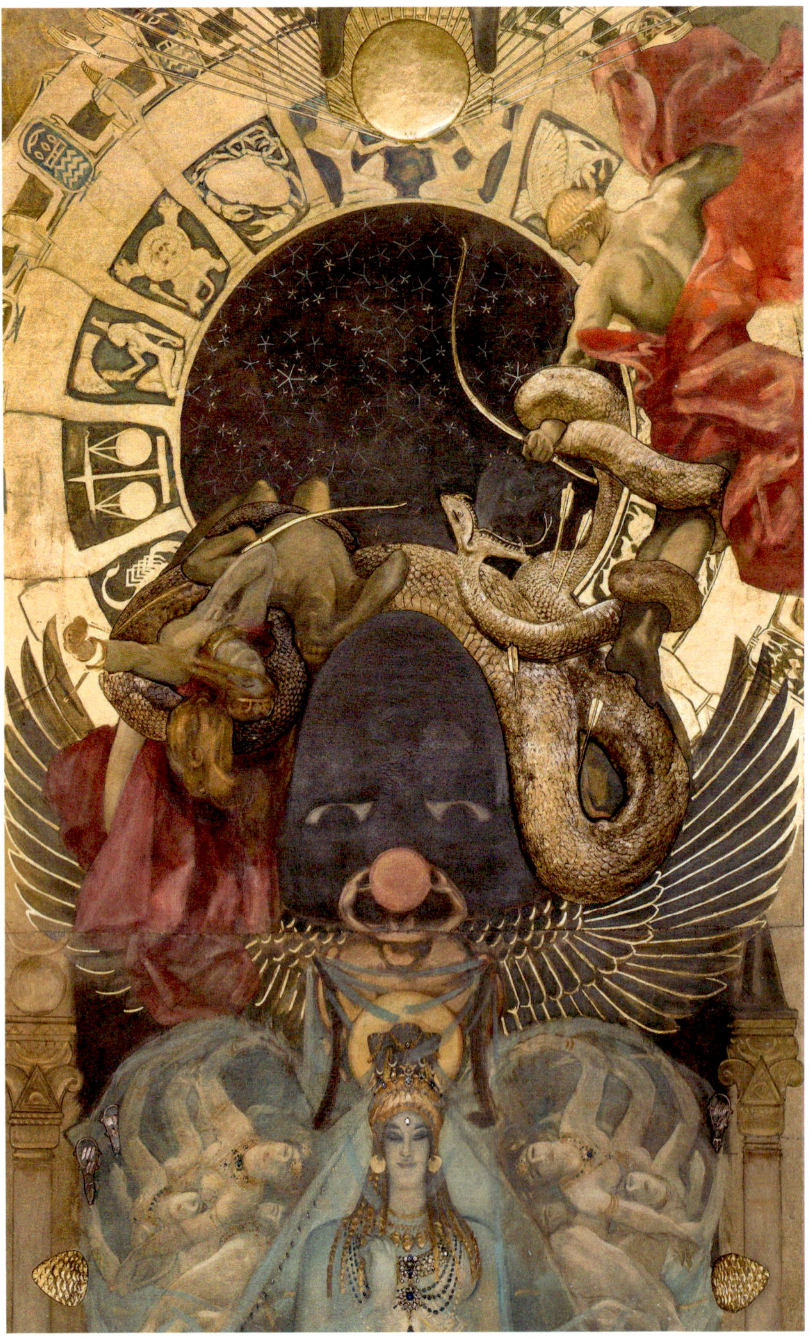

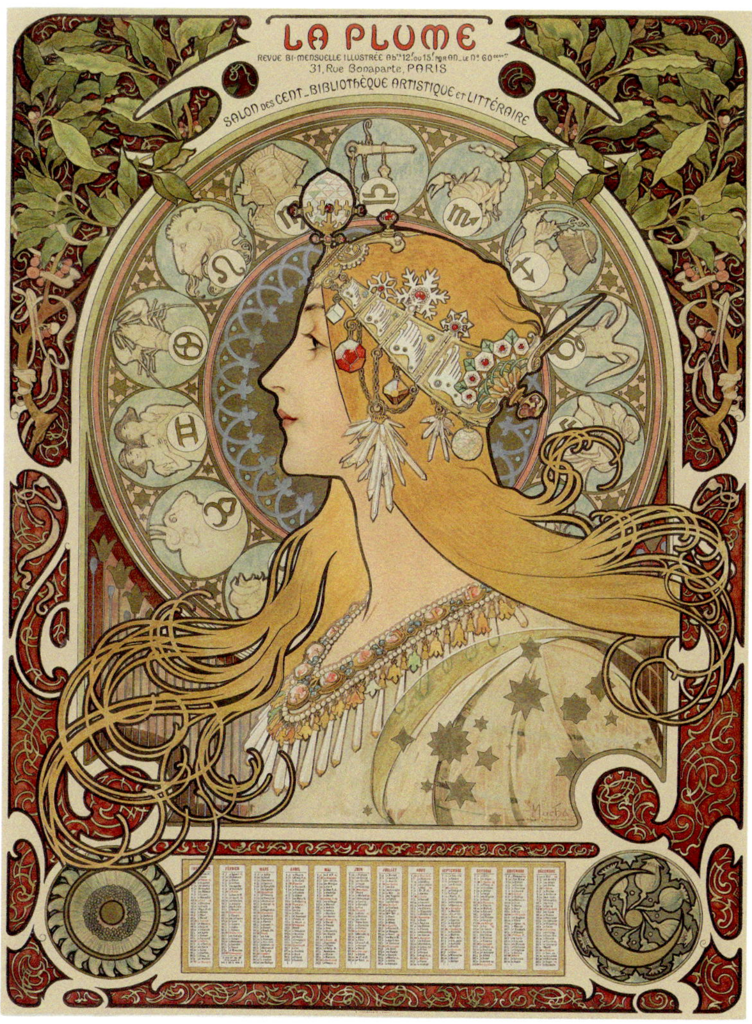

John Singer Sargent · *Pagan Gods* (détail) · États-Unis · 1895 La peinture du plafond de la Bibliothèque publique de Boston figure Neith, déesse égyptienne créatrice de l'univers et mère du Soleil. Un zodiaque brille sur le pectoral doré ornant sa poitrine. Au-dessous est Astarté, déesse de l'amour.

Alphonse Mucha · *Zodiaque* · Bohême/France 1896 Les signes du zodiaque forment une auréole, caractéristique du style libre et délicat de Mucha, autour de la tête d'une femme parée de bijoux. Calendrier à l'origine, son *Zodiaque* est devenu l'une des affiches les plus célèbres de l'artiste.

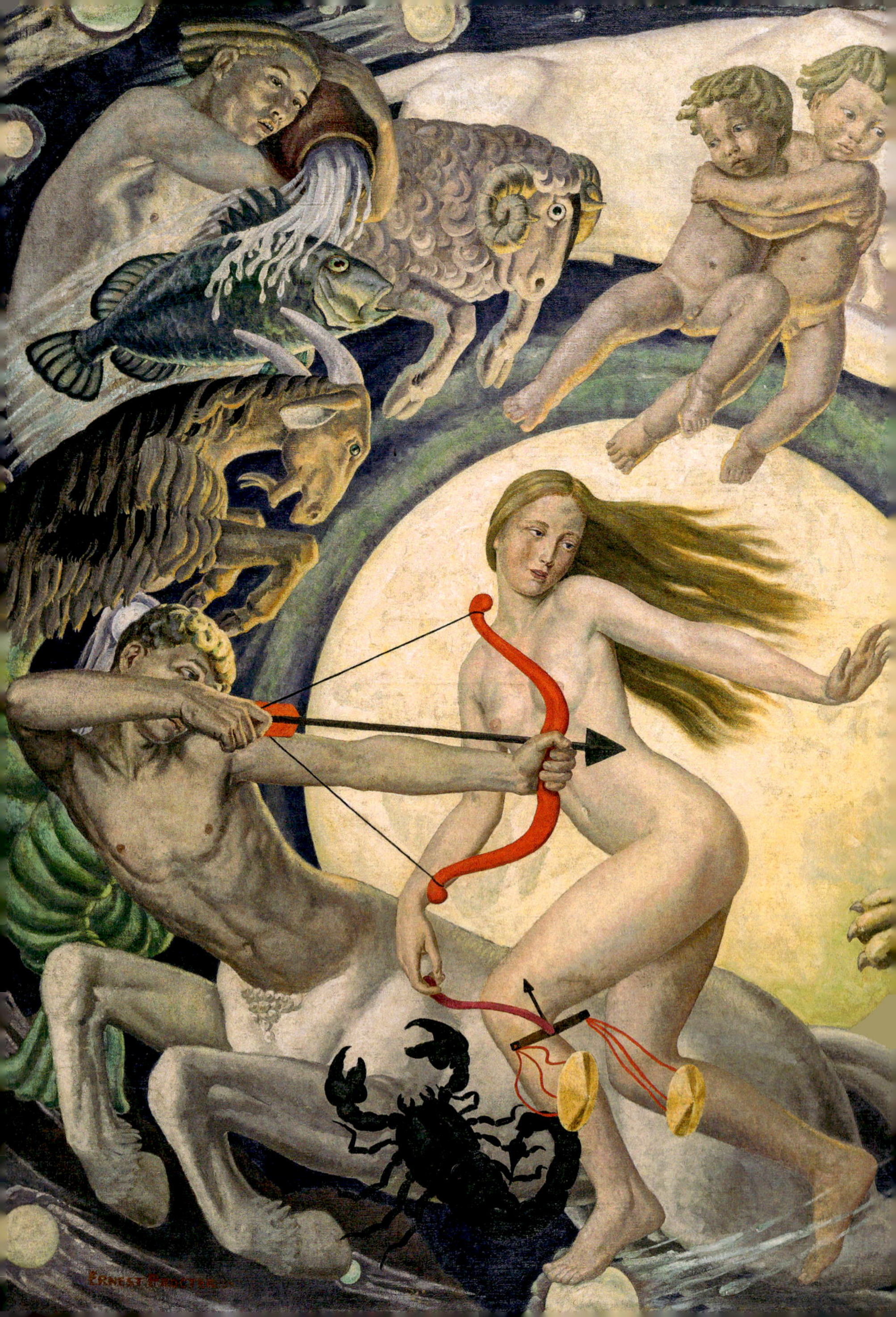

ERNEST PROCTER

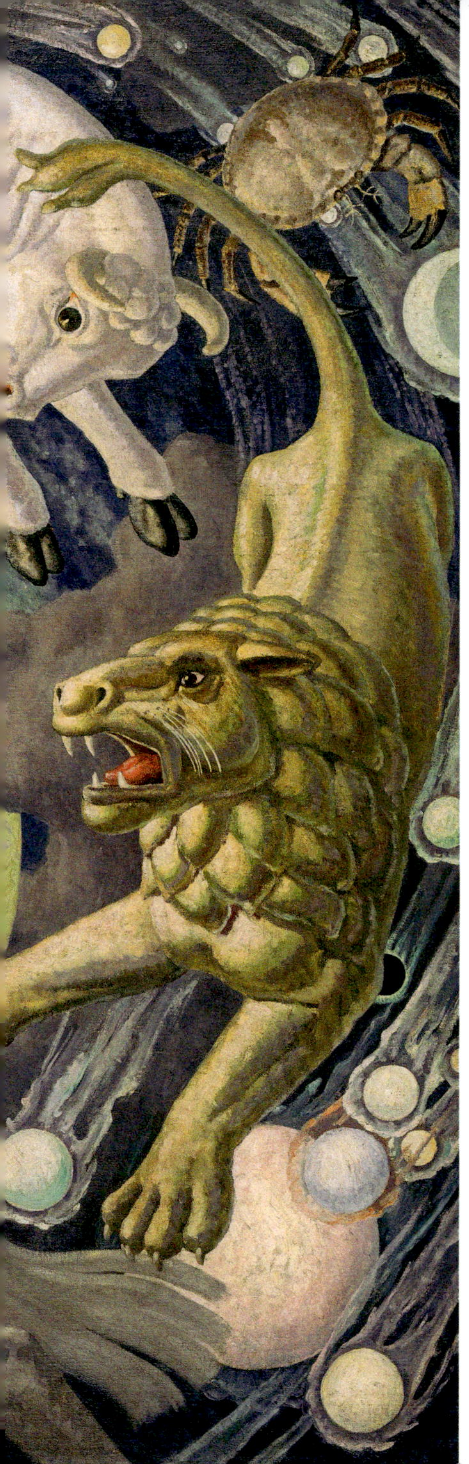

confié à l'astrologue R.H. Naylor le soin de rédiger l'horoscope de la princesse Margaret qui vient de naître. Naylor, également adepte de l'astrologie du signe solaire, est le premier à l'adopter dans les journaux. Le vif succès que remporte sa rubrique conduit les autres journaux à embaucher leurs propres astrologues. L'horoscope quotidien fondé sur les signes solaires se met alors en place et restera jusqu'à aujourd'hui une rubrique incontournable des journaux. En 1937, en Grande-Bretagne, une enquête révèle que deux tiers des femmes croient en l'horoscope. L'influence de l'astrologie horoscopique ne se limite pas à ce qui est imprimé. En 1930, Evangeline Adams, une astrologue américaine réputée qui compte de nombreux clients célèbres et importants, comme J.P. Morgan, Charles Schwab, Charlie Chaplin, Mary Pickford, Eugene O'Neill et le sénateur John W. Weeks, va lancer une émission de radio, diffusée plusieurs fois par semaine. La culture populaire se rallie désormais complètement à l'astrologie, tout du moins dans la forme condensée et simplifiée de l'horoscope du jour.

Comme cela est toujours le cas lorsque la connaissance astrologique refait surface, son expression et peut-être même la manière dont elle se manifeste reflètent les conditions culturelles de l'époque. À cet égard, la plus grande évolution du XXe siècle est l'émergence de l'astrologie psychologique, ou astropsychologie. Empruntant aux travaux de Carl G. Jung, pour qui « l'astrologie constitue la somme de toutes les connaissances psychologiques de l'Antiquité », ce courant voit dans le symbolisme de l'astrologie (ses planètes, constellations

Ernest Procter · *The Zodiac* · Angleterre · 1925

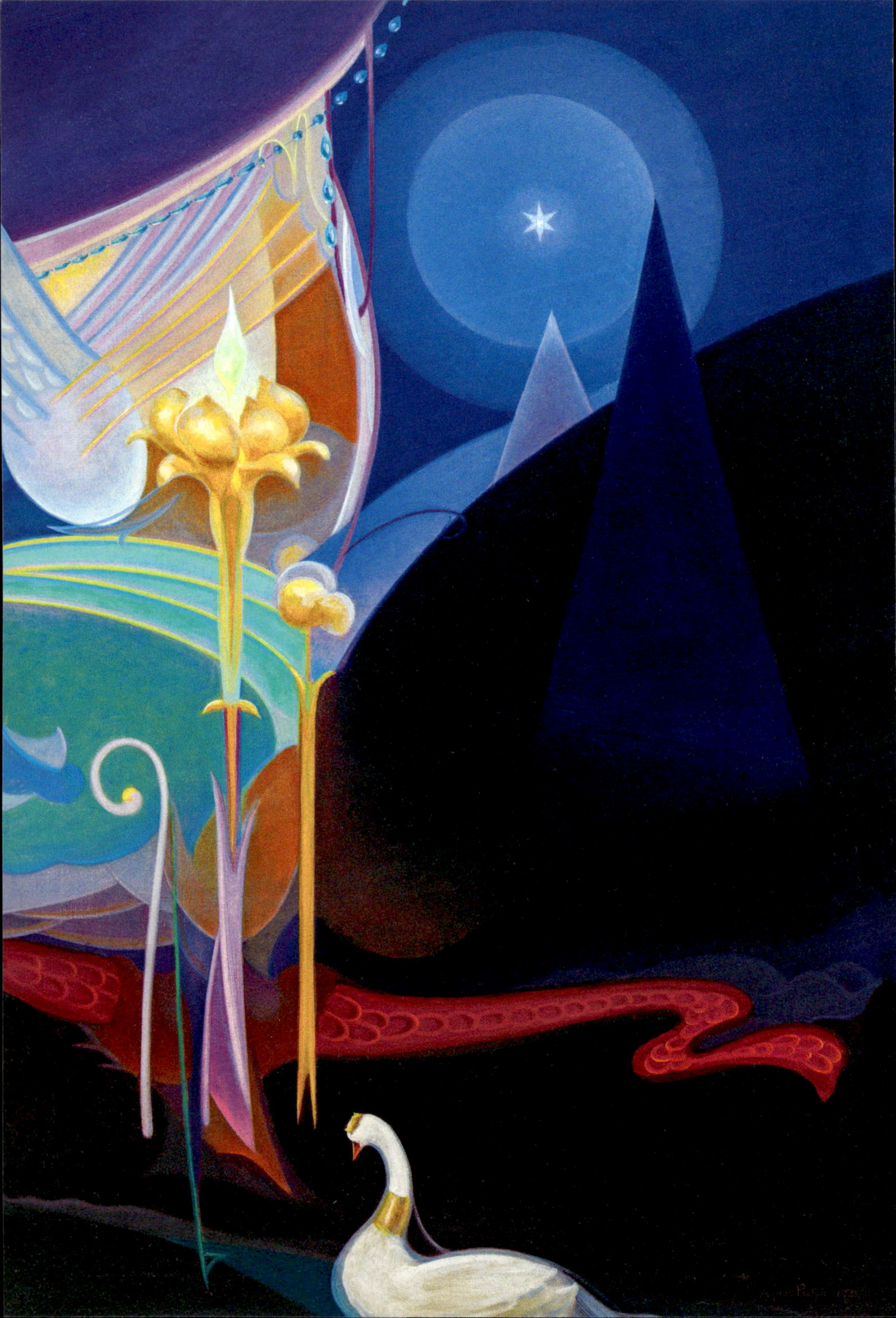

et signes du zodiaque) une forme d'imagerie universelle ou archétypale inspirée par l'inconscient collectif. La théorie de la synchronicité élaborée par Jung rétablit des notions perdues au siècle des Lumières, comme l'idée que deux choses peuvent être associées, même sans liens de causalité, comme la perception d'un temps cyclique plutôt que linéaire. Par ailleurs, l'approche jungienne minimise les enjeux concernant l'influence exacte des corps célestes sur nos vies terrestres ; l'astrologie opère sur le plan psychologique et non pas physique.

Pionnier en la matière, Dane Rudhyar, un autre théosophiste, est le premier à avoir associé les idées de Jung et la pratique astrologique. Né en France sous le nom de Daniel Chennevière, il prend symboliquement celui de Rudhyar par référence à son horoscope, en se basant sur des mots apparentés en sanskrit qui évoquent la couleur rouge, car son soleil est en Bélier, régi par Mars, la planète rouge. Compositeur, il se familiarise avec la théosophie auprès de divers représentants de cette société. C'est dans les années 1920 qu'il découvre l'astrologie, alors qu'il vit dans une communauté fondée par le groupe dans les collines de Hollywood. (Il incarne le Christ dans le film muet *Les Dix Commandements* de Cecil B. DeMille.) Il étudie l'astrologie avec l'occultiste et astrologue Marc Edmund Jones et se met à écrire des articles pour *American Astrology*, le magazine de Paul Clancy. En 1936, il publie son ouvrage le plus connu *The Astrology of Personality* (*Astrologie de la personnalité*), qui selon Clancy marque le début d'un nouvel âge de l'astrologie.

UN NOUVEL ÂGE DE L'ASTROLOGIE

Pendant quatre décennies, Rudhyar va continuer à écrire et à publier sur l'astrologie tout en se consacrant à la composition musicale, la peinture et la poésie. Son astrologie humaniste conçoit l'astrologie comme « une sorte de yoga occidental ou psychosynthèse, et le thème astral comme un mandala ». Pour lui, « l'astrologie est un langage ; si vous comprenez le langage, le ciel vous parle ».

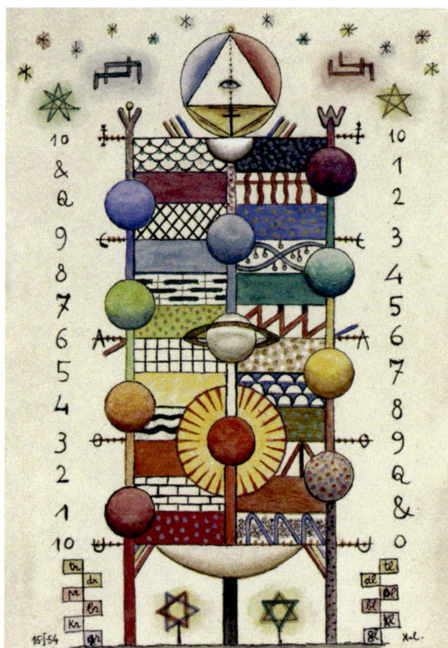

Agnes Pelton · *Ahmi in Egypt* · Allemagne/États-Unis · 1931 Avec Dane Rudhyar, l'artiste peintre Pelton a participé à la création du Transcendental Painting Group, un collectif d'artistes qui revisite l'art abstrait et l'art d'avant-garde en Amérique.

Xul Solar · *Pan Árbol* · Argentine · 1954 Solar, artiste et inventeur, a utilisé l'aquarelle pour créer sa propre interprétation de l'Arbre de vie mystique, en associant les 12 signes du zodiaque avec les 22 lettres de l'alphabet hébreu.

Son œuvre n'est sortie du cercle étroit des astrologues et théosophistes qu'à la fin des années 1960 avec l'adoption de ses théories par la contre-culture naissante. Une édition de poche de *The Astrology of Personality*, rééditée par Doubleday en 1970, s'est si bien vendue que l'astrologue de 75 ans est devenu un conférencier très demandé, surtout dans les hauts lieux hippies de la côte Ouest comme Esalen et le California Institute of the Arts. C'est le début officiel du New Age.

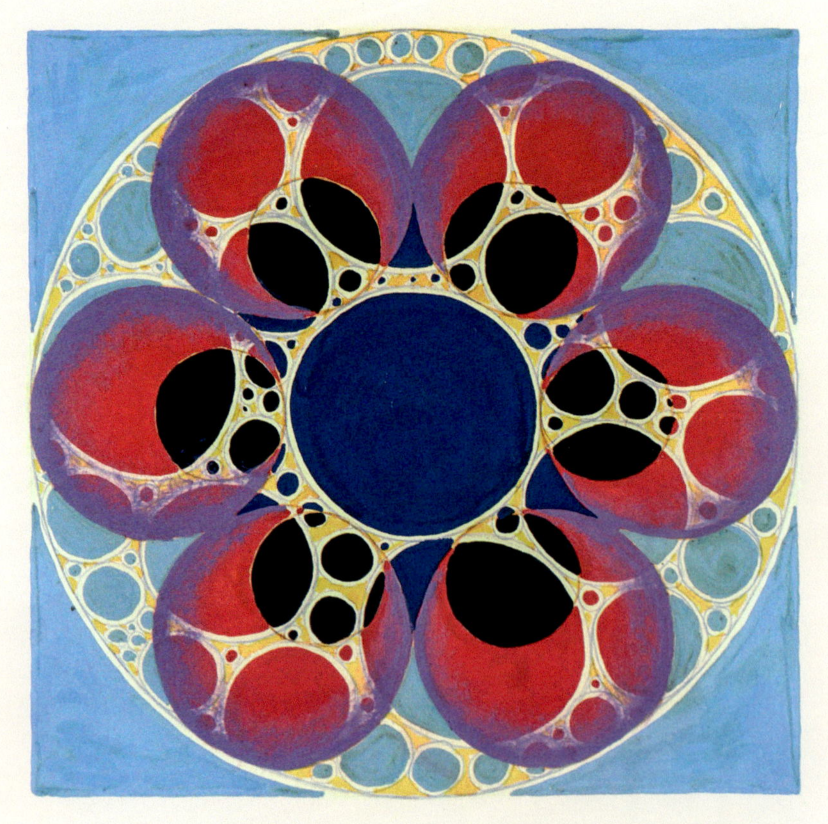

Harry Smith · *Zodiac Sign* · États-Unis · 1974
Cinéaste avant-gardiste, musicologue et artiste, Smith exécute, dans les années 1970, des peintures et des dessins abstraits, inspirés par l'astrologie et la kabbale. Ses collages vivants traduisent une profonde fascination pour le mysticisme et la magie.

Joan Miró · *Astrologie I* · Espagne/France · 1953
Miró, l'un des nombreux artistes influencés par les thèmes astrologiques, a collaboré avec l'imprimeur lithographe Fernand Mourlot pour créer une série d'estampes au thème cosmique qui sera publiée dans *Derrière le miroir*, revue d'art de référence.

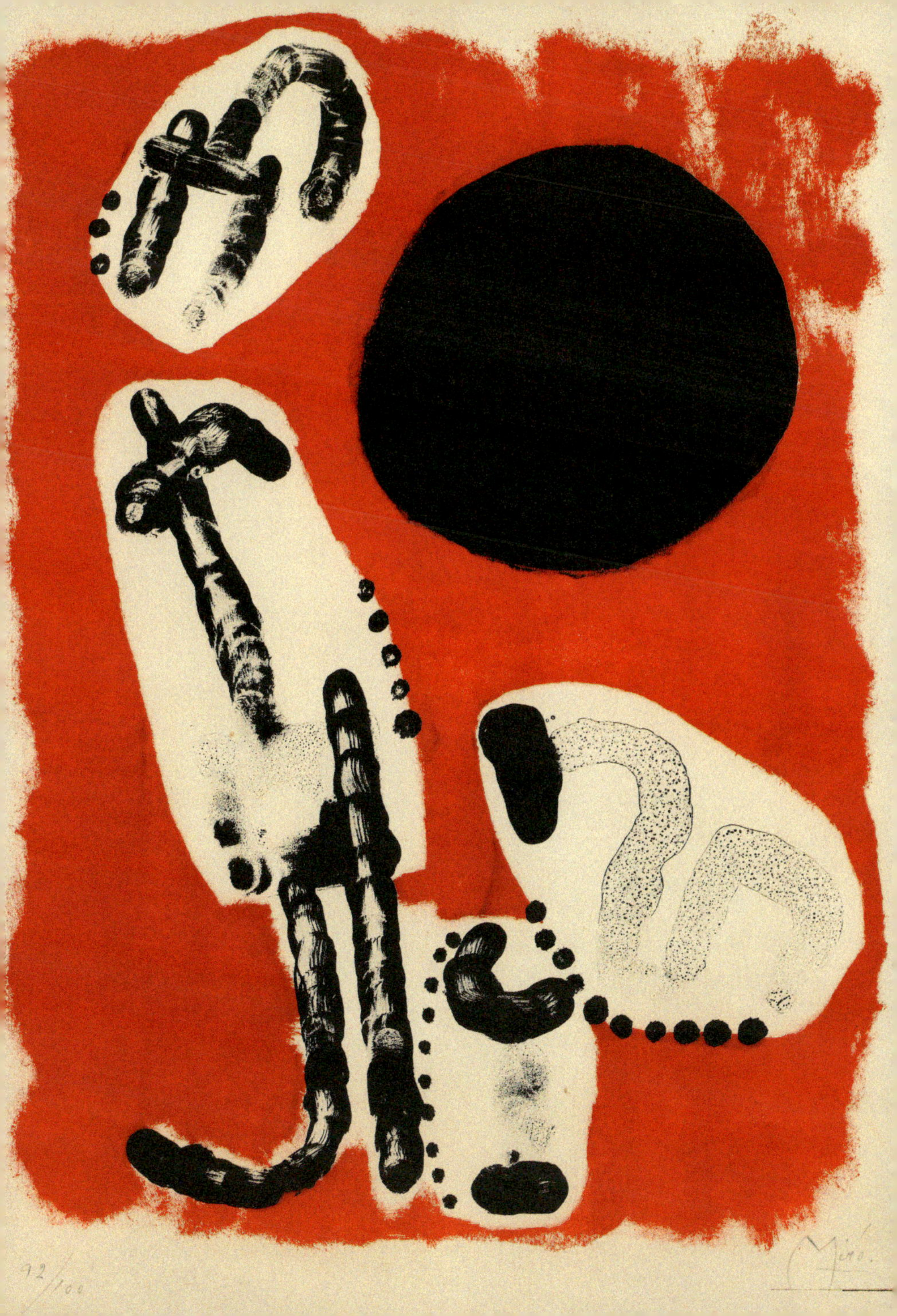

92/100
Miró

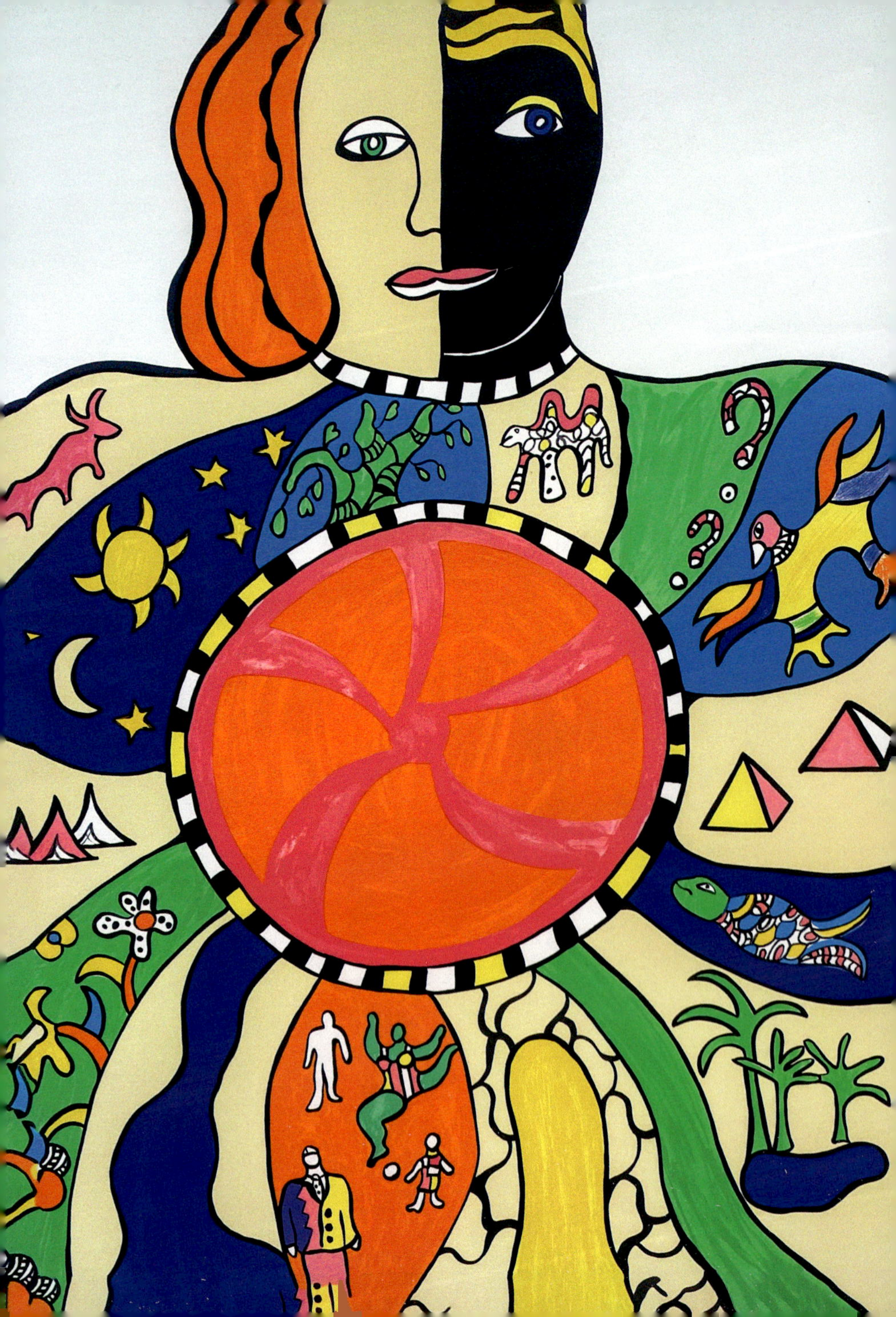

Adoptée par des artistes renommés, l'astrologie entre complètement dans la culture dominante et retrouve une nouvelle prééminence dans les années 1960 et 1970. L'omniprésence de l'imagerie astrologique dépasse de loin le cliché de la question brise-glace: «Eh, chérie, quel est ton signe?» Cet engouement pour l'astrologie ne se cantonne pas aux États-Unis. Il envahit tout: la mode, la décoration d'intérieur, l'édition, la presse (même le comic *The Avengers*), la musique, l'art et la cuisine. Pour un anniversaire d'enfant, Betty Crocker publie une recette de gâteau inspiré du zodiaque qui représente un soleil en sucre d'orge parce que «tout le monde parle d'astrologie». Désormais, la culture grand public s'approprie et commercialise pleinement l'astrologie qui, au début du XXe siècle, était une discipline plutôt ésotérique réservée à un public d'exaltés.

Dans les années 1980, un astrologue conseille le président des États-Unis Ronald Reagan et la Première dame Nancy Reagan à la Maison-Blanche. Ce retour de l'astrologue de cour prouve que le

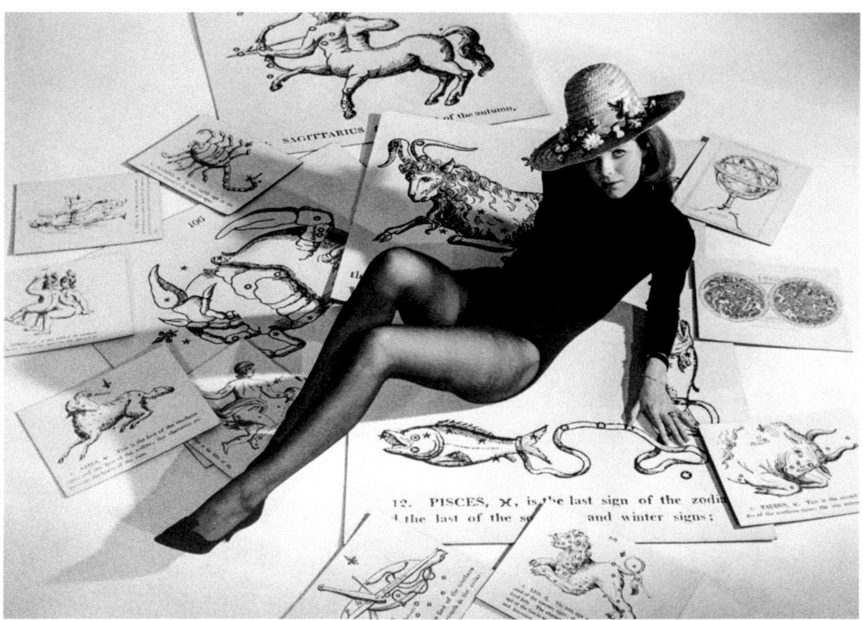

Niki de Saint Phalle · *Le Couple* · France/États-Unis · 1990 Les sujets astrologiques et occultes ont joué un rôle majeur dans l'œuvre de Niki de Saint Phalle, artiste du pop art: flacon de parfum, objets d'art à porter, mais aussi dessins, peintures et sculptures imprégnés de symbolique astrologique.

Anonyme · Samantha Eggar · Angleterre · 1965 Cette séance de photo de mode à l'époque du Swinging London, avec une actrice posant au milieu d'affiches illustrées de signes du zodiaque, montre combien l'astrologie a pénétré la culture populaire anglaise.

temps est vraiment cyclique. L'astrologie est une philosophie permanente, une force dynamique qui revient et se transforme selon les besoins du temps. D'après la National Science Foundation, nous sommes à nouveau dans une époque qui se passionne pour l'astrologie. L'enquête qu'elle a menée en 2012 a montré qu'«à peine plus de la moitié des Américains considéraient l'astrologie comme "pas du tout scientifique" alors qu'en 2010 ils étaient les deux tiers à le penser». Nombreux sont ceux qui pensent que l'engouement pour l'astrologie s'accroît pendant les périodes d'incertitude politique ou sociale parce que sa pratique offre un réconfort au cœur d'un supposé chaos. L'idée que les humains font partie d'un univers ordonné qui – pour peu que vous en connaissiez le langage – peut communiquer avec nous agit comme un baume. À tout le moins, l'étude de l'astrologie rappelle la nature cyclique du temps et le retour des saisons.

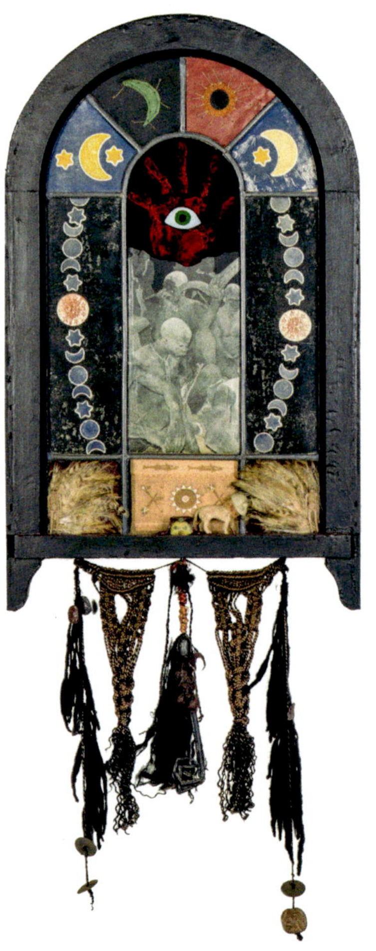

La longue aventure de l'astrologie, comme c'est le cas pour tout corpus de connaissances qui s'étendrait sur quatre millénaires, est difficile à résumer avec précision. Toutefois, on peut affirmer que l'émergence de l'astrologie horoscopique, telle qu'on la pratique aujourd'hui, s'enracine dans une histoire qui mêle découverte, diffusion et syncrétisme et qui implique plusieurs continents et cultures. Présente dans les nouvelles du matin, dans les journaux, dans nos propos («Mercure rétrograde» pour désigner un défaut de communication) et dans nos idées les plus communes (les nuits de pleine lune, il y aurait davantage d'accouchements et d'admissions en hôpitaux psychiatriques), elle s'est développée sur un immense terrain historique qui n'est rien d'autre qu'une merveille en soi.

Betye Saar · *Nine Mojo Secrets* · États-Unis · 1971 Betye Saar s'inspire de l'art africain et océanien ainsi que de la géométrie sacrée et de l'astrologie pour créer des œuvres complexes et talismaniques.

Ai Weiwei · *Circle of Animals / Zodiac Heads: Gold, Dragon* · Chine · 2010 La Chine est le berceau de l'un des plus anciens systèmes codifiés d'astrologie. Pour ses têtes sculptées, Ai Weiwei, artiste et activiste, s'est inspiré des sculptures astrologiques de l'ancien palais d'été des empereurs de Chine, le Yuanming Yuan.

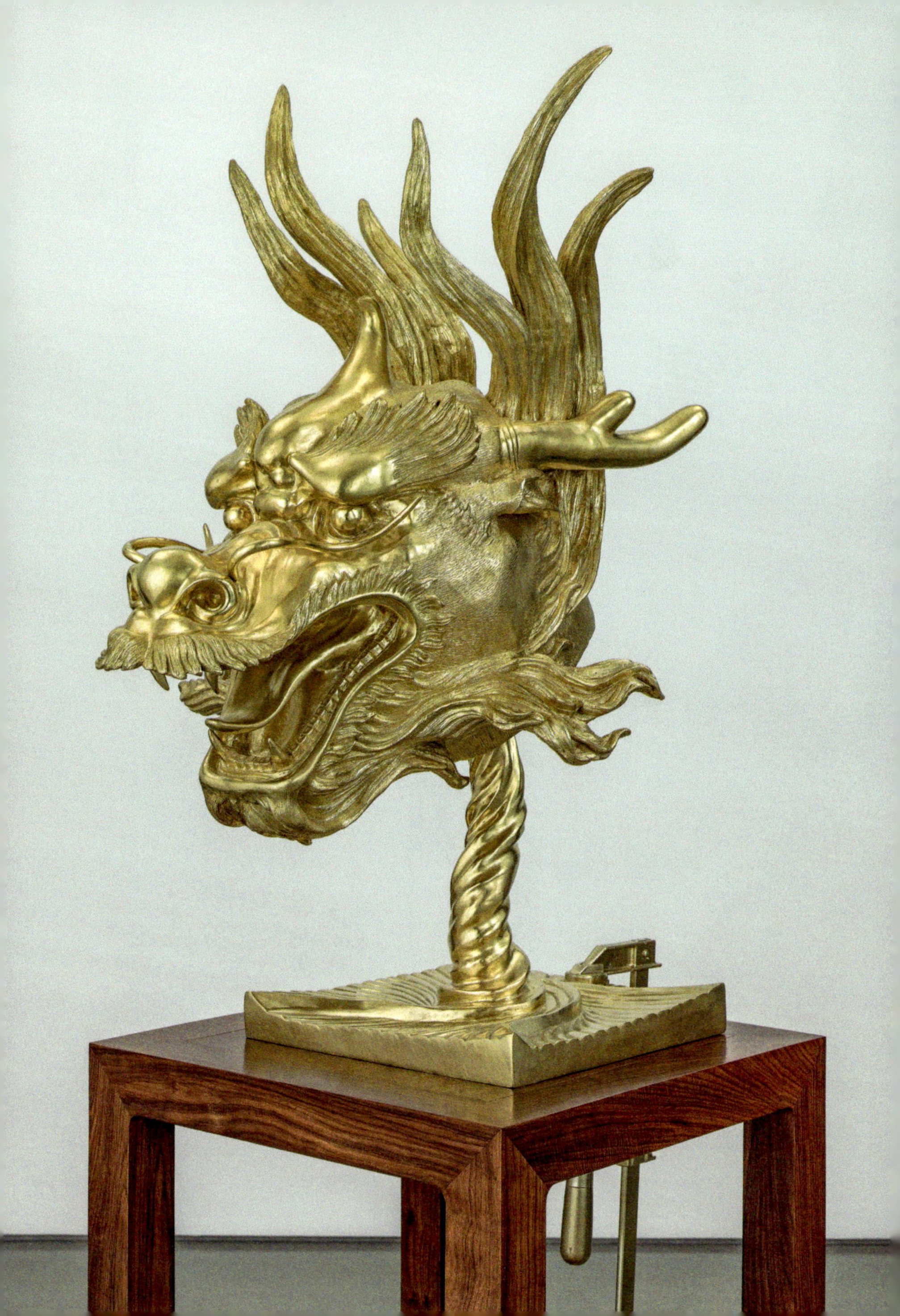

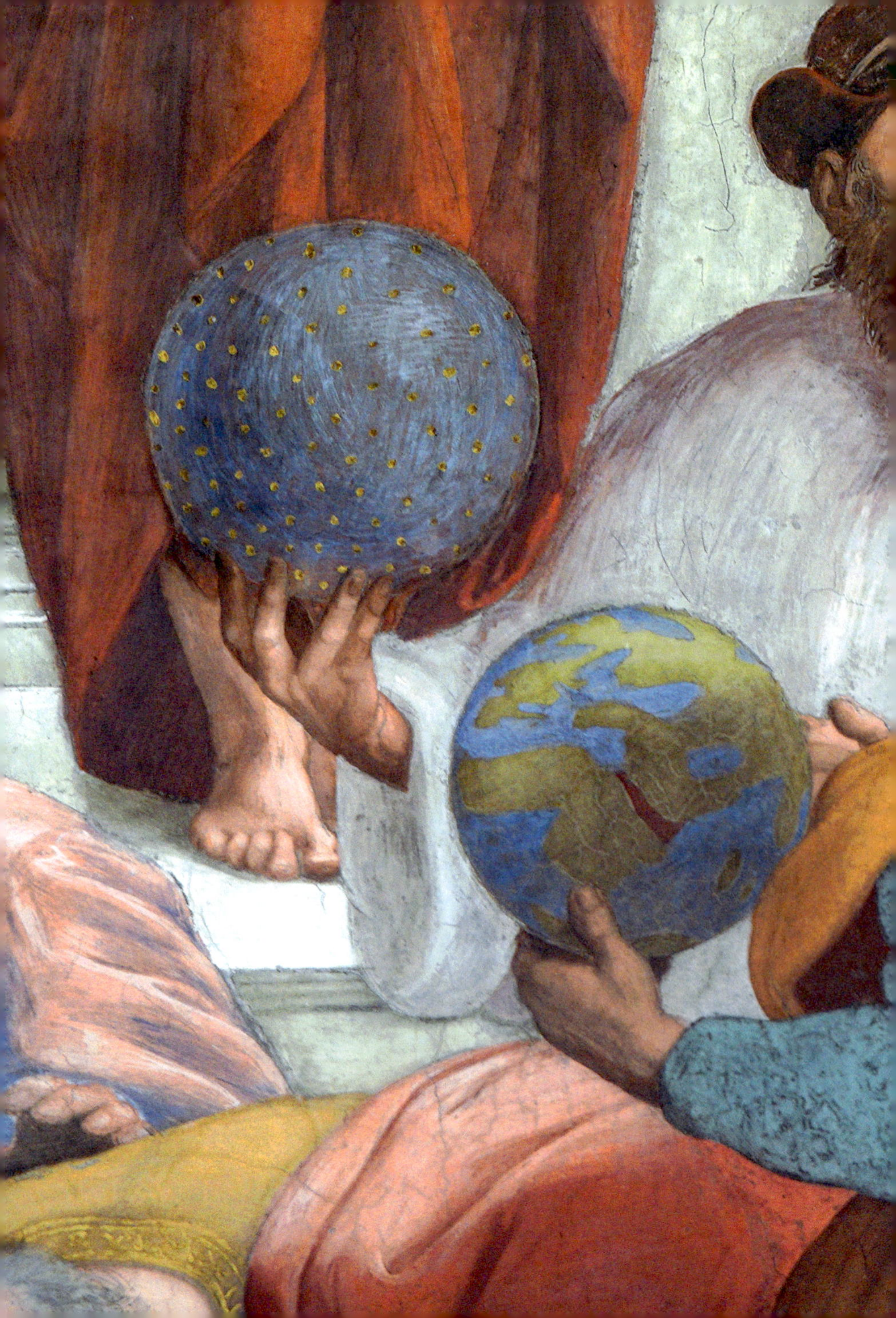

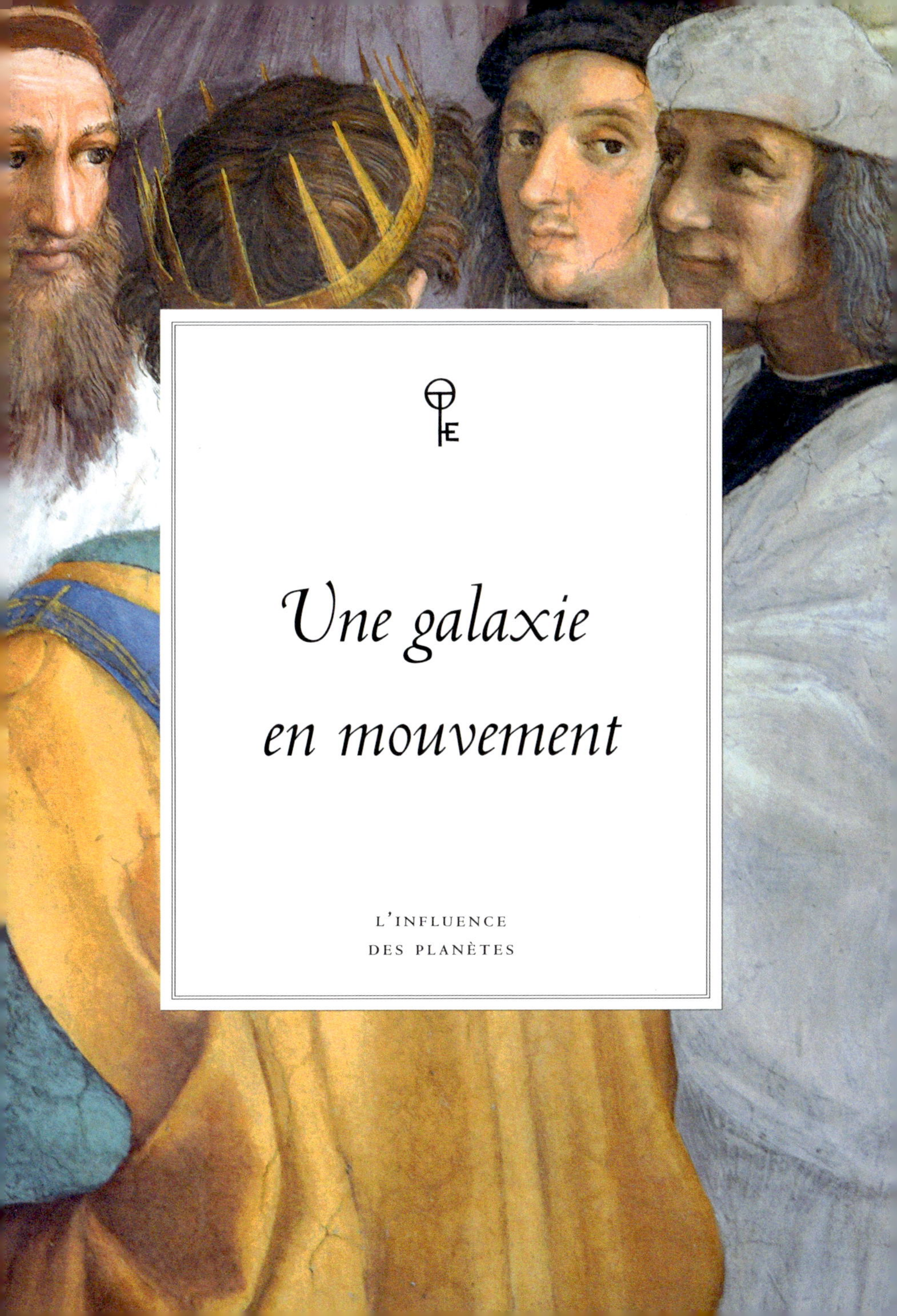

Une galaxie

en mouvement

L'INFLUENCE

DES PLANÈTES

L'INFLUENCE DES PLANÈTES

L'univers n'est pas immobile, l'astrologie non plus. L'un et l'autre fonctionnent grâce au mouvement de leurs composantes. Sans cette dynamique, il n'y a pas de vie et pas de sens. Dans l'astrologie horoscopique, trois grandes composantes sont prises en compte – les planètes, les signes du zodiaque et les maisons – et contribuent à l'élaboration d'un horoscope. Outre leur interaction, ces éléments forment le socle sur lequel s'appuient la structure et le riche langage de l'astrologie.

Pour comprendre l'astrologie, il faut commencer par le Soleil, la Lune et les planètes parce que leurs caractéristiques, qu'on les nomme attributs, associations ou propriétés, forment la pierre angulaire de la discipline. L'astrologie ancienne qualifiait les planètes visibles d'«errantes» en raison de leur déplacement dans le ciel nocturne. Le mot «planète» dérive du grec *planetes*, signifiant «qui erre». Les cultures qui ont observé ces vagabondes leur ont attribué les noms des personnages de leur mythologie, de leur folklore ou de leurs histoires religieuses. Aujourd'hui, nous les connaissons sous leur appellation latine, qui se réfère à la mythologie grecque. Ces noms établissent une série d'associations immédiates et précises (des correspondances) et définissent les caractères de chaque planète. Ce riche arrière-plan mythologique est primordial pour l'astrologie. En 150 av. J.-C., Claude Ptolémée, philosophe, astrologue et mathématicien, a mis au point un système de correspondances dominantes entre les cinq planètes alors connues (Mars, Vénus, Mercure, Jupiter et Saturne), le Soleil, la Lune et les 12 constellations du zodiaque.

Grâce aux découvertes scientifiques et à l'exploration de l'espace, nos connaissances sont bien plus étendues qu'à l'époque de Ptolémée. Nous savons que l'univers est un endroit immense et magnifique, fourmillant de milliers de galaxies au-delà de la nôtre. Nous avons appris que la Terre n'est pas, comme le croyaient les fondateurs de l'astrologie, le centre de ce vaste espace mais un point infiniment petit. (Bien sûr, l'astrologie conserve un modèle géocentrique, tradition que certains jugent contraire à la science, mais que les astrologues défendent arguant qu'il a pour centre la Terre où nous vivons!)

(pages 48-49) Raphaël · *L'École d'Athènes* (détail) Italie · 1509-11 Ce chef-d'œuvre de Raphaël, qui figure les philosophes dans la bibliothèque du pape Jules II, évoque l'unité de la terre et du ciel.

Manzel Bowman · *Scabbard* · États-Unis · 2017 Pour Bowman, «les planètes suivent un schéma cyclique, un peu comme une horloge, et nous en faisons partie. Minuscules ou macrocosmiques, nous sommes influencés par les planètes qui nous entourent».

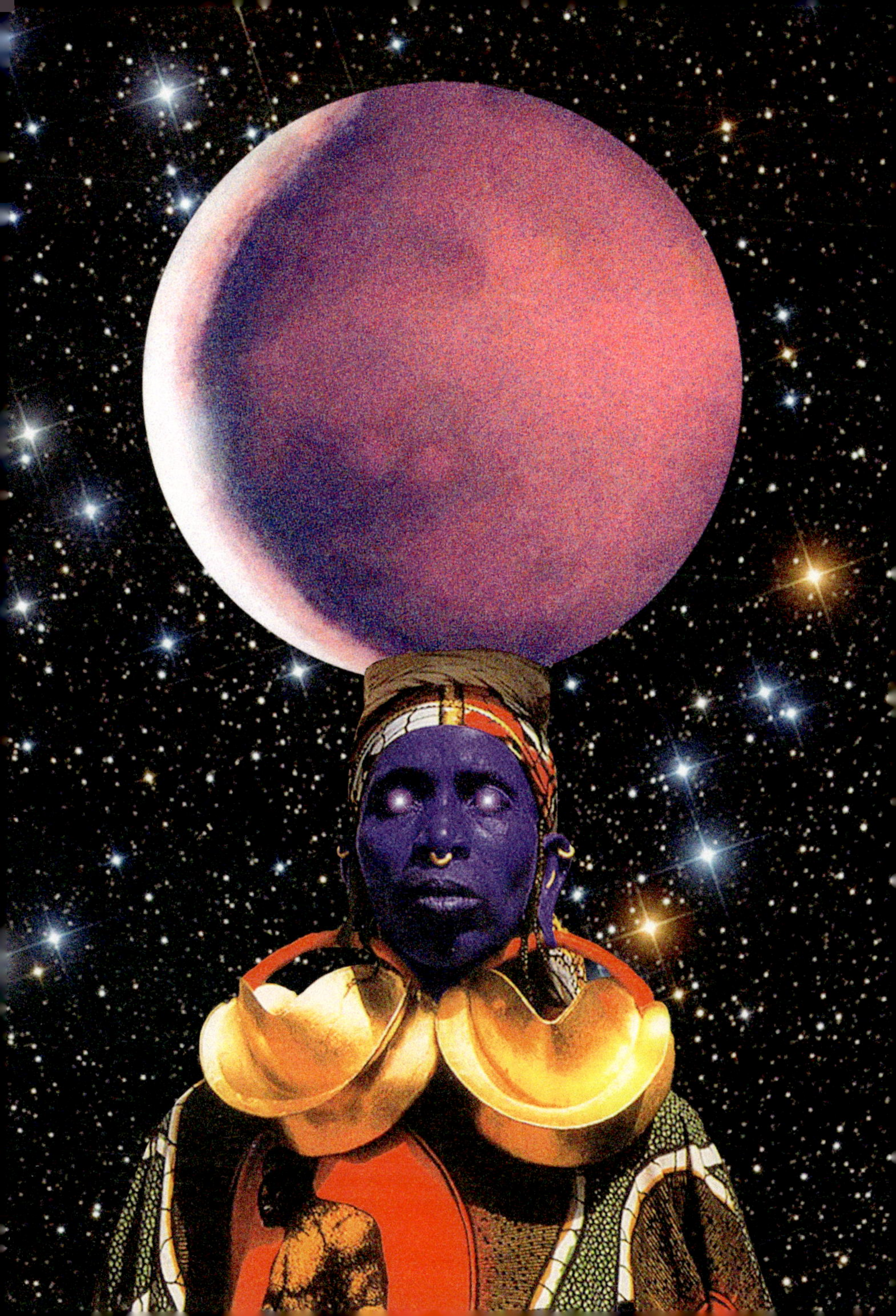

Grâce à l'invention du télescope, substitut de l'œil humain, et des engins spatiaux qui peuvent voyager jusqu'aux planètes, ces lointaines vagabondes ne sont plus aussi inconnues. En outre, nous avons découvert les planètes externes qu'ignoraient les anciens astrologues. Les humains ont marché sur la Lune mystérieuse et envoyé des orbiteurs, des astromobiles et des sondes explorer les planètes. Malgré ces progrès extraordinaires, le caractère mythique des planètes n'a rien perdu de sa fascination. Les vagabondes relatent des histoires, des récits ancestraux qui rappellent la sagesse des Anciens. L'astrologie contribue à révéler cette riche histoire.

L'astrologie occidentale pratiquée aujourd'hui débute à l'échelon des planètes. Elle a comme principaux acteurs les deux luminaires (le Soleil et la Lune) et les huit planètes (Mercure, Vénus, Mars, Jupiter, Saturne, Neptune, Uranus et Pluton). Bien sûr, l'astronomie ne classe ni le Soleil ni la Lune parmi les planètes. Cependant l'astrologie est plus ancienne que les connaissances scientifiques, et comme les premiers astrologues les considéraient comme les objets les plus importants du ciel, ils les ont inclus parmi les planètes. Au fil du temps, la classification de ces planètes a beaucoup bougé, mais la désignation la plus simple est celle de planètes « internes », ou « personnelles » (le Soleil, la Lune, Mercure, Vénus, Mars), et « externes » (Jupiter, Saturne, Uranus, Neptune, Pluton). Séparées par une ceinture d'astéroïdes et de nombreuses années-lumière, ces deux sortes de planètes ont des spécificités très différentes. Les planètes internes, qui accomplissent plus vite leur période de révolution, influencent plus fortement les activités terrestres. À cause de leur déplacement rapide, leur position aide à différencier les thèmes astraux de personnes qui sont nées à la même date. Les planètes externes, elles, voyagent plus lentement, mettant des décennies, voire des siècles à parcourir le zodiaque. C'est pourquoi leurs mouvements sont associés au collectif plutôt qu'à l'individu.

Des astrologues comme Susan Miller, l'autrice célèbre d'*Astrology Zone*, rangent Saturne et Jupiter dans la catégorie des planètes internes ou dans une troisième catégorie, celle des planètes dites « sociales », parce que leur période orbitale est supérieure à dix ans (12 ans pour Jupiter, 29 ans pour Saturne) bien que plus courte, toutefois, que celle d'Uranus (84 ans), de Neptune (165 ans) et de Pluton (deux siècles et demi). D'après Miller, les planètes externes exercent « sur nous une influence plus profonde et indélébile ». Elle les qualifie de « poids lourds » qui produisent un effet aussi bien sur les vies individuelles que sur la société. (Une distinction similaire entre l'individuel et le collectif existe aussi pour les signes du zodiaque – les six premiers étant les signes individuels, et les six derniers, les signes collectifs – et pour les maisons.)

Pour comprendre les mouvements et les activités de ces acteurs cosmiques, les astrologues doivent connaître les propriétés de chaque planète. La connaissance de ces principes archétypaux et associations est indispensable à la pratique de l'astrologie. À la manière d'une symphonie, celle-ci repose sur la lecture de dispositions collectives plus que sur l'identification des mouvements d'un seul acteur. Les planètes s'expriment chacune différemment en se déplaçant à travers les 12 signes et les

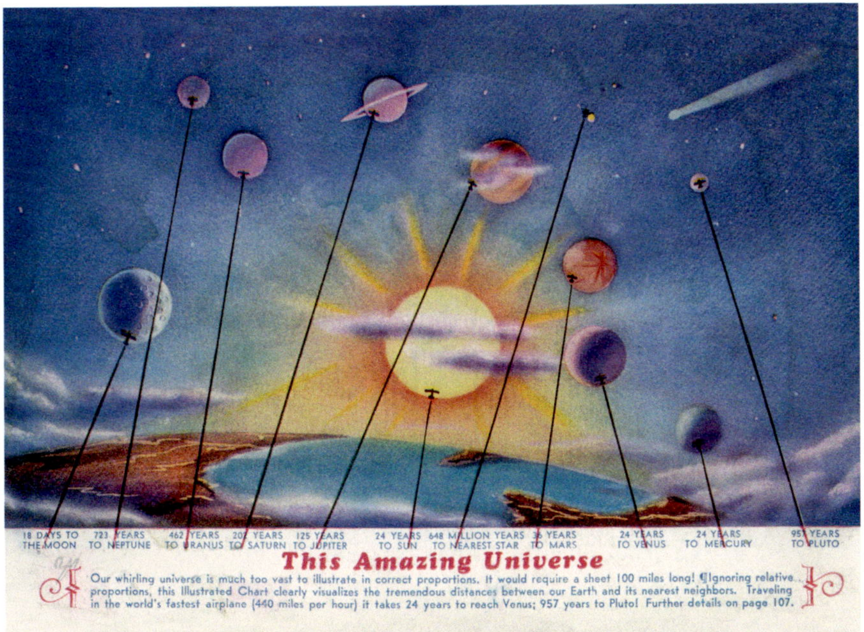

12 maisons, et dans leurs relations les unes aux autres (une notion que l'astrologie appelle « aspects », soit les lignes reliant les planètes dans un thème). Apprendre à interpréter les mouvements des planètes et les relations qu'elles nouent entre elles, telle est la tâche de l'astrologue, qui s'appuie pour cela sur l'horoscope, un diagramme consignant les positions des planètes et des signes zodiacaux à un moment donné.

Avant de déchiffrer la signification des mouvements des planètes, il importe de connaître les acteurs eux-mêmes. Chaque planète est en elle-même et par elle-même une riche création symbolique, qui, en interagissant avec une autre à des vitesses, en des lieux et des moments différents, engendre une multitude de significations. Ensemble, les planètes ont beaucoup à dire.

Anonyme · *This Amazing Universe* extrait d'*Amazing Stories* · États-Unis · 1938 Des ouvrages de vulgarisation ont stimulé l'intérêt des Américains pour le cosmos.

(pages 54-55) Lita Albuquerque · *Arrival* · États-Unis · 1995 Selon l'artiste, « la forme représente la révolution d'une année autour du Soleil et la rotation quotidienne de la Terre sur son axe, cette expérience de la lumière et de l'obscurité ».

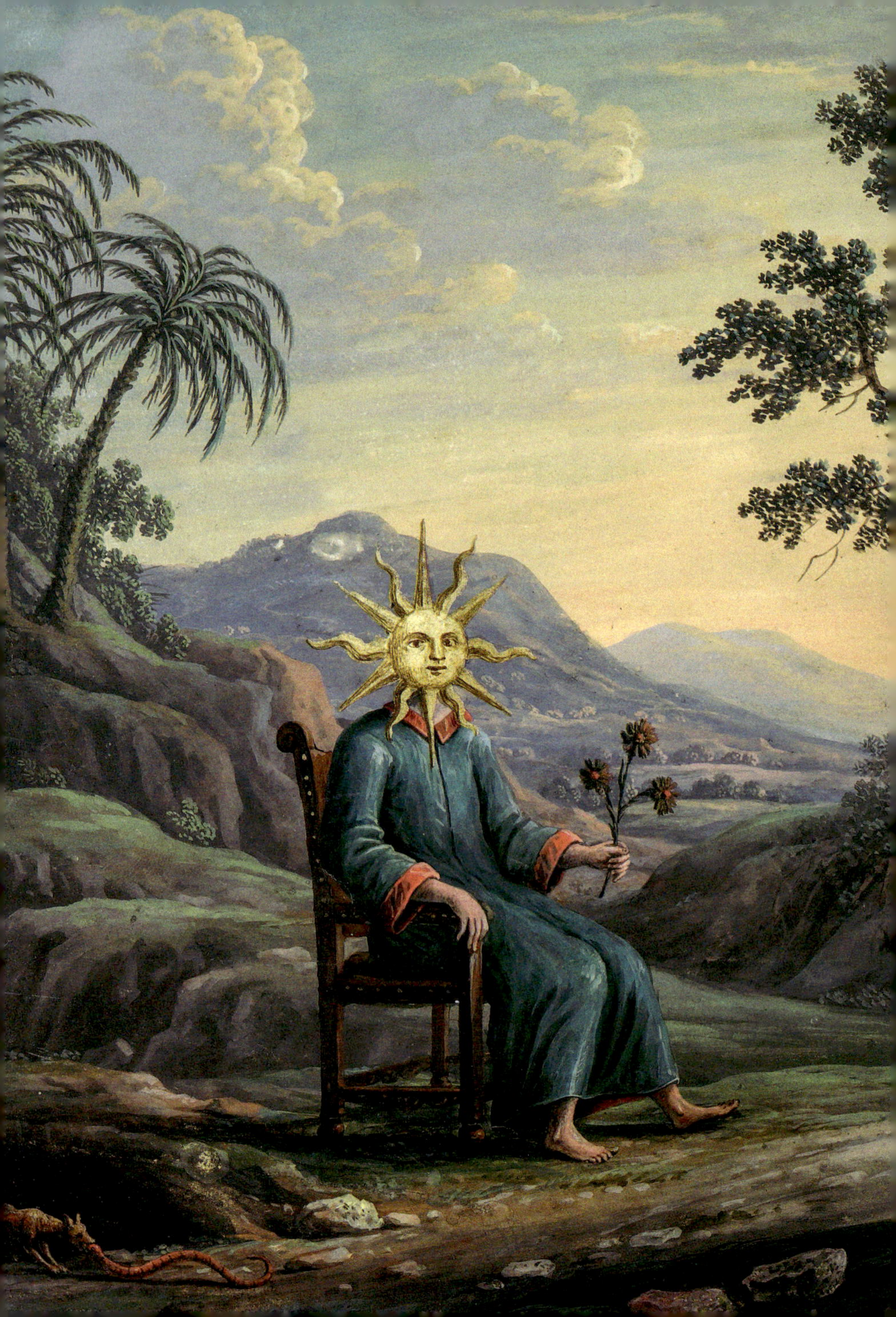

ANATOMIE
Cœur
Rate
Appareil circulatoire

MAÎTRISE
Lion

SYMBOLIQUE
Pouvoir
Création
Force vitale

CYCLE DE 1 AN

LE SOLEIL

I

LA LUMIÈRE AU CENTRE

L'astrologie reconnaît l'importance du Soleil en le plaçant au centre de l'horoscope. Il représente l'essence de l'âme et l'éveil. Sa lumière est omnisciente, elle est l'expression de notre moi dans ce qu'il a de plus authentique. Le Soleil gouverne le signe du Lion, et les personnes qui sont Lion sont, tout comme le Soleil, des créateurs à la vitalité contagieuse. Ils sont généreux, ouverts et enthousiastes et répandent généreusement chaleur et lumière. En astrologie comme dans la vie réelle, le Soleil nous oriente. De l'emplacement des monuments à des pratiques telles la position asana en yoga (la salutation au Soleil) ou la méditation qui nous aide à réaligner notre corps et à réveiller l'énergie qui y sommeille, l'alignement avec le Soleil sur le plan physique est une constante de la culture humaine. L'énergie solaire peut avoir l'arrogance, l'individualisme et l'insécurité comme effets négatifs. Mais la lumière chaude du Soleil offre du magnétisme si l'on a une estime de soi équilibrée – sinon, il en résulte vanité, égoïsme et égocentrisme. La trajectoire de l'astre dans le ciel, au fil des saisons, est souvent représentée dans l'art comme une croix ou roue solaire et reflète le cycle de la vie humaine : la jeunesse, la maturité, la cinquantaine et la vieillesse. (À moins que nous ne reflétions le Soleil !) Son énergie diffère selon les saisons de la vie, ce *chi* circulant en flux similaires dans l'univers. Dans le feng shui, qui fait du Soleil son principe directeur, les maisons sont orientées vers le sud pour mieux le capter. Le Soleil a pour symbole alchimique l'or, le métal le plus sacré et le plus précieux, considéré comme la manifestation de son esprit sur Terre sous forme de lumière solidifiée.

Anonyme · *L'Alchimiste qui a atteint l'éveil* tiré de *Clavis Artis* · Allemagne · 1737 Il symbolise peut-être les « trois premiers éléments » de l'alchimie (le mercure, le soufre, le sel) tandis qu'un esprit élémentaire dévore un serpent, associant ainsi les royaumes spirituel et terrestre.

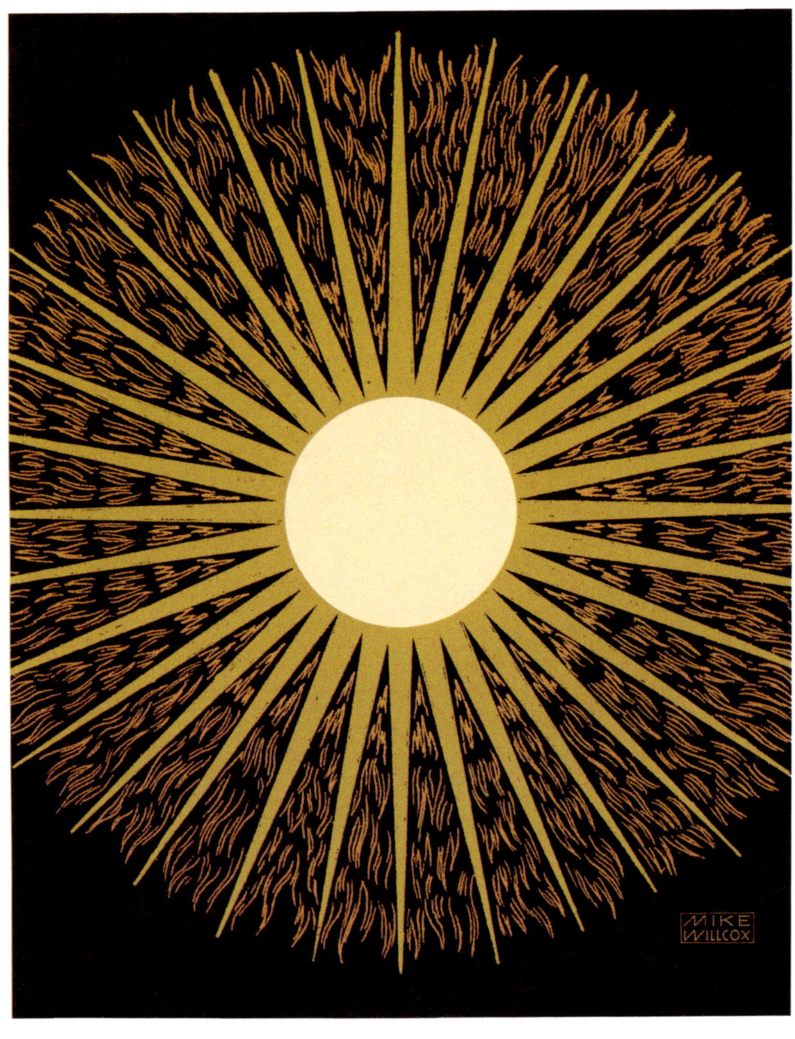

Mike Willcox · *The Sun* · États-Unis · 2017
De nombreuses civilisations vénèrent le Soleil
et le personnifient. Cette œuvre contemporaine
célèbre le rayonnement de l'esprit humain.

James Jean · *Sunshower* · États-Unis · 2018
Conçue pour une exposition intitulée *Azimuth*,
terme qui décrit la position d'un objet céleste
par rapport à l'horizon, cette peinture met en
évidence la force du Soleil, créatrice de vie.

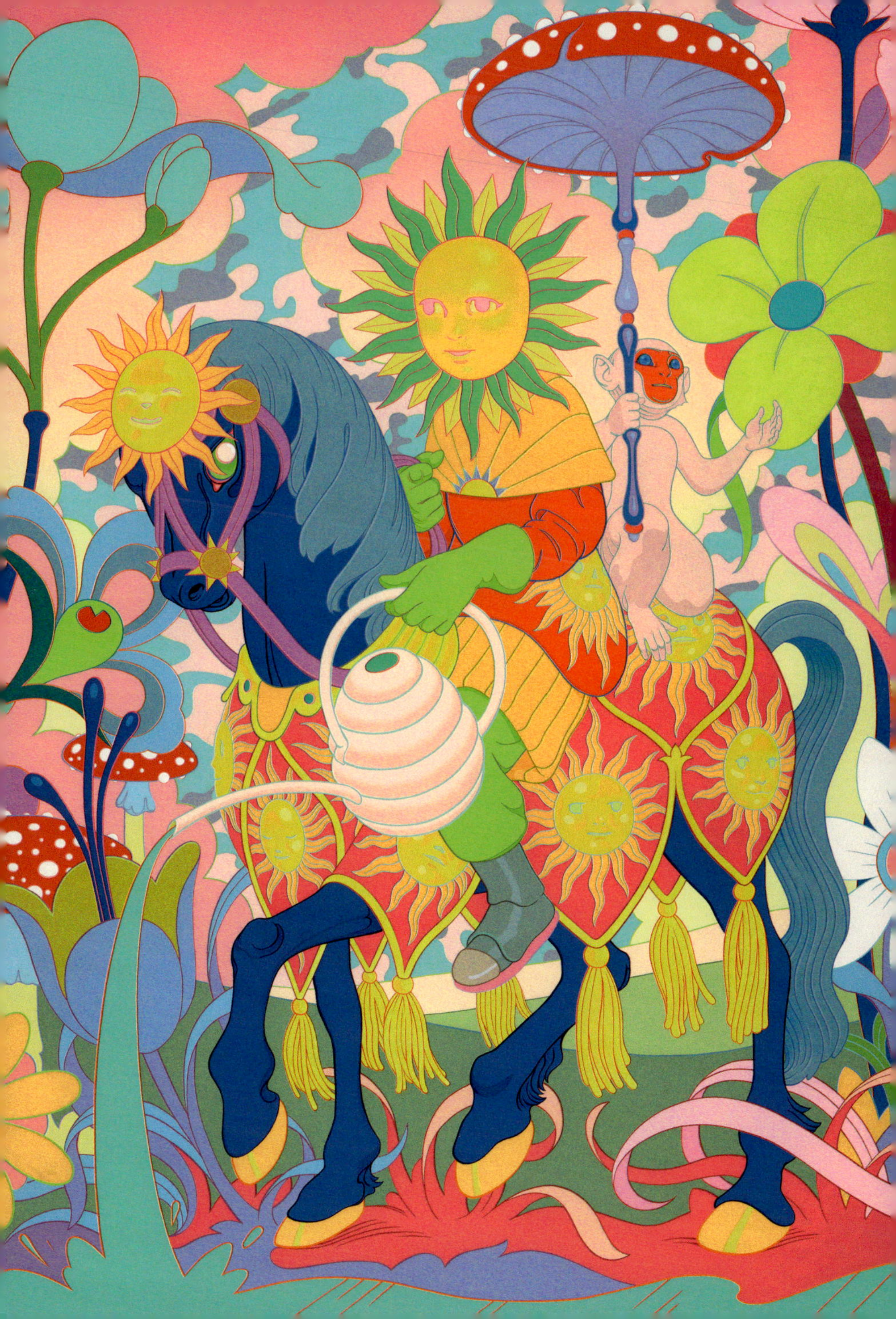

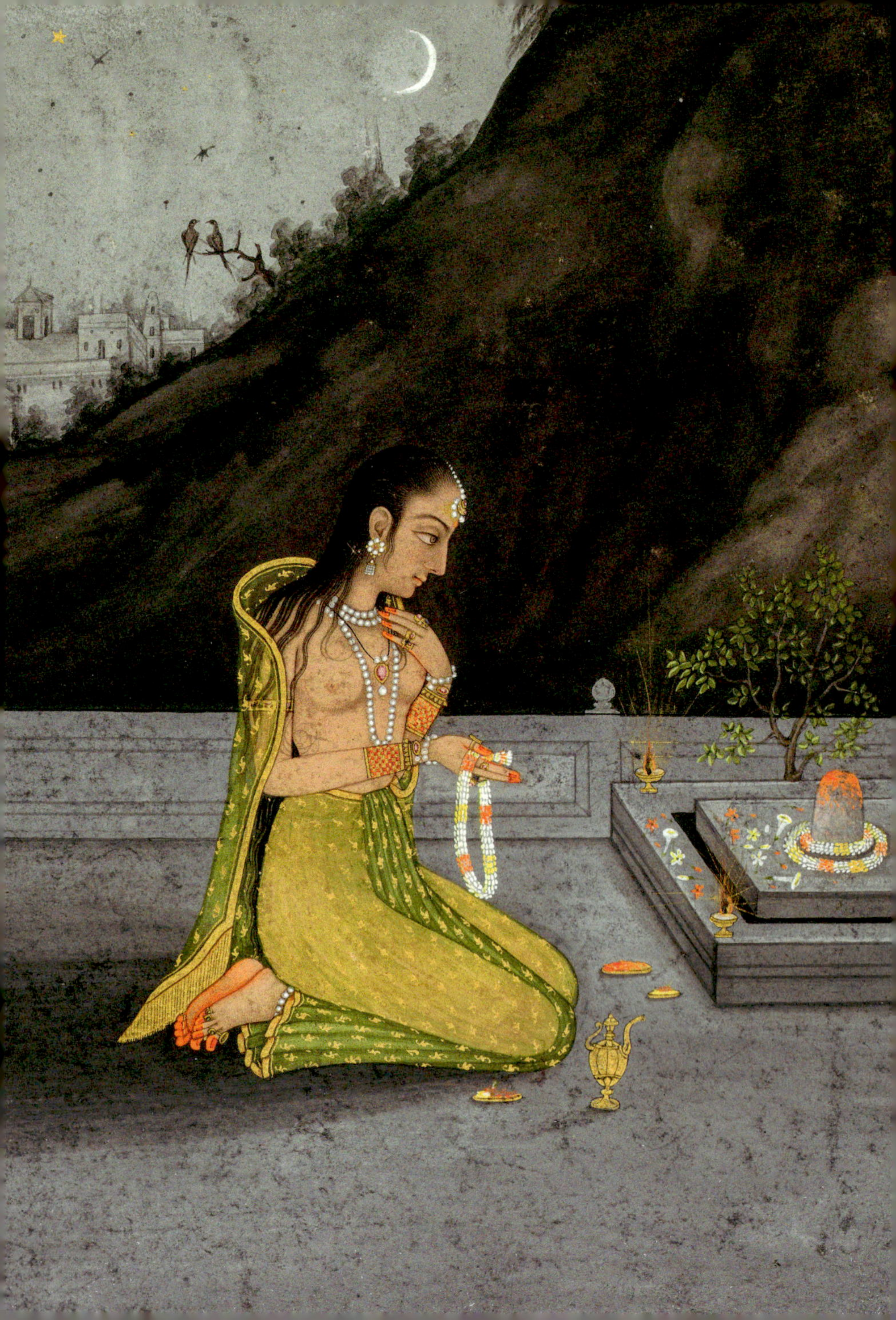

ANATOMIE
Estomac
Poitrine
Fluides

MAÎTRISE
Cancer

SYMBOLIQUE
Émotions
Inconscient
Instinct

CYCLE DE 28 JOURS

LA LUNE

II

LA DIVINE RÊVEUSE

La Lune reflète l'âme. Elle représente le monde intérieur, nature émotionnelle, subconscient, rêves, intuition et actions instinctives compris. La Lune, qui se transforme périodiquement au cours de ses phases, est la plus changeante des planètes astrologiques. Le cycle lunaire est lié aux marées, au cycle menstruel des femmes et à des pratiques agricoles adoptées par les êtres humains pendant des siècles (le *Farmers' Almanac* montre que cet usage persiste). En outre, pour diverses cultures, la Lune symbolise l'évolution de la vie, de la jeune fille (lune croissante) à la mère (pleine lune) puis à la vieille femme (lune décroissante). Il s'agit là d'un archétype que les traditions païennes et néopaïennes ont vénéré sous la forme de la « triple déesse », ou Hécate. La Lune est associée aux rêves, au monde souterrain, à la mémoire, à la maternité, à l'alimentation et à la fertilité. Malgré leurs caractères et leurs énergies opposés, le Soleil et la Lune sont liés et dépendants l'un de l'autre. Tandis que l'énergie directe du premier nourrit l'ego, l'énergie indirecte (l'instinct) et intérieure de la seconde nourrit l'âme. Au cours de l'histoire de l'astrologie occidentale, ces différences ont été résumées par des termes sexués : masculin pour le Soleil, féminin pour la Lune. Ils ne correspondent pas simplement à la définition actuelle des genres ; en astrologie, ils forment deux catégories distinctes rendant compte des polarités ou des contraires. Une polarité féminine détient une myriade d'associations au-delà du genre biologique. La Lune nous influence tous de manière égale, présidant à nos rêves et à nos souvenirs, et mettant au jour émotions et tourments. Ses ombres, dues aux cratères de sa surface, réfléchissent les nôtres, parts sombres et inconnues que nous portons en nous.

Muhammad Rizavi Hindi · *A Night Scene of Shiva Puja* · Inde · XVIIIe siècle Un croissant de lune éclaire l'offrande faite au dieu hindou Shiva. Alors que la position du Soleil est fondamentale, à la naissance, dans l'astrologie occidentale, c'est celle de la Lune qui importe dans l'astrologie védique.

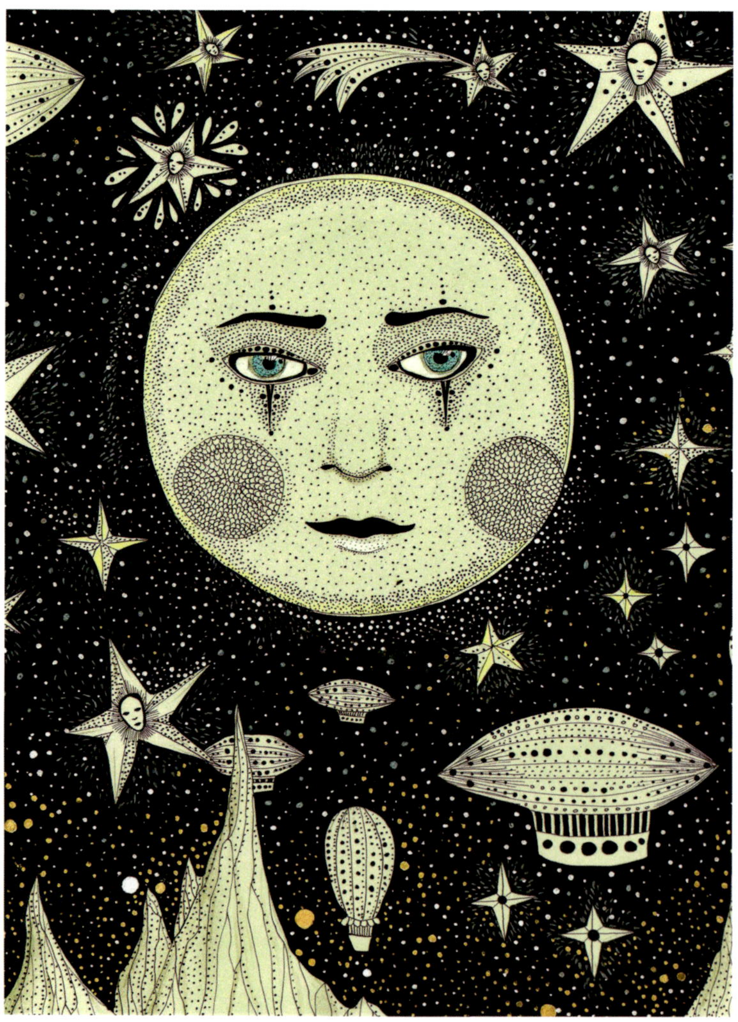

Daria Hlazatova · *Moonlit Night* · Ukraine · 2015
Dans son œuvre, au style détaillé, Hlazatova, qui
travaille au crayon et à l'encre, explore des thèmes
astrologiques. « Partout, il y a un certain niveau
d'émerveillement, mais nous sommes tous program-
més pour le percevoir à des niveaux différents. »

Kay Nielsen · *À l'est du Soleil et à l'ouest de la Lune*
Danemark / Angleterre · 1914 Un croissant de
lune guide le personnage de ce conte norvégien
recueilli par Peter Christen Asbjørnsen et Jørgen
Engebretsen Moe. Nielsen a plus tard illustré ce
conte en s'inspirant des estampes japonaises.

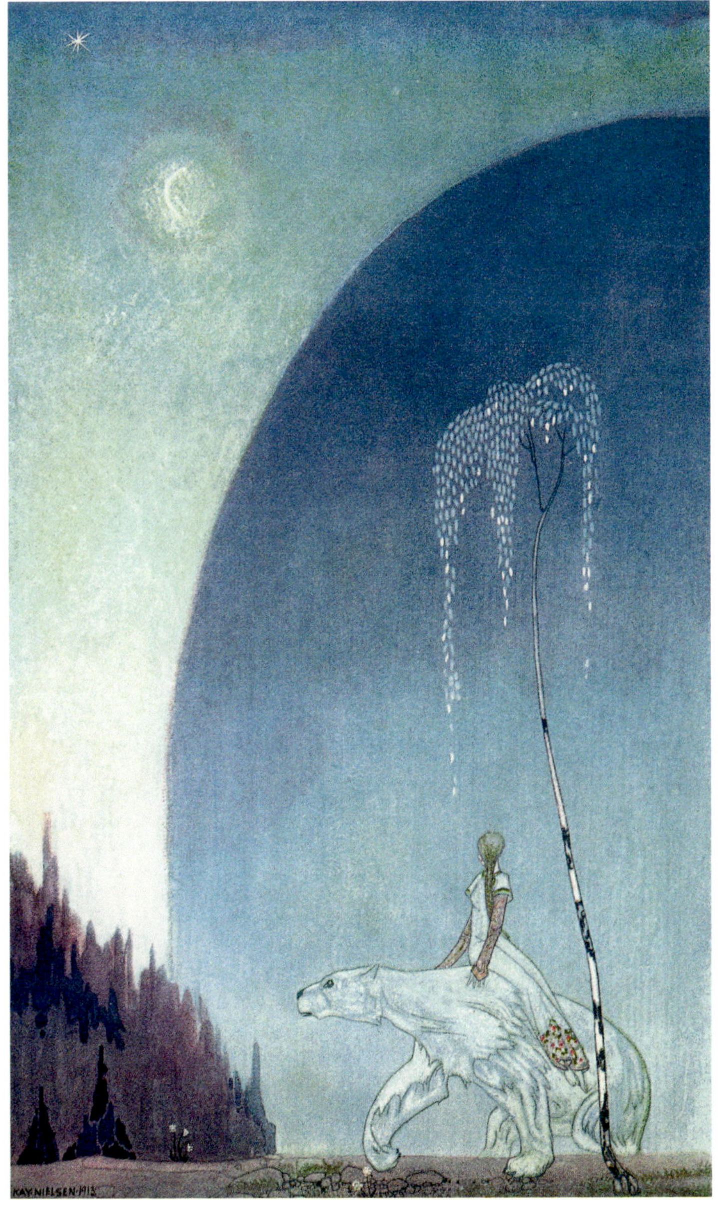

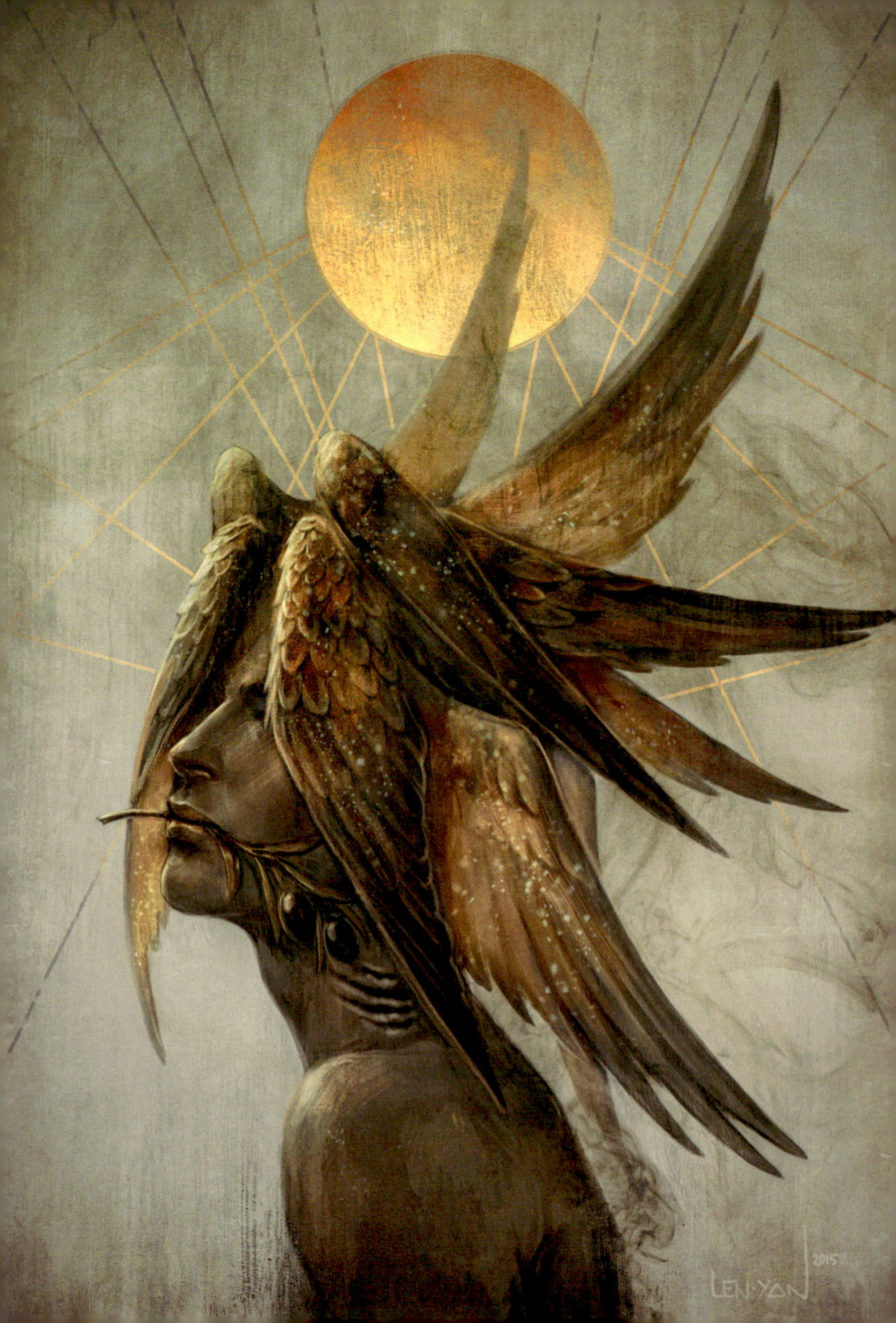

LEN·YON
2015

ANATOMIE
Mains & bras
Système nerveux

MAÎTRISE
Gémeaux · Vierge

SYMBOLIQUE
Communication
Voyage · Commerce

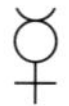

CYCLE DE **88** JOURS

MERCURE

III

LE MESSAGER AUX PIEDS AILÉS

Plus petite planète de notre système solaire, Mercure a l'orbite la plus rapide autour du Soleil. C'est pourquoi les Romains l'ont assimilée au messager des dieux aux pieds ailés. Dans la mythologie, Hermès/Mercure est le fils de Maïa, l'une des Pléiades, et du dieu Zeus/Jupiter. Souvent représenté une bourse à la main, Mercure préside au commerce et aux échanges. Il a également pour attribut le caducée, une baguette d'olivier entourée de serpents, symbole de paix. Il rappelle le rôle d'ambassadeur du dieu, un pont menant à la compréhension et reliant des forces antinomiques. Mercure opère une vaste synthèse à partir des éléments opposés. De même, c'est la seule planète dont la polarité n'est pas qualifiée d'uniquement masculine ou féminine. Elle se déplace selon sa position relative et est considérée comme objective. Versatile, Mercure est une planète caractérisée par des changements brusques, souvent imprévisibles, comme en témoigne sa tendance à entrer dans des périodes rétrogrades. Quand elle passe devant la Terre, elle semble faire brutalement demi-tour sur son orbite ; il s'agit d'une illusion d'optique due à la perspective et que les astronomes appellent « mouvement rétrograde apparent ». Les férus d'astrologie abordent prudemment ces périodes de mouvement rétrograde qui provoquent une rupture de communications assorties de perturbations technologiques, de retards dans les voyages et plus généralement de difficultés à faire les choses. Il est ainsi recommandé de reporter la signature de contrats, les projets de voyage, voire les premières rencontres. Cependant, les périodes rétrogrades sont aussi envisagées en astrologie comme des moments opportuns pour regarder en arrière, se pencher sur le passé et examiner les sentiments éludés ou les projets inachevés.

Magdalena Pagowska/Len-Yan · *Hope* · Pologne 2015 La rapide Mercure est associée au Soleil, à la Lune, Vénus et Mars, planète personnelle dont les actions ont une influence sur la vie quotidienne.

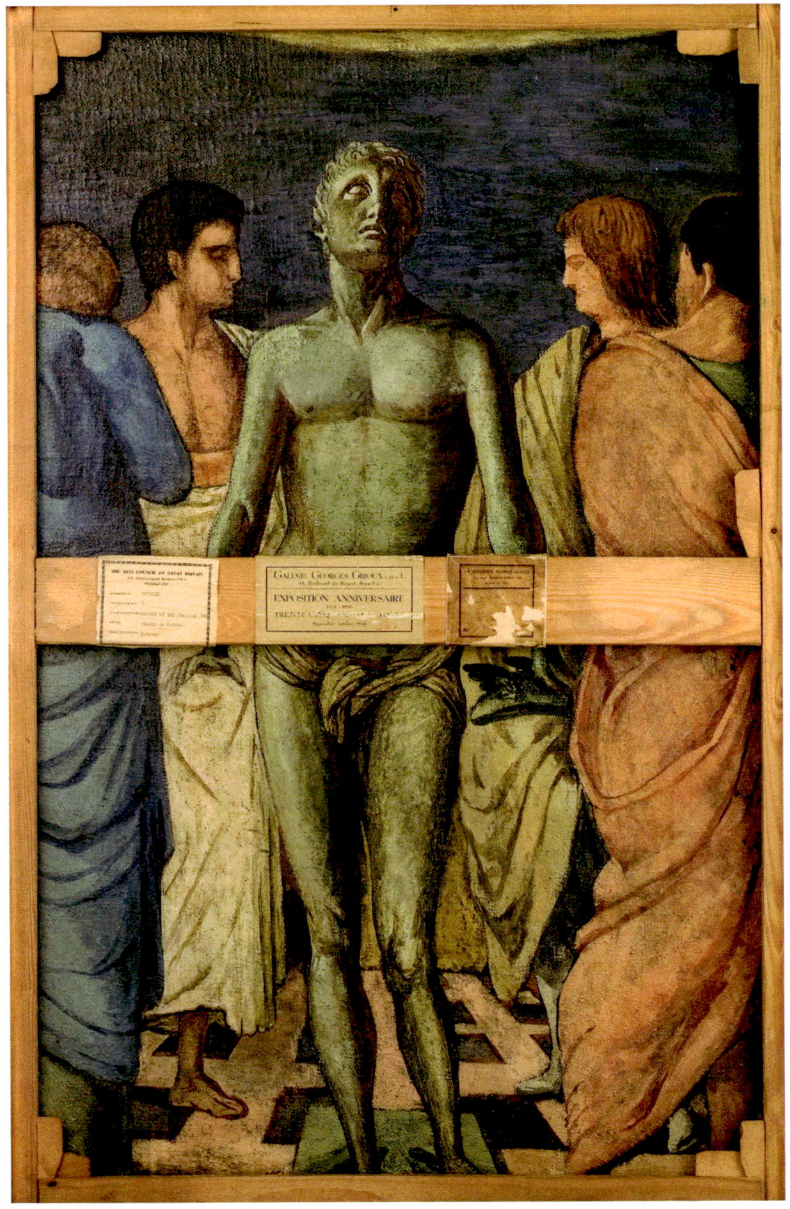

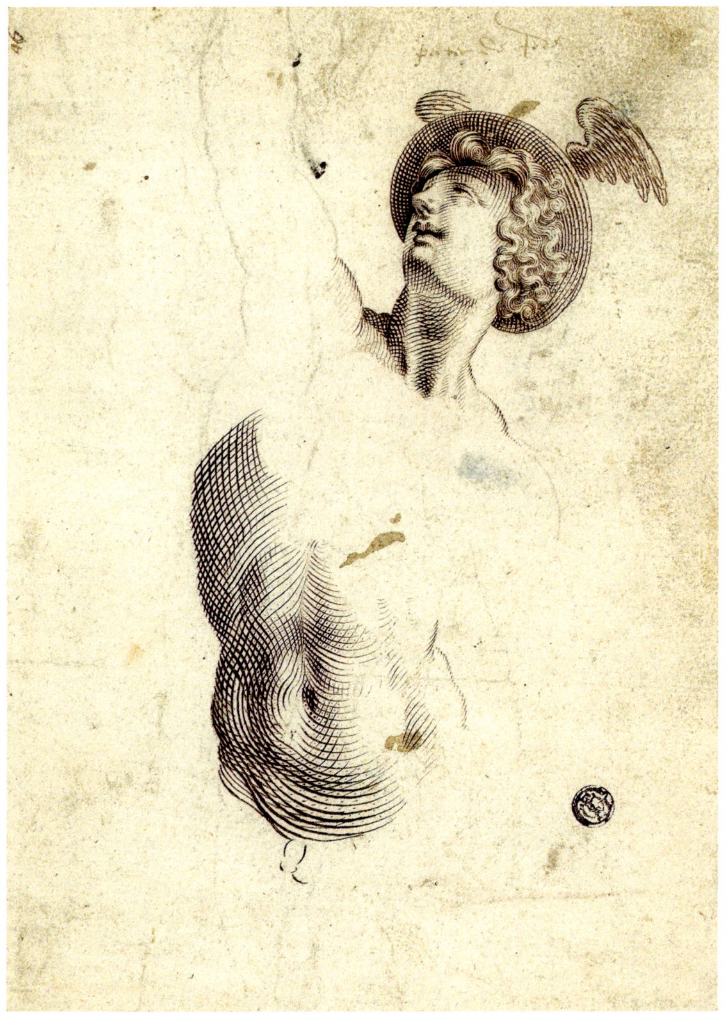

Giorgio de Chirico · *Mercure et la métaphysique*
Italie · 1920 Au revers du *Fils prodigue* (1922),
on a découvert une peinture dans laquelle l'artiste
fait de Mercure son protecteur. Il se délecte des
mystères que le dieu messager tient en réserve.

Jan Harmensz Muller · *Mercure* · Pays-Bas
XVIe siècle Le dieu Mercure opère la synthèse entre
les éléments opposés. La planète Mercure est ainsi
rendue responsable des ruptures de communication.
Le messager porte ici son casque habituel.

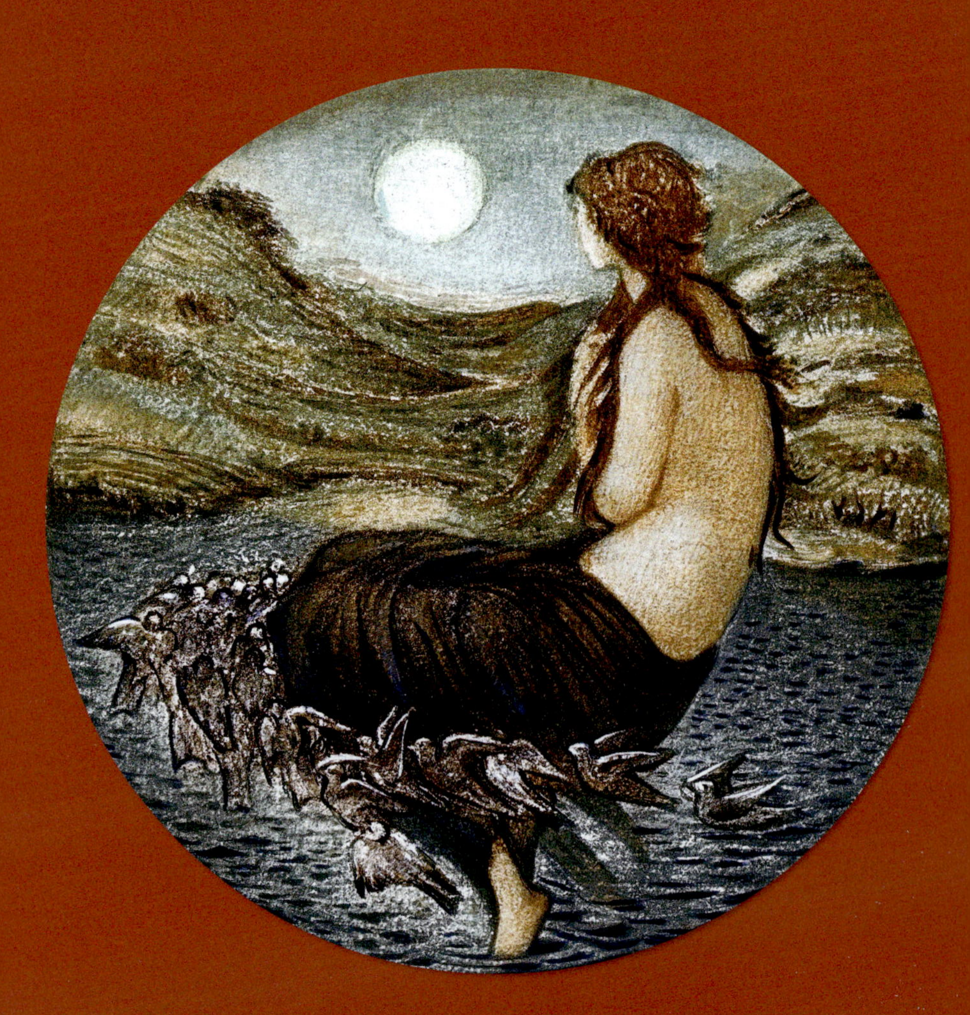

ANATOMIE
Gorge · Joues · Reins
Organes reproducteurs
internes

MAÎTRISE
Taureau · Balance

SYMBOLIQUE
Amour · Beauté
Plaisir

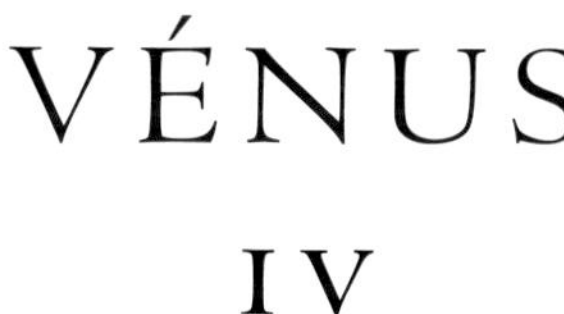

CYCLE DE 224,5 JOURS

VÉNUS

IV

LE ROYAUME DU DÉSIR

En astrologie, Vénus, qui est associée à la grande déesse du désir érotique et de l'amour, règne sur l'amour, l'esthétique, l'harmonie et les relations humaines. Shukra, son équivalent dans l'astrologie bouddhiste et hindoue, est également synonyme d'amour, de créativité, de procréation, de luxe et d'art. Les Mayas, qui se sont également intéressés à elle, leur «grande étoile», ont cartographié son cycle orbital complet dans le codex de Dresde. C'est parce que la déesse Vénus règne sur le désir que la planète révèle ce qui est précieux pour l'individu. Planète de l'argent, elle dévoile nos valeurs. Qu'est-ce qui est digne de notre affection et de notre numéraire? Qu'est-ce qui nous procure du plaisir? De même, Vénus régit l'amour et les relations humaines, révélant comment nous communiquons avec les autres et comment nous exprimons notre affection. Un horoscope où Vénus est importante signifie union, paix, compromis et affection, ainsi qu'appréciation et jouissance de la beauté ou souci de son apparence. Un intérêt pour la beauté qui peut cependant porter à la superficialité. Contrairement aux autres planètes, hormis Uranus dont la rotation est également «inversée», Vénus tourne d'est en ouest. Notons que les Anciens, qui ignoraient tout de l'existence d'Uranus, avaient établi un lien entre les deux: dans la légende, Vénus émerge de l'écume de l'océan, surgie du pénis coupé de son père Uranus. Comme elle se déplace à peu près au même rythme que le Soleil, Vénus se trouve toujours à deux signes de lui. Elle circule rapidement dans le zodiaque, changeant de signe tous les 25 jours.

Edward Burne-Jones · *Venus' Looking Glass* dans *The Flower Book* · Angleterre · 1905 Selon le texte qui accompagne les aquarelles de Burne-Jones, dans cette image de Vénus «la pleine lune est conçue comme son miroir». Après le Soleil, les «planètes» les plus visibles de la Terre sont la Lune et Vénus.

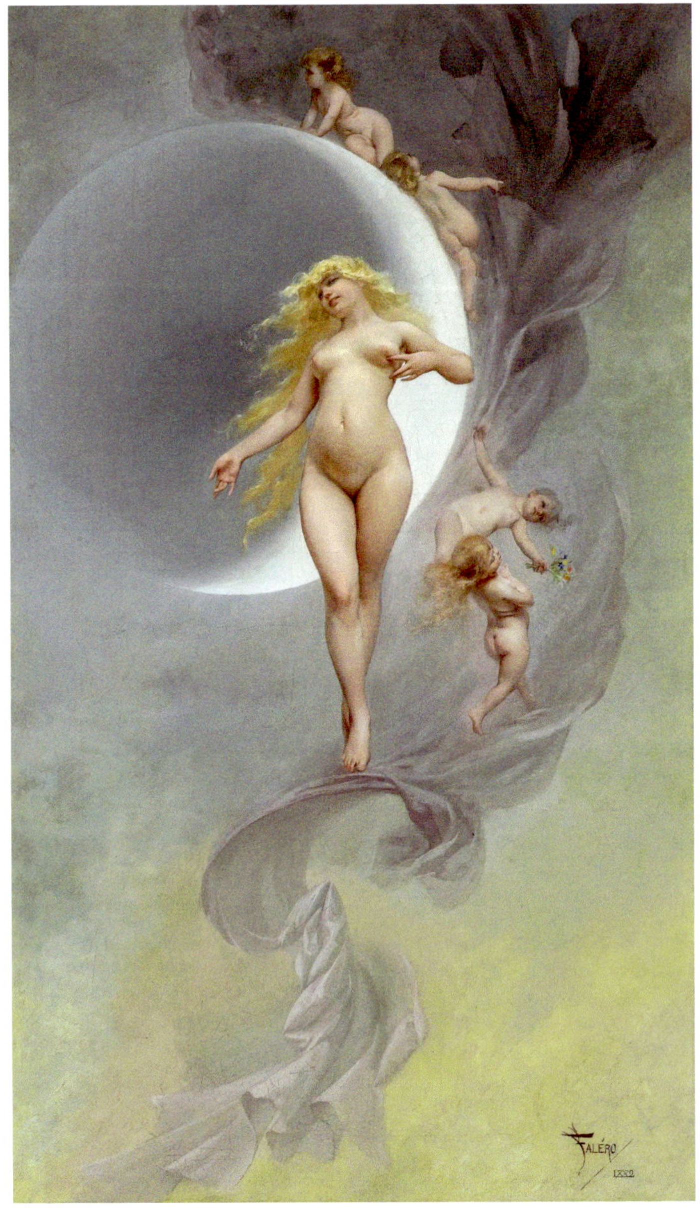

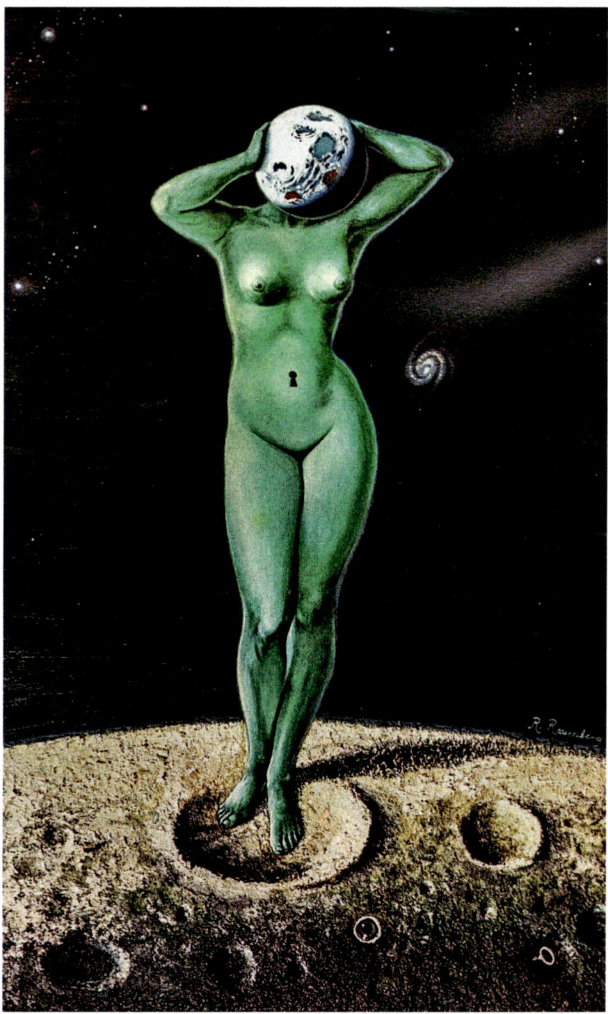

Luis Ricardo Falero · *La Planète Vénus* · Espagne/ France · 1882 Comme dans beaucoup de ses peintures, Falero donne à la déesse l'aspect d'une belle femme. Vénus évolue dans les airs à côté de la planète homonyme en forme de croissant, rappel de ses phases semblables à celles de la Lune.

Rosa Rosenberg · *Vénus (Eva 69)* · Ukraine/Mexique Années 1950 À l'instar de bien des surréalistes, Rosa Rosenberg a adopté des thèmes et sujets astrologiques dans ses peintures.

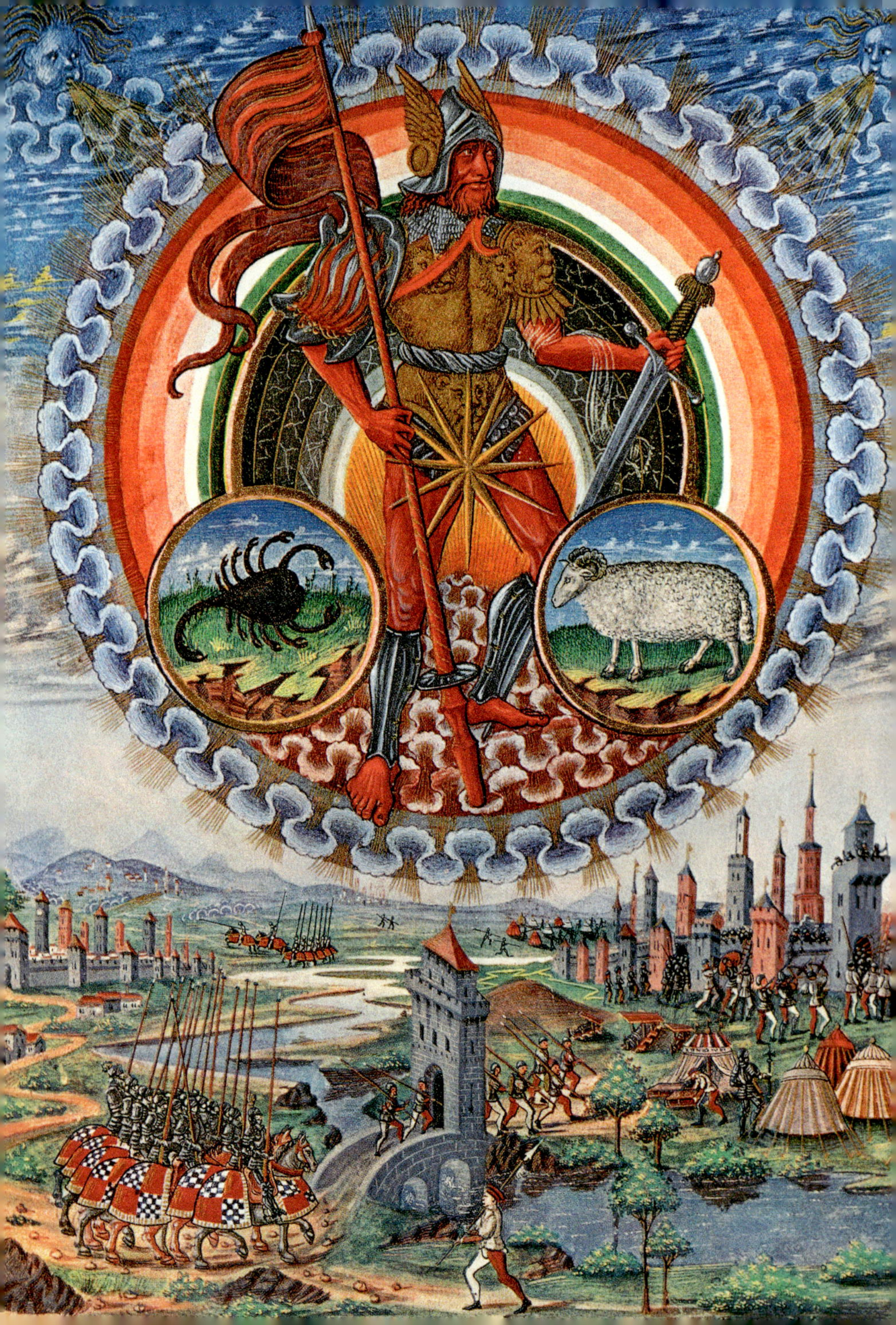

ANATOMIE
Muscles
Glandes surrénales
Organes reproducteurs
externes

MAÎTRISE
Bélier · Scorpion

SYMBOLIQUE
Action
Agressivité
Énergie

CYCLE DE 22 MOIS

MARS

V

DESTRUCTEUR ET RÉNOVATEUR

Aujourd'hui encore, Mars a la réputation de semer le trouble. L'astrologie traditionnelle considérait Mars et (plus encore) Saturne comme des forces néfastes conférant à un thème un sens négatif ou destructeur. Cette conception remonte aux anciens Grecs qui, dans leur système de classification, répartissaient les planètes en favorables (faisant le bien) et néfastes (faisant le mal). Précisons qu'il y a aussi de mauvaises planètes dans l'astrologie védique. Mars, la moins mauvaise, symbolise l'énergie destructrice – avec une tendance à trancher les liens et à rompre les alliances –, tandis que Saturne, la plus néfaste, est associée au rejet, à l'exclusion et à toute autre forme de restriction. Arès, dieu grec de la guerre, était impopulaire et redouté, alors que Mars, son équivalent romain, était apprécié pour ses mêmes qualités guerrières : l'agressivité, la vigueur physique, la détermination. La planète Mars évoque le désir et la virilité, ainsi que la présence d'une force vitale qui correspond à la volonté de survivre et se manifeste de diverses façons : à l'instar d'Arès, elle peut prendre la forme d'un fou de violence, assoiffé de sang, ou, comme les Romains l'envisageaient, d'un pouvoir agissant pour la défense de la civilisation. En dehors de la guerre, Mars est le gardien des champs, qui protège les récoltes des fléaux et préserve ainsi la vie. La couleur rougeoyante de la planète prend ici tout son sens. Dans la Rome antique, le mot « rouille » désignait une couleur mais aussi un champignon qui décimait les récoltes. Mars peut détruire ou protéger, et quand elle le fait, c'est avec passion !

Cristoforo de Predis · *Mars et les signes du Bélier et du Scorpion* dans *De Sphaera* · Italie · 1470 Dans ce manuscrit enluminé de la Renaissance, la planète, Mars, personnifiée, est entourée des deux signes qu'elle gouverne, le Bélier et le Scorpion.

(pages 74-75) Michael Whelan · *Thuvia, Maid of Mars* tiré de *The Martian Tales Trilogy* · États-Unis 1978 Créée pour la couverture de la trilogie de *planet opera* de Rice Burroughs, cette interprétation du paysage de Mars montre un monde habité.

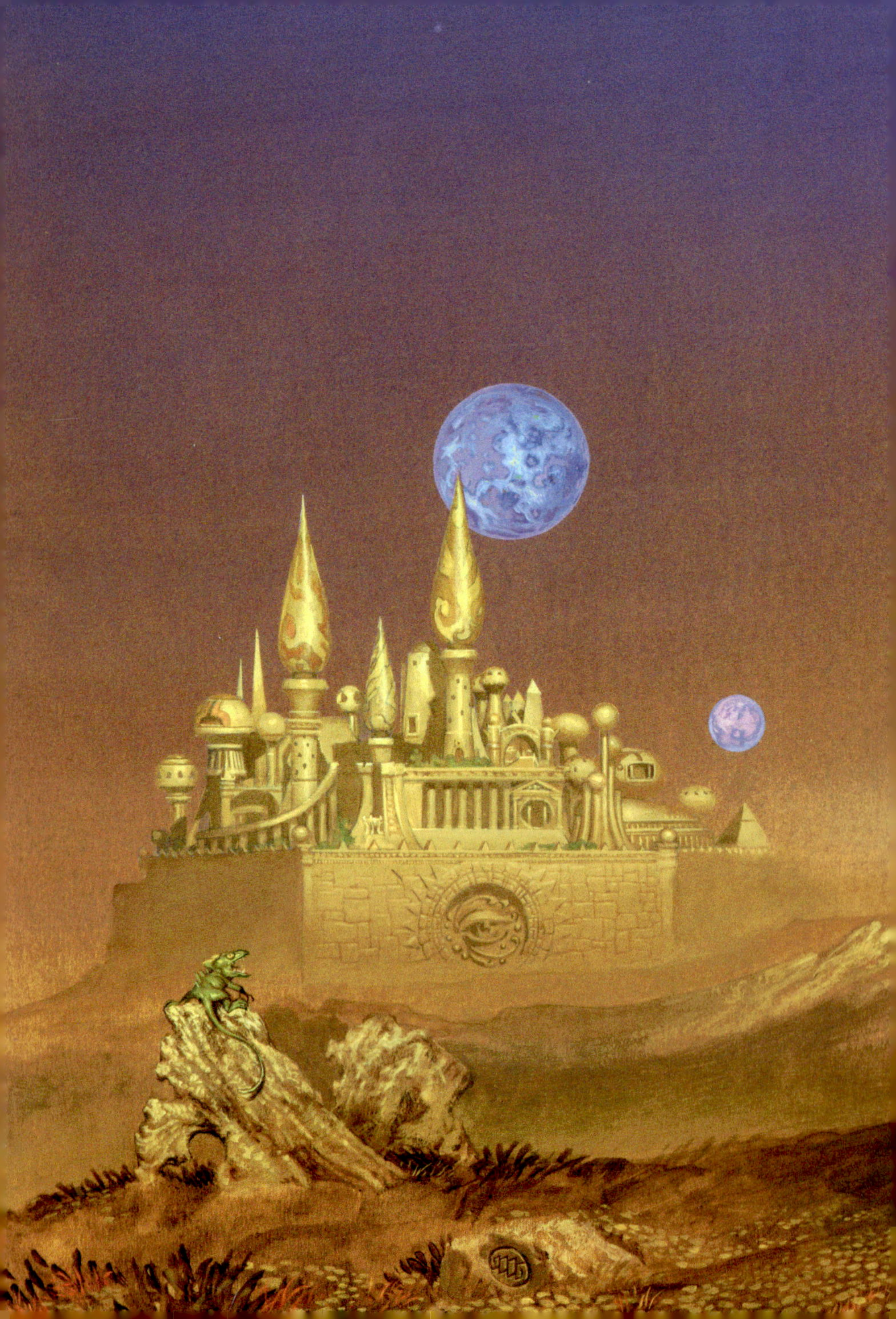

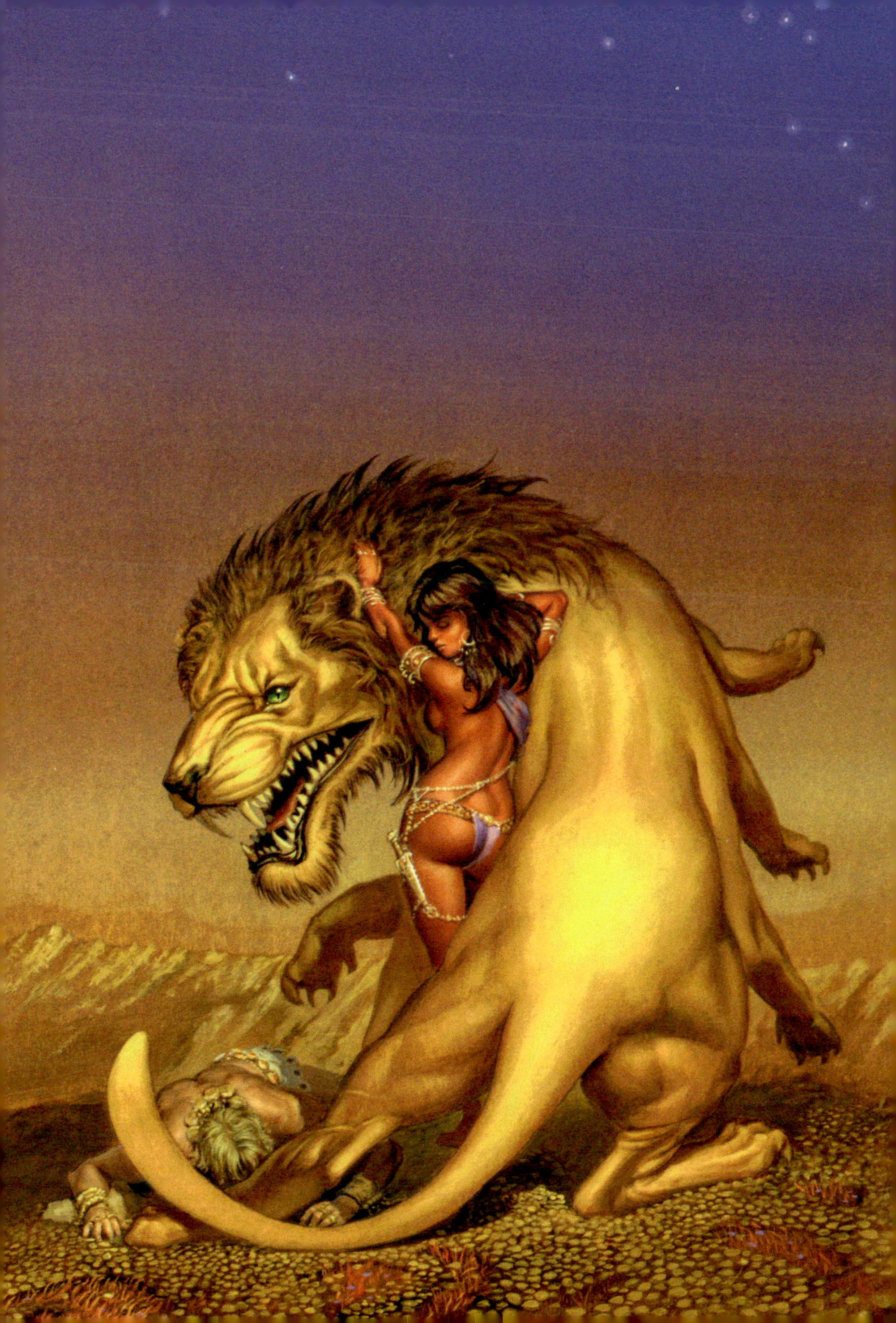

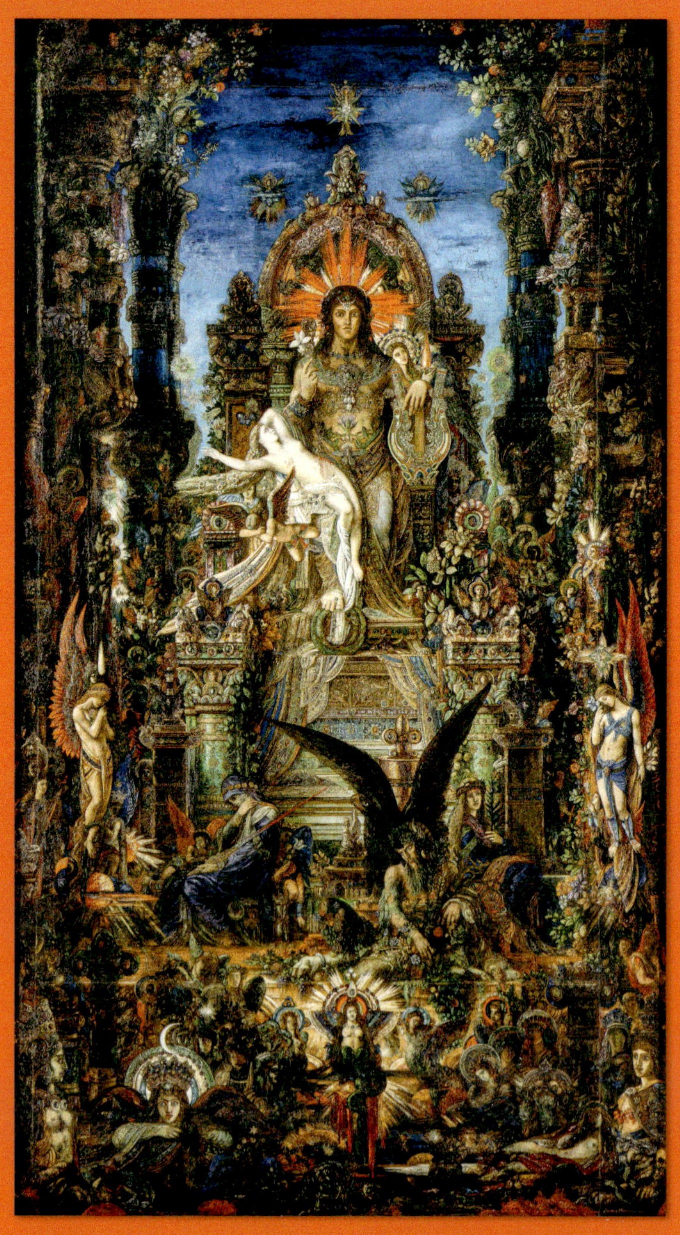

ANATOMIE
Foie · Cuisses
Hanches · Circulation
sanguine

MAÎTRISE
Sagittaire · Poissons

SYMBOLIQUE
Générosité
Croissance
Fortune

CYCLE DE *12* ANS

JUPITER

VI

LE BIENFAITEUR

Plus grande planète de notre système solaire, Jupiter est tellement vaste qu'elle pourrait contenir toutes les autres. En astrologie, Jupiter concerne tout ce qui a trait au développement. Elle symbolise les occasions, la prospérité, la réussite et le bonheur. Connu comme « celui qui fait des dons », Jupiter est vénéré comme le grand bienfaiteur et considéré comme la planète de l'expansion et de la prospérité. Jupiter, qui partage son nom avec le chef du panthéon romain (Zeus en grec), est associée à la loi, l'autorité et la souveraineté. Dans la mythologie, il incarne l'honneur, le pouvoir, la sagesse et la bonne fortune. Dieu du ciel, il dispose de la foudre qui n'est pas seulement une arme redoutable, mais également le symbole de l'ordre cosmique qu'il régit tout seul. Jupiter parcourt le zodiaque en 12 ans environ, demeurant un an dans chaque signe. Tous les trois ans, la planète transitera d'une façon ou d'une autre par un point natal, formant un aspect vu comme très favorable lorsque sa tendance bienfaitrice est forte. Ces phases de retour de Jupiter sont de grands moments de croissance et de développement, même si la manière dont ces changements se produisent peut s'avérer malvenue. Plutôt que d'attendre passivement ce que réserve la planète, de nombreux astrologues suggèrent de voir dans les transits de Jupiter une invitation à se pencher sur ses désirs et ses rêves et à cultiver la confiance en soi afin de concrétiser ces derniers. Si Jupiter est porteur d'opportunités et d'optimisme, c'est à chacun de faire usage de ce pouvoir.

Gustave Moreau · *Jupiter et Sémélé* · France · 1895
Dans la mythologie grecque, Sémélé meurt après avoir couché avec Zeus (Jupiter), mais leur enfant la sauvera des enfers. Pareilles allégories de la renaissance après la mort existent aussi en astrologie. Les symboles occultes abondent dans l'œuvre de Gustave Moreau.

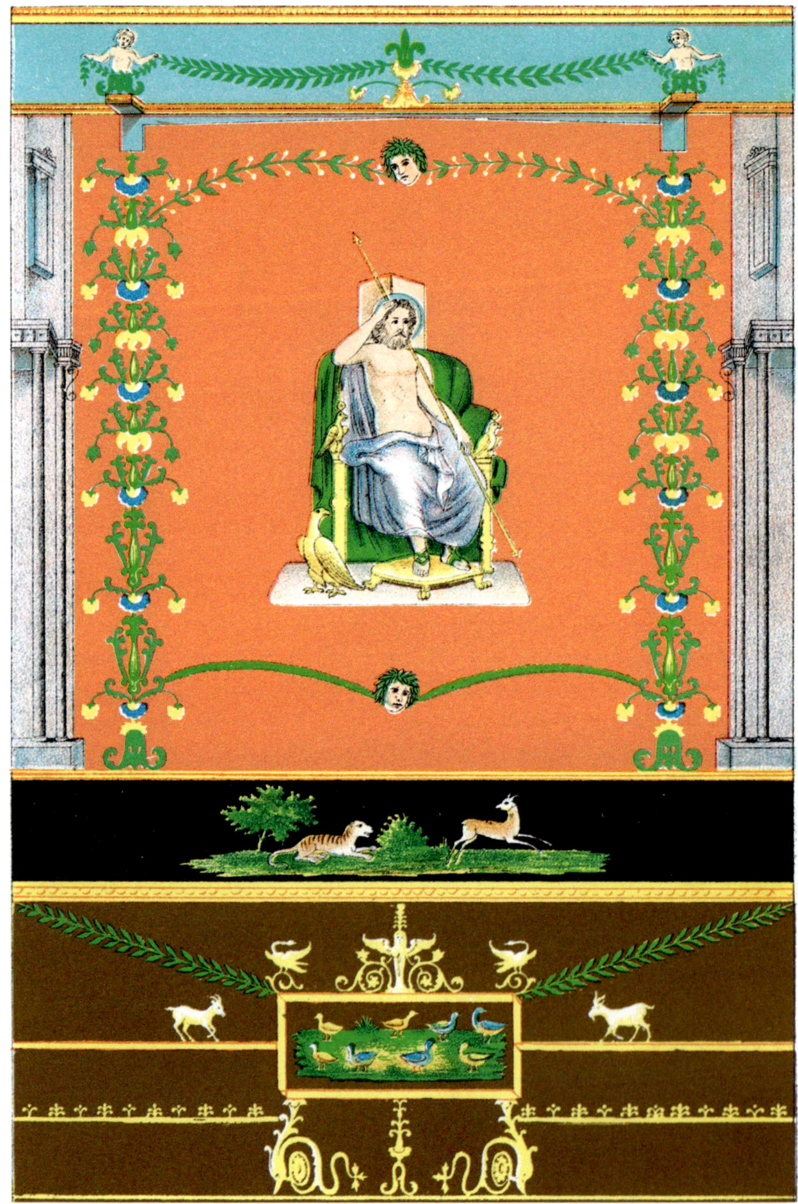

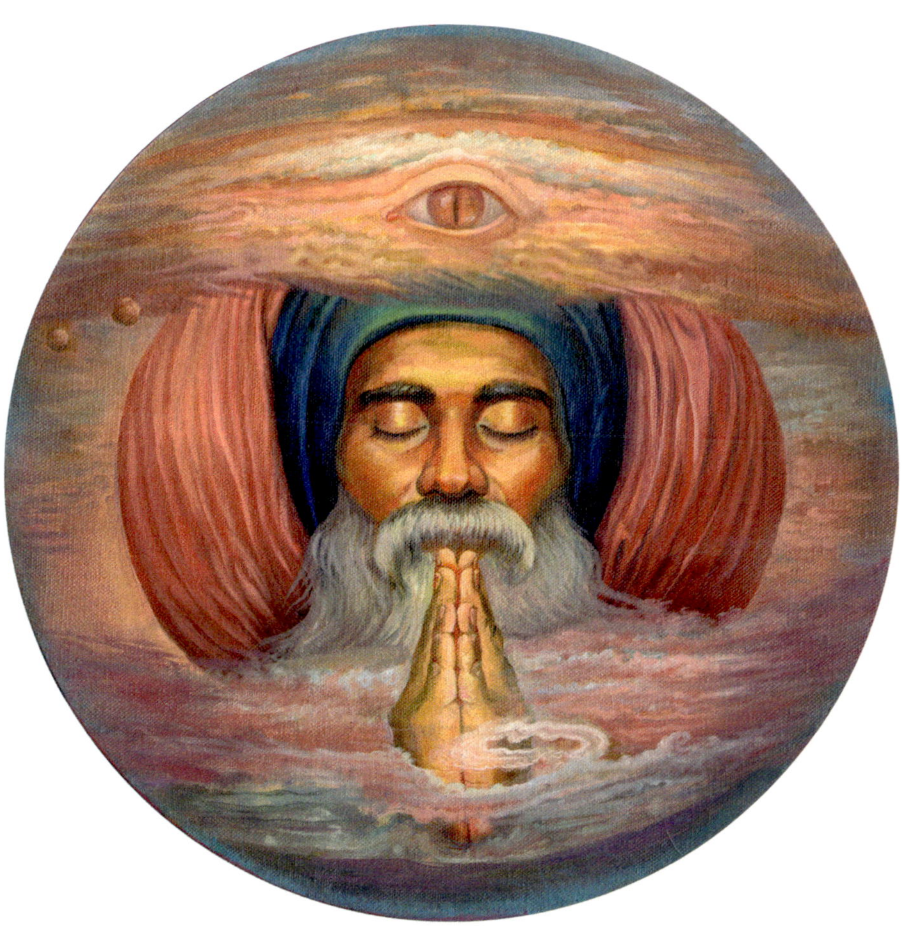

Anonyme · Jupiter, fresque de Pompéi · Italie
1880 La lithographie en couleurs représente une
fresque de Pompéi dépeignant Jupiter, roi de tous
les dieux. En astrologie, la planète Jupiter signifie
expansion et prospérité.

Elena Kochetkova · *Jupiter* · Russie · 2019
Avec ce grand œil vaporeux de Jupiter dominant
la figure du dieu qui prie ou médite, Kochetkova
rappelle que les dons associés à cette planète
(expansion, chance) exigent d'avoir la foi.

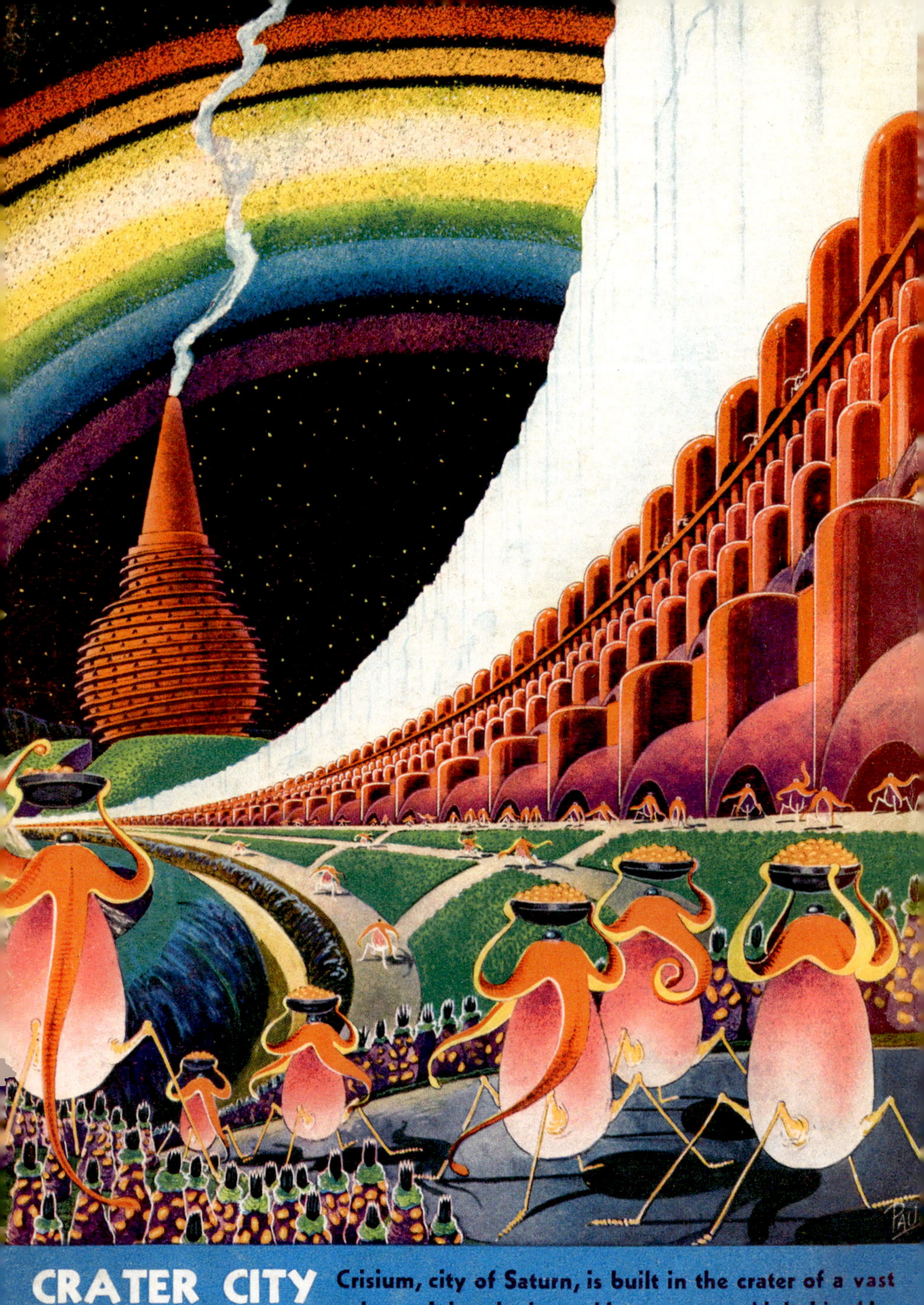

CRATER CITY ON SATURN

Crisium, city of Saturn, is built in the crater of a vast volcano. It is a city heated by geysers and inhabited by weird spider people. (Page 145 for complete deta ls)

ANATOMIE
Peau · Squelette
Dents · Ligaments
Genoux

MAÎTRISE
Capricorne · Verseau

SYMBOLIQUE
Discipline
Responsibilité
Limites

♄

CYCLE DE 28-30 ANS

SATURNE

VII

LE GARDIEN DU TEMPS

La complexité est au cœur du rôle de Saturne. Il fixe l'organisation et les frontières indispensables. Ainsi, c'est grâce aux limites qu'il détermine que les individus et la société prospèrent. Saturne incarne l'autorité, et des figures comme les parents, les enseignants ou les policiers, par exemple, sont sous son influence. Sa sagesse s'acquiert par l'expérience plutôt que par l'éveil, la planète représentant la maturité et la conscience de la mortalité. Ce qui explique qu'elle soit associée aussi à la mélancolie : quand Saturne transite dans un nouveau signe, il ne vient pas pour qu'on s'amuse, mais pour nous intimer de rentrer dans le rang. Sa sévérité vise à nous rappeler que tout a une limite, le temps y compris, et son retour en est l'expression la plus évidente : cet événement astrologique correspond au moment où la planète retrouve sa position natale. Cela coïncide avec l'orbite que décrit Saturne dans le zodiaque et qui dure en moyenne 29 ans et demi. Pour un individu, le premier retour de Saturne concorde avec un phénomène psychologique que la culture populaire appelle « crise de la vingtaine » ou besoin des jeunes adultes d'évaluer leur vie pour la première fois. Un deuxième retour de Saturne se produit entre 57 et 60 ans. Les plus chanceux connaîtront un troisième retour aux alentours de 80 ou 90 ans. Ces phases de trouble, qui ébranlent la conscience de soi, incitent à revoir ses valeurs et ses réalisations. Professeur exigeant, partisan d'une stricte discipline, Saturne ne cherche cependant pas à blâmer, mais à rappeler.

Frank R. Paul · *Crater City on Saturn* pour *Amazing Stories* · États-Unis · 1941 L'illustration, tirée du populaire magazine de science-fiction, figure une civilisation imaginaire sur Saturne. Bien que fictionnelle, elle évoque le rôle astrologique de Saturne, fondateur des sociétés et gardien de l'ordre social.

(page 82) Anonyme · *Saturne* (détail) · Italie Ier siècle Associé à la conformité et à la structure, Saturne a son domicile en Capricorne (autrefois en Verseau). Le dieu romain veille sur l'agriculture et le renouveau.

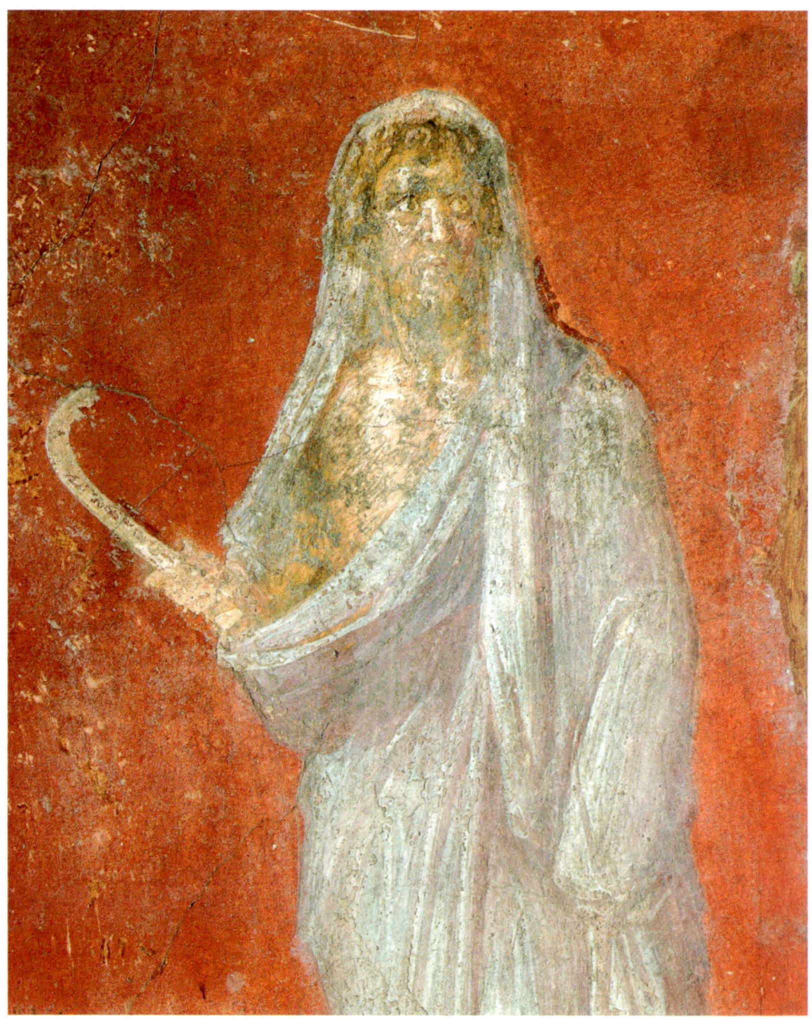

(page ci-contre, en haut) Kind of Cyan · *Saturne avec des anneaux* · Espagne · 2018 Fondé sur une vue bien connue de Saturne, le cyanotype, imprimé à la main, montre les anneaux de la planète qui représentent les limites humaines en astrologie.

(page ci-contre, en bas) Attribué à Zhang Sengyou *La Planète Saturne* (détail) · Chine · VIe siècle L'ancien rouleau chinois figure Saturne comme un vieil homme ou une divinité chevauchant un taureau, symbole interculturel de fertilité, qui rappelle peut-être le rôle de la planète dans l'agriculture.

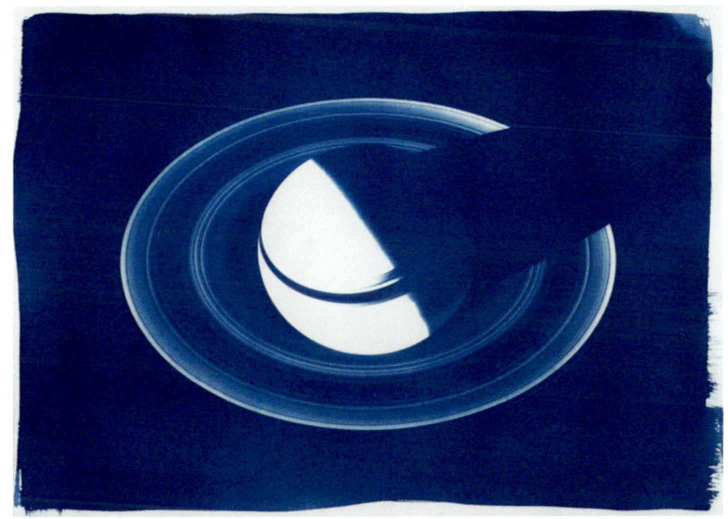

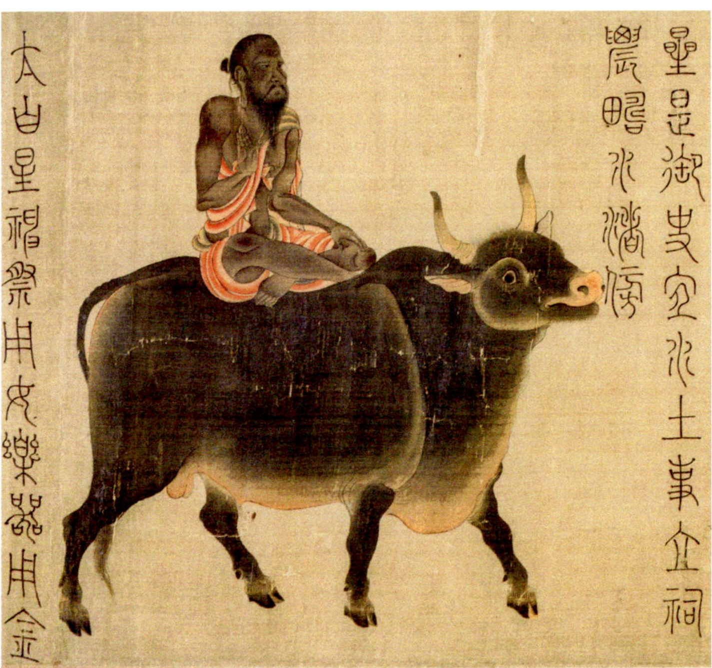

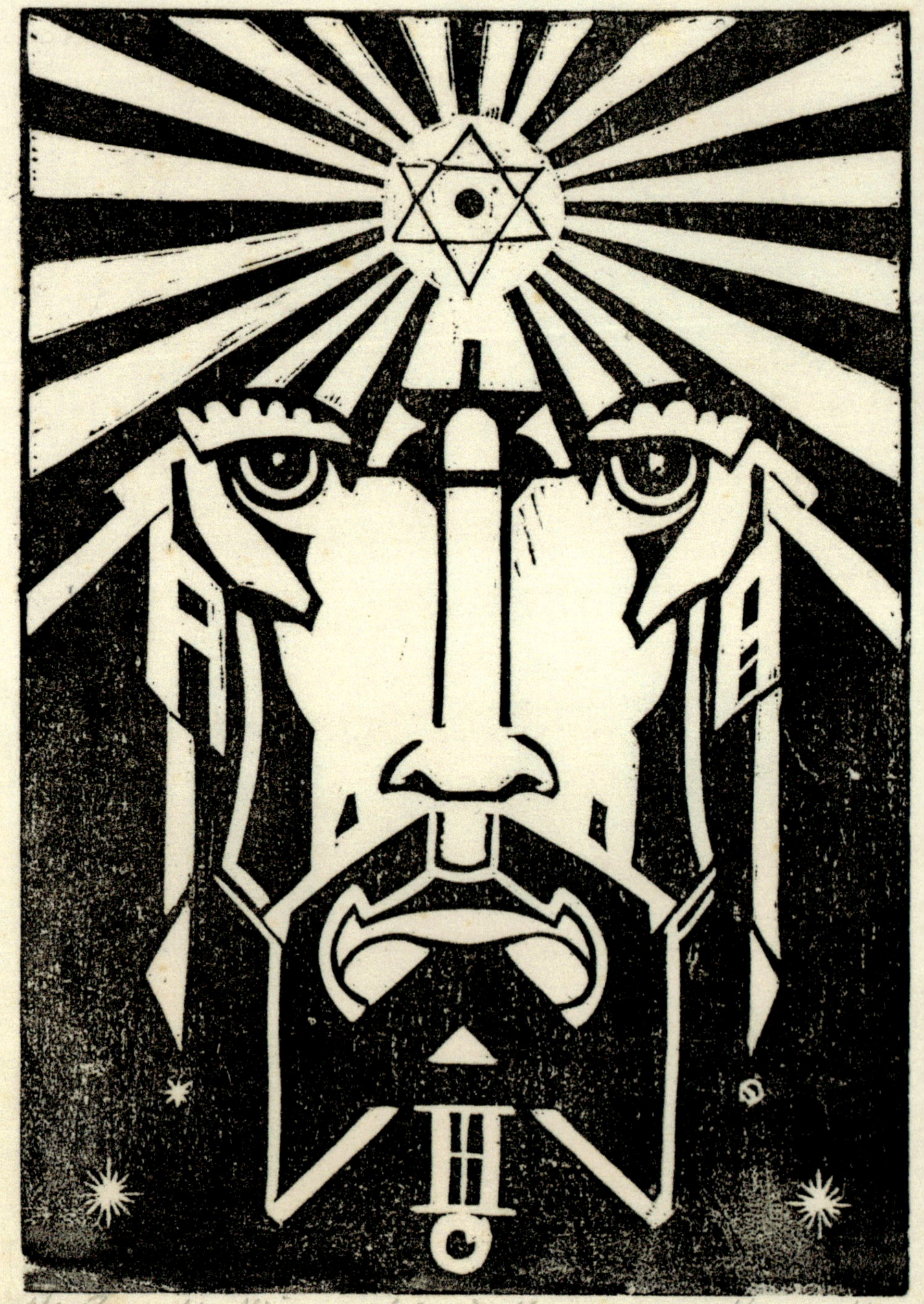
planetenmaskers serie
Uranus
handdruk
Krause Hoef

ANATOMIE	MAÎTRISE	SYMBOLIQUE
Système respiratoire	Verseau	Changement Révolution · Imprévu

CYCLE DE **84** ANS

URANUS

VIII

UNE SYNTHÈSE HOLISTIQUE

Première des planètes externes, Uranus est rarement visible à l'œil nu. C'est la première planète découverte au télescope. Cette géante de glace est surnommée la « planète penchée » parce que, contrairement aux autres, son axe de rotation est incliné. Comme Vénus, elle se déplace d'est en ouest, sens contraire à celui des autres planètes. La créativité, l'éveil, la surprise et le changement font partie de ses attributs. C'est la planète des nouvelles technologies, de l'intelligence et de l'innovation. Elle porte le nom du dieu grec primordial du ciel, le Ciel Père qui a engendré avec Gaïa, la Terre Mère, une progéniture surgie d'étincelles fertiles produites par la foudre : les Titans, parents de tous les dieux grecs. Ce mode de procréation est assurément uranien. En effet, Uranus frappe comme l'éclair — un éclair d'inspiration ou d'introspection d'où surgit une prise de conscience nouvelle. Uranus passe environ sept ans par signe du zodiaque ; la moitié de son cycle correspond grossièrement à la crise de la quarantaine (entre 38 ans et 42 ans, selon son orbite). Uranus apporte le progrès et est considéré comme l'octave supérieure de Mercure ; il augmente les capacités intellectuelles et de communication. (L'électricité de la foudre est conductrice.) Ce fonctionnement supérieur explique pourquoi Uranus peut maîtriser autant de sujets *a priori* différents, dont l'astrologie, l'expérience psychique, la thérapie holistique, les télécommunications et l'exploration spatiale. En se référant à ces multiples aptitudes, Susan Miller a qualifié Uranus de « grand opérateur de synthèse » à l'influence libératrice et révolutionnaire. Si Mercure unit les contraires, Uranus va plus loin, rassemblant non seulement les contraires, mais également tout ce qui les sépare.

Henri van der Stok · *Uranus* · Indonésie/Pays-Bas 1925 Cette gravure sur bois appartient à une série mettant en avant des symboles astrologiques majeurs.

En astrologie, la planète est associée au changement et à la transition, rappelant le moment où Saturne a séparé Uranus de la Terre.

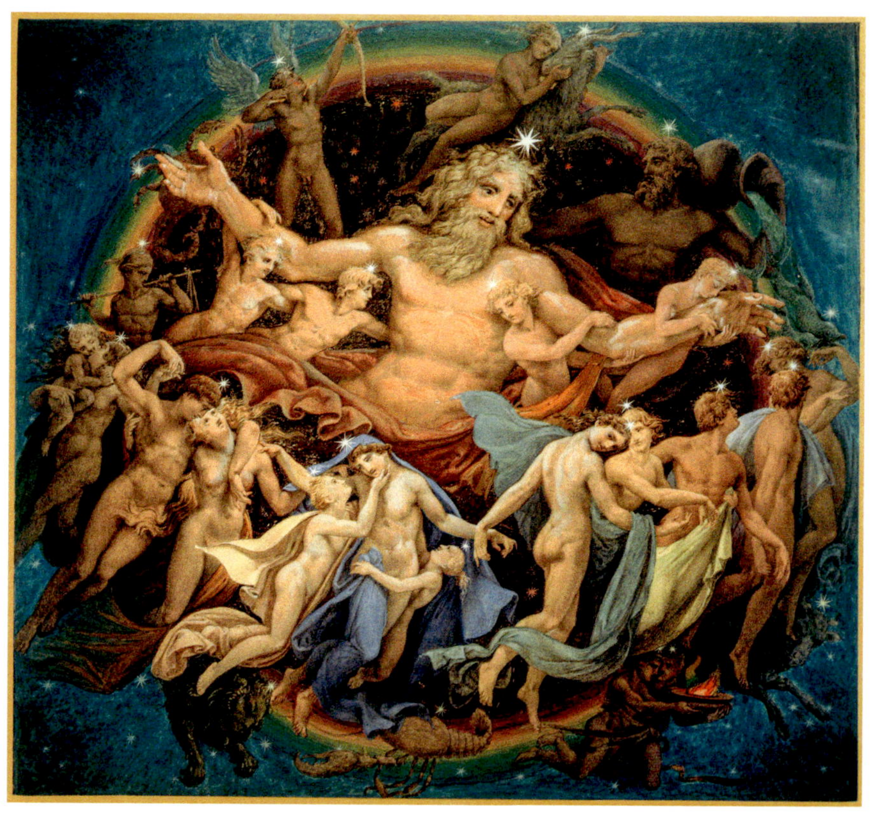

Karl Friedrich Schinkel · *Uranus und der Tanz der Gestirne* · Allemagne · 1831 Avec l'onirique «danse des étoiles» d'un Uranus au milieu d'étoiles/nymphes, Schinkel rappelle que l'univers est toujours en mouvement. Planète distante, Uranus porte bien son nom emprunté au dieu qui ne gouverne que le ciel.

Steve Hobbs · *Uranus, As Seen from Miranda* Australie · Années 2000 Dans cette illustration numérique, Steve Hobbs imagine Uranus vue depuis l'un de ses satellites. En astrologie, Uranus gouverne le Verseau, signe du zodiaque qui partage le penchant de la planète pour l'indépendance et le changement.

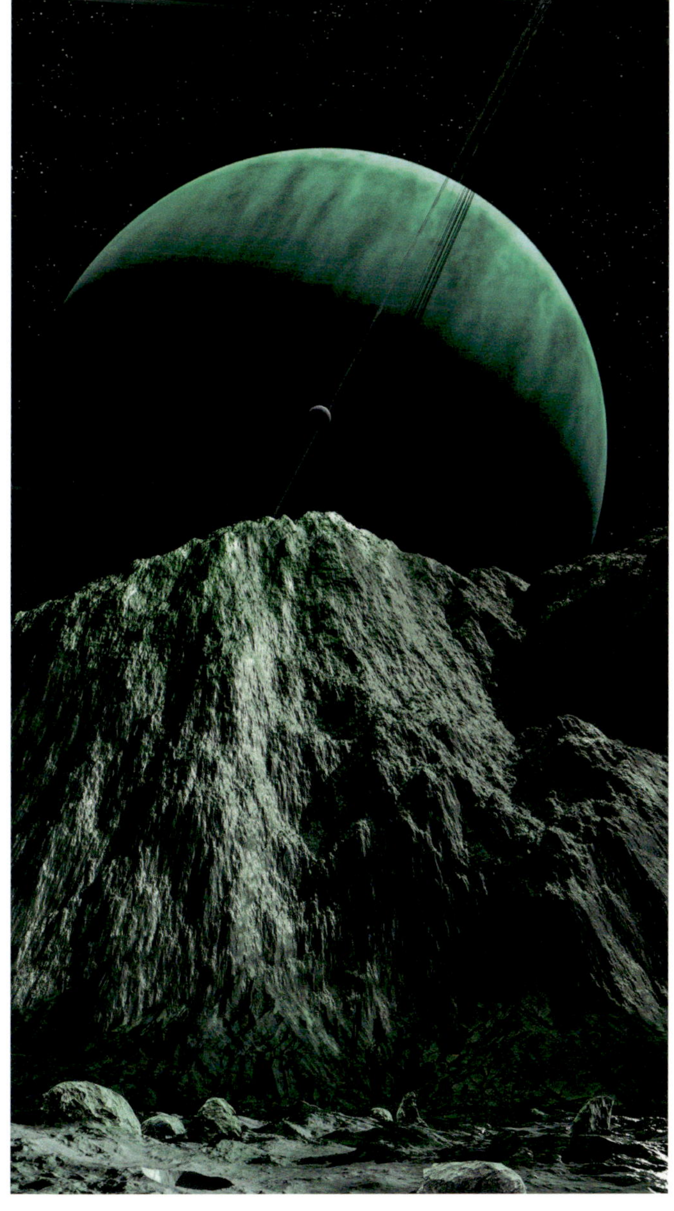

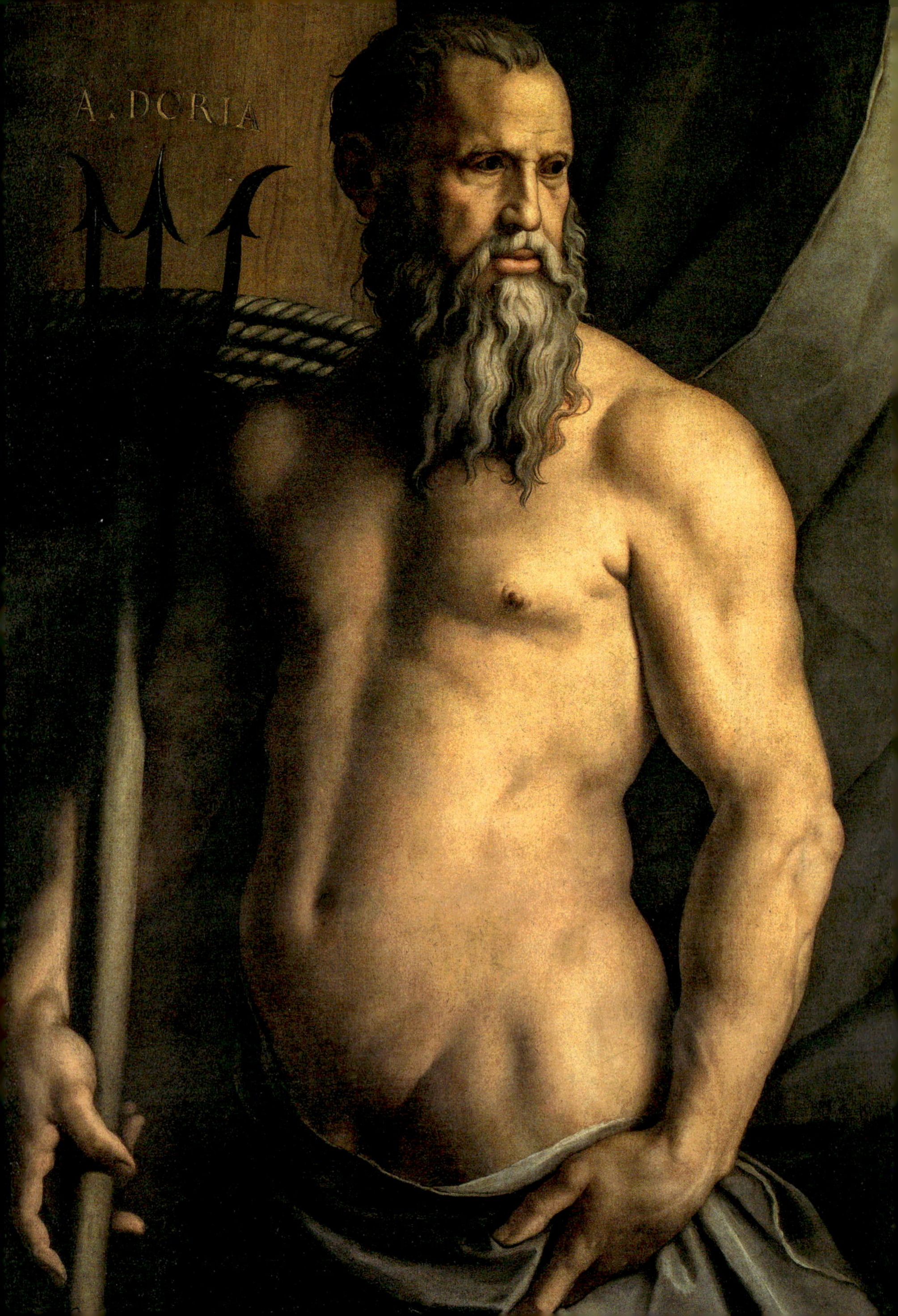
A. DORIA

ANATOMIE
Pieds
Colonne vertébrale
Système nerveux

MAÎTRISE
Poissons

SYMBOLIQUE
Spiritualité
Imagination
Illusion

CYCLE DE 165 ANS

NEPTUNE

IX

L'ESPRIT UNIVERSEL

Neptune symbolise l'altruisme, l'idéalisme et l'imagination. Nommée d'après le dieu de la mer, cette planète est associée à l'eau – elle gouverne les Poissons –, et quand elle se déplace dans un nouveau signe ou aspecte une autre planète, elle les nettoie, les purifie et renforce leurs attributs. Cependant, comme l'eau, ce processus peut être trouble. L'énergie de Neptune se brouille avant de se clarifier. Neptune dissout les limites de Saturne et de l'ego. Sans nos limites, nous devenons plus vulnérables aux déceptions, aux addictions, la dissolution du moi nous exposant davantage aux délires et aux illusions. Dans un secteur aussi flou, il devient difficile de distinguer l'idéalisme de la volonté de fuite. L'association avec l'océan rappelle aussi que Neptune symbolise l'inconscient. En levant le voile de la réalité, Neptune permet d'entrevoir quelque chose de plus vaste que ce monde ou l'ego ou le corps que nous habitons. Il peut s'agir d'une expérience religieuse ou spirituelle, une sorte d'éveil qui vient de l'acceptation du mystère. Neptune innove et élargit le niveau spirituel. La planète est positionnée dans chaque signe du zodiaque pendant 14 ans environ et jusqu'en 2026, elle va transiter en Poissons, son domicile zodiacal (ou maîtrise), inaugurant ce que les astrologues espèrent de leurs vœux : un éveil spirituel général et une éclosion de l'inspiration, de la créativité et de la compassion.

Bronzino · *Portrait d'Andrea Doria en Neptune* · Italie vers 1545-46 Peintre de la Renaissance, Bronzino figure son sujet, un célèbre capitaine de navire et amiral de son temps, sous les traits du dieu romain de la mer. Dans sa main droite, le trident de Neptune a remplacé la rame d'origine.

(pages 90-91) Walter Crane · *Neptune's Horses* tiré de *The Greek Mythological Legend* · Angleterre · 1910 Neptune, qui chevauche ses hippocampes, régit la mer. En astrologie, la planète homonyme est aussi une force puissante : elle apporte la purification spirituelle et préside aux expériences mystiques.

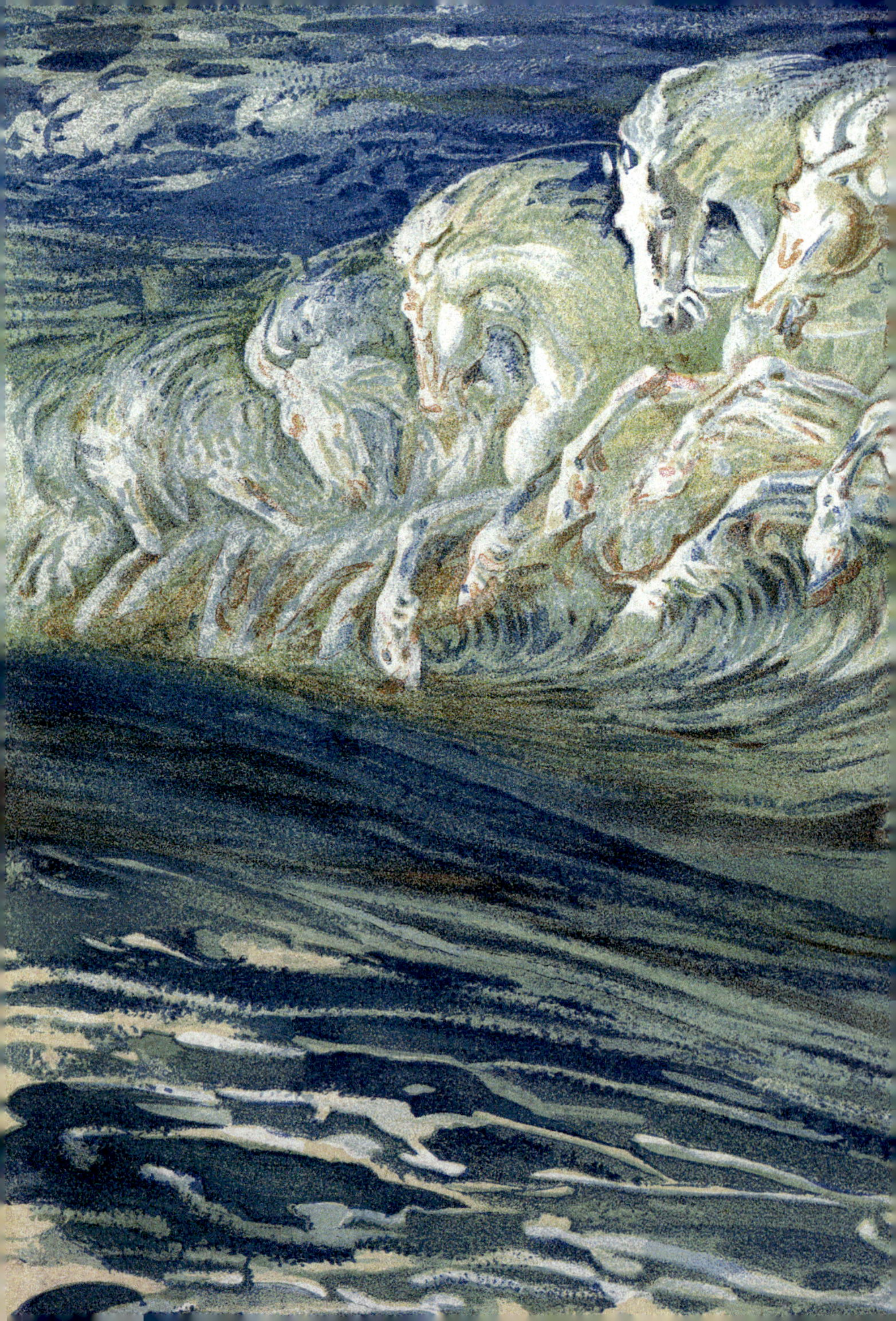

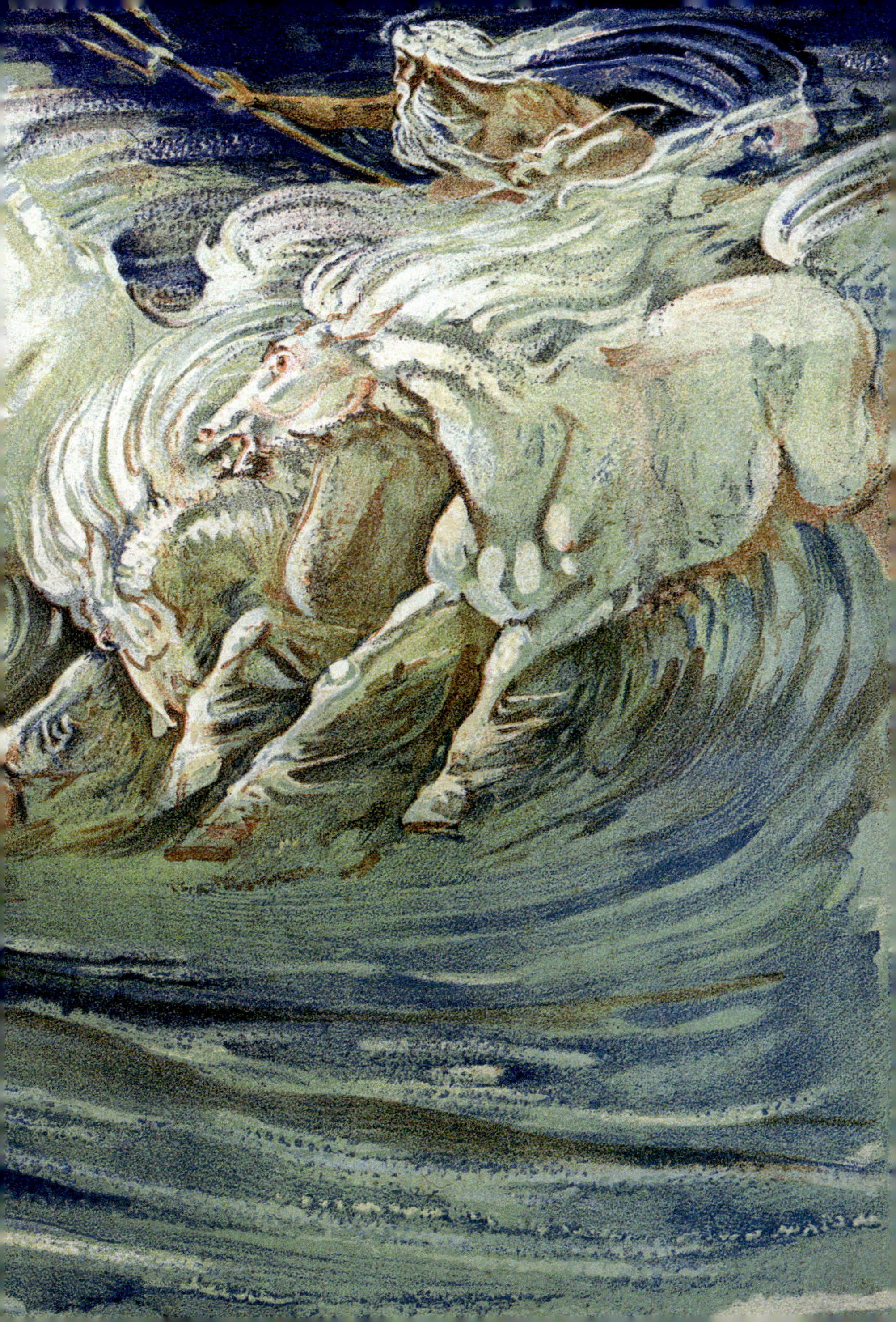

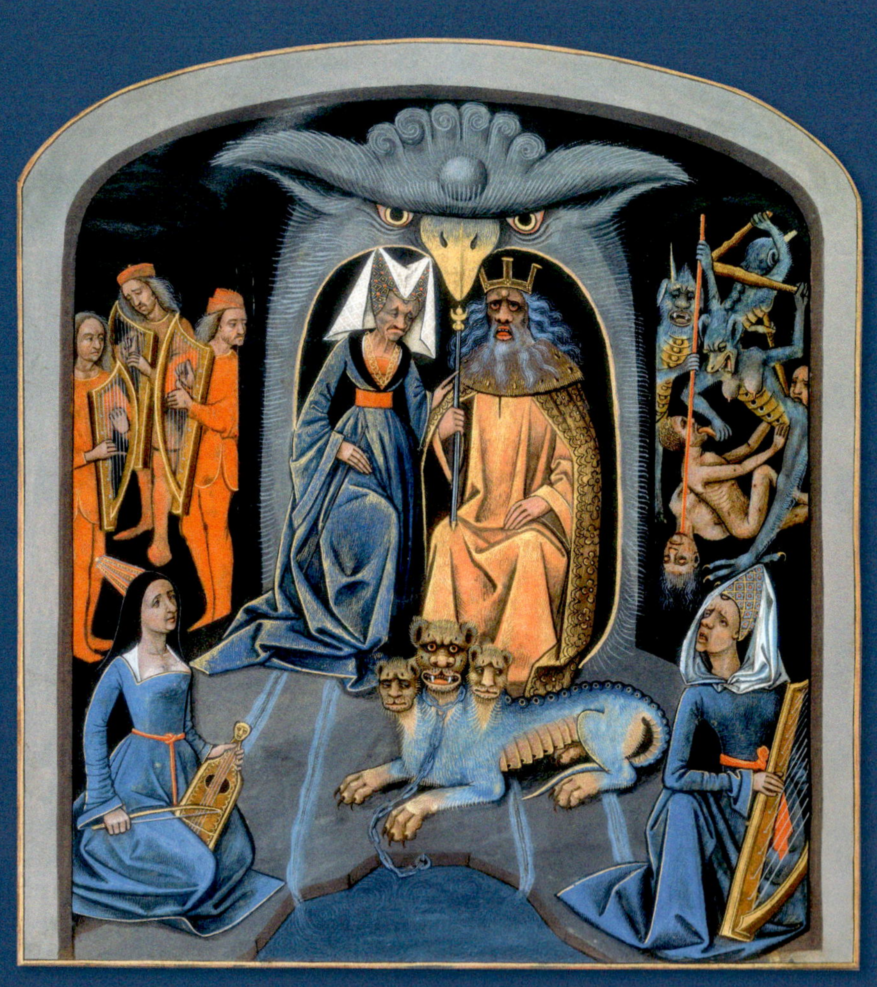

ANATOMIE
Émonctoires
Systèmes
reproducteurs

MAÎTRISE
Scorpion

SYMBOLIQUE
Transformation
Mort
Renaissance

CYCLE DE 248 ANS

PLUTON

TEL LE PHÉNIX

Bien qu'éloignée, petite et ravalée par la science au statut de planète naine, Pluton demeure une force importante en astrologie. Découverte en 1930, elle a reçu le nom de Pluton, le dieu des enfers. Appartenant à la ceinture de Kuiper, une partie lointaine et rocheuse du système solaire, Pluton se trouve à une distance moyenne de 5 900 millions de kilomètres du Soleil. Son orbite autour de celui-ci est excentrique. De ce fait, l'elliptique qu'elle parcourt la conduit à pénétrer parfois dans l'orbite de Neptune. Se substituer à Neptune n'est que l'une des excentricités de Pluton qui, en astrologie comme en astronomie, constitue un corps mystérieux. (Une sonde spatiale, judicieusement baptisée « *New Horizons* », a commencé à l'explorer en juillet 2015.) C'est la planète la moins bien connue, et son caractère obscur et indéterminé n'est sans doute pas étranger au fait qu'elle soit associée aux enfers, à la transformation et à la mort. D'après Susan Miller, Pluton « met fin aux choses ». Elle est la mort – réelle ou symbolique –, mais la mort comme partie intégrante d'un cycle de régénération. Pluton en transit apporte une transformation, détruisant ce qui est ancien pour un nouveau commencement. Son pouvoir régénérateur lui vaut d'être assimilé au phénix, l'oiseau mythique qui renaît de ses cendres, une force de résurrection après la destruction. L'astrologue April Elliot Kent du site Big Sky Astrology l'assimile à une sorte de « fixateur » et souligne « qu'avoir peur et transcender cette peur relèvent de la même chose : Pluton ».

Testard Robinet · *Pluton et Proserpine* tiré du *Livre des échecs amoureux moralisés* (détail) · Flandres 1496-98 Pluton trône avec sa prisonnière, la reine Proserpine, et son fidèle Cerbère dans le manuscrit enluminé d'Évrard de Conty. Tel le dieu de l'invisible, la planète Pluton est associée à la mort, au mystère et à la renaissance.

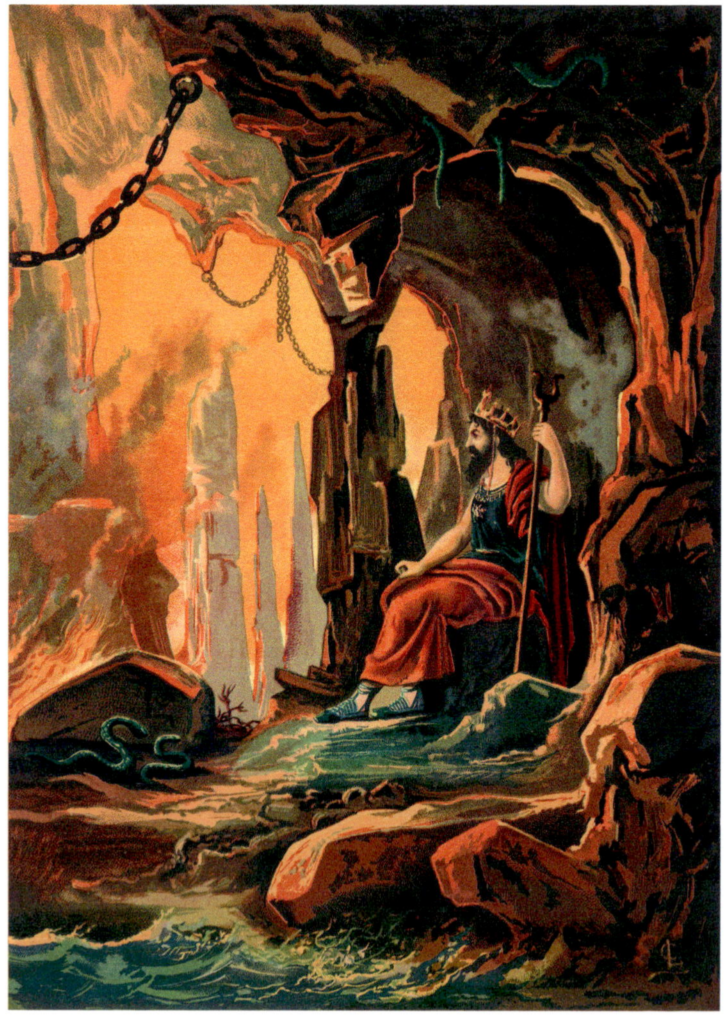

Anonyme · *Le maître du monde contemple son royaume* tiré de *Las supersticiones de la humanidad* · Espagne 1891 L'astrologue américain Rob Brezsny explique que le mot grec *plutus* signifie «abondance» et que la descente au royaume des ombres peut par conséquent apporter la sagesse.

Alejandra Luisa León · *Pluto* tiré de *The Stars Divine* États-Unis · 2019 Dans ce jeu divinatoire, la carte de Pluton, le dieu des enfers, insiste sur l'aspect régénérateur de la mort. Pour sa série de 60 cartes, l'artiste et astrologue León a utilisé le collage.

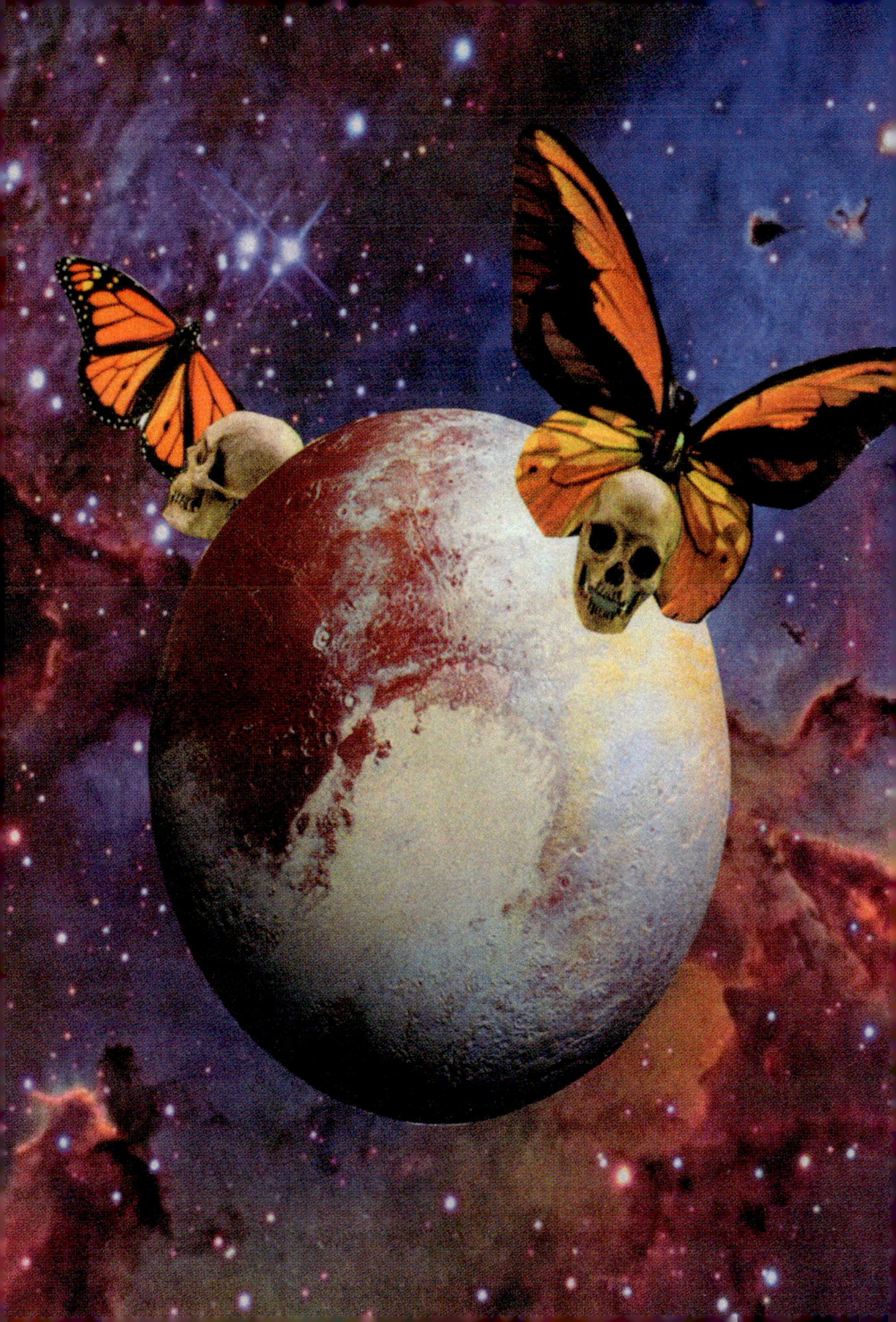

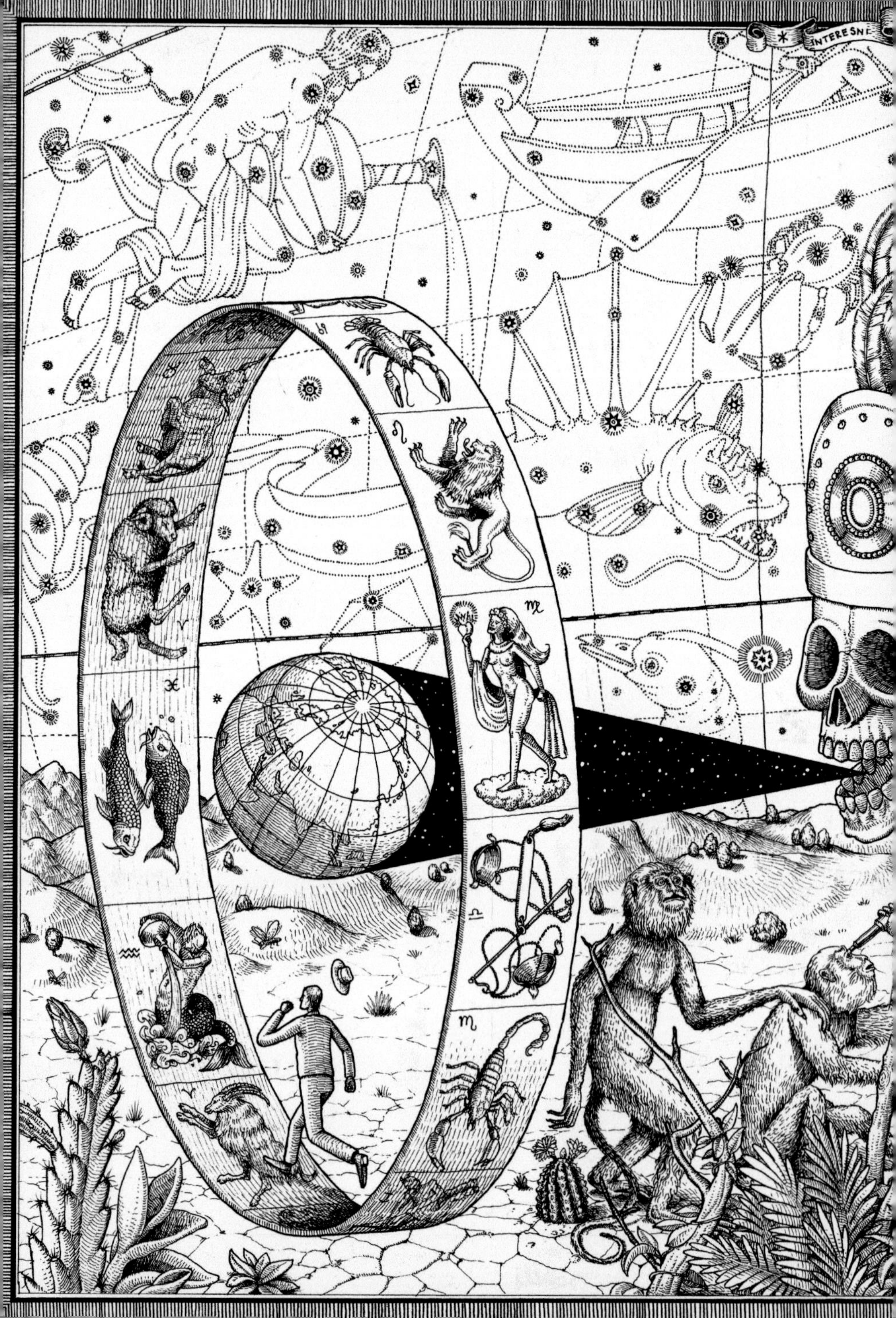
INTERESNE

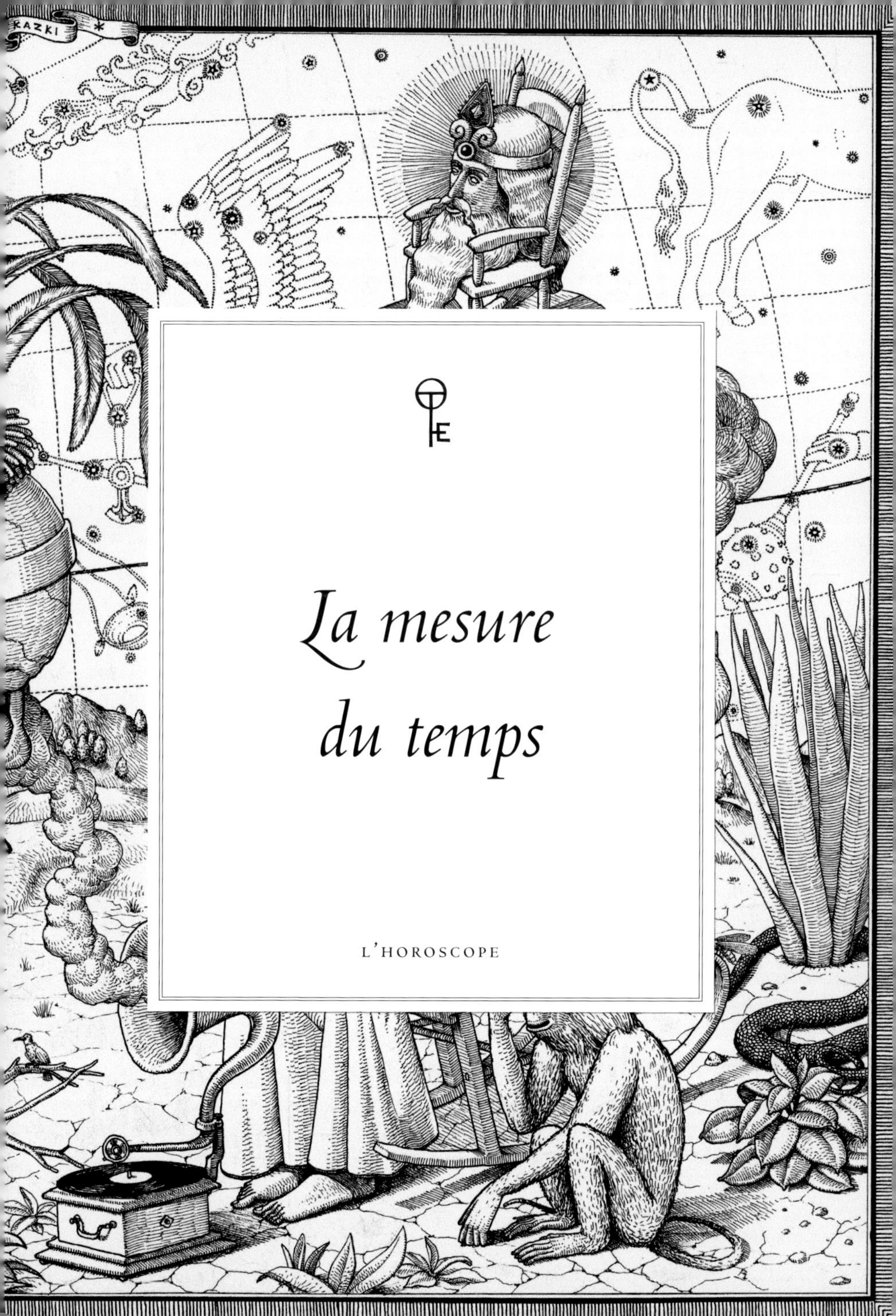

La mesure du temps

L'HOROSCOPE

L'HOROSCOPE

La roue du zodiaque a d'abord été un instrument de mesure du temps pour les anciens Babyloniens, qui s'en servaient afin de déterminer les saisons et prévoir les conditions météorologiques. Ces premiers astronomes l'ont conçue comme un système de référence pour suivre l'orbite annuelle du Soleil, en découpant le ciel nocturne en 12 sections de 30 degrés chacune, complétées par un grand cercle ou bande circulaire qui s'étendait huit degrés au-dessus ou en dessous de l'écliptique. Il s'agissait là d'un calendrier céleste, le Soleil semblant parcourir le ciel en traversant chaque constellation située dans ces 12 sections de la sphère céleste avant de revenir à son point de départ. Les Anciens avaient donné à ces constellations le nom d'un animal (créature) qui leur ressemblait, d'où le terme *zodiakos*, qui en grec signifie « cercle d'animaux ».

Les caractéristiques principales des signes ont tout d'abord personnifié une époque particulière de l'année, la créature ou l'animal évoquant leur forme céleste. Au cours des siècles, les combinaisons symboliques des signes zodiacaux se sont enrichies au point de constituer un mélange exceptionnel de mythologie, folklore, psychologie, littérature et science. Ces 12 figures symboliques doivent leur richesse de sens à une profusion de récits et aux nombreuses cultures du globe. Elles sont devenues des métaphores en elles-mêmes et par elles-mêmes, à la fois concrètes et abstraites.

À l'origine, les signes du zodiaque correspondaient aux constellations homonymes, mais ce n'est plus le cas aujourd'hui dans l'astrologie occidentale en raison d'un phénomène astronomique appelé « précession des équinoxes ». En effet, les astrologues occidentaux se fondent sur le zodiaque tropical, qui place le degré zéro du zodiaque, le Bélier, à l'équinoxe du printemps, là où les plans de l'écliptique et de l'équateur se rencontrent.

Si ce système commode uniformise et harmonise le temps, la Terre n'est cependant pas une sphère parfaite dans un univers parfait. Au contraire, elle « bouge », se décalant de l'équinoxe du printemps d'un degré tous les 72 ans. La conséquence est qu'elle ne se trouve plus aujourd'hui dans le signe du Bélier, mais dans celui des Poissons. Ceux qui pratiquent l'astrologie védique recourent, eux, au zodiaque sidéral, qui s'appuie sur les positions actuelles du Soleil à l'équinoxe du printemps et des étoiles.

(pages 96-97) Vladimir Manzhos Waone · *Edge of Time* · Ukraine · 2013 Chez Waone, les traditions mythiques, religieuses et cosmologiques visent à « rendre accessible à tous les hautes valeurs divines ».

Johann Melchior Füssli · *Genèse 1:1, La création de l'Univers* extrait de *Physica sacra*, volume I · Suisse 1731 Cette gravure cartographie le zodiaque et les planètes connues à l'époque du siècle des Lumières.

Le fait que, dans la majeure partie de l'astrologie occidentale, les signes du zodiaque ne soient plus alignés dans le ciel sur les constellations homonymes nourrit les critiques. Elles allèguent que cette incongruité décrédibilise toutes les prétentions astrologiques. Après tout, si l'on attend des messages des étoiles, ne doit-on pas fonder leur langage sur des positions exactes ? Les adeptes de l'astrologie tropicale ne sont pas d'accord. Ils font remarquer que toute la quête astrologique est métaphorique. L'univers s'exprime par symboles, non pas par des données exactes.

Le zodiaque est une roue, aussi les signes se déplacent-ils suivant un modèle cyclique qui débute par le Bélier. Leur progression obéit aux saisons, allant du printemps (Bélier) à l'hiver (Poissons). Peu à peu, ces 12 signes ont été organisés en différentes catégories, en fonction de plusieurs principes et d'un vaste ensemble de correspondances élaborées au cours des siècles. Chaque catégorie permettant d'analyser les qualités spécifiques des signes, on s'en sert pour expliquer les caractéristiques de ces derniers, et la manière dont ils interagissent les uns avec les autres. Ce système comprend la division des 12 blocs fondamentaux – les signes – en deux (dualité), trois (triplicité), quatre (quadricité) et six (polarité). Le premier groupement, appelé « dualité », identifie historiquement les signes comme féminin ou masculin, termes parfois remplacés par positif ou négatif pour éviter toute association avec le genre. Quel que soit l'adjectif utilisé, on retiendra le dualisme et la relation entre les deux.

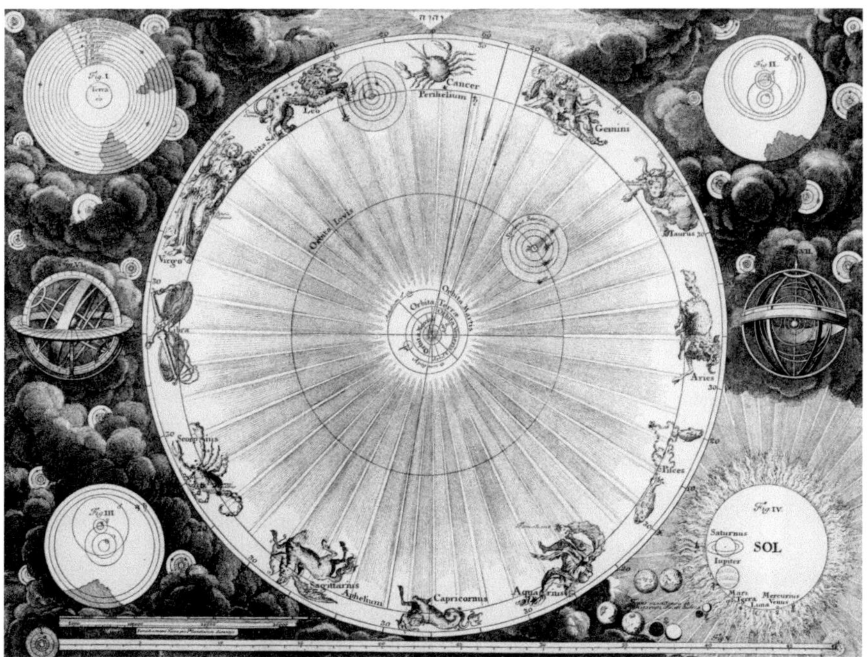

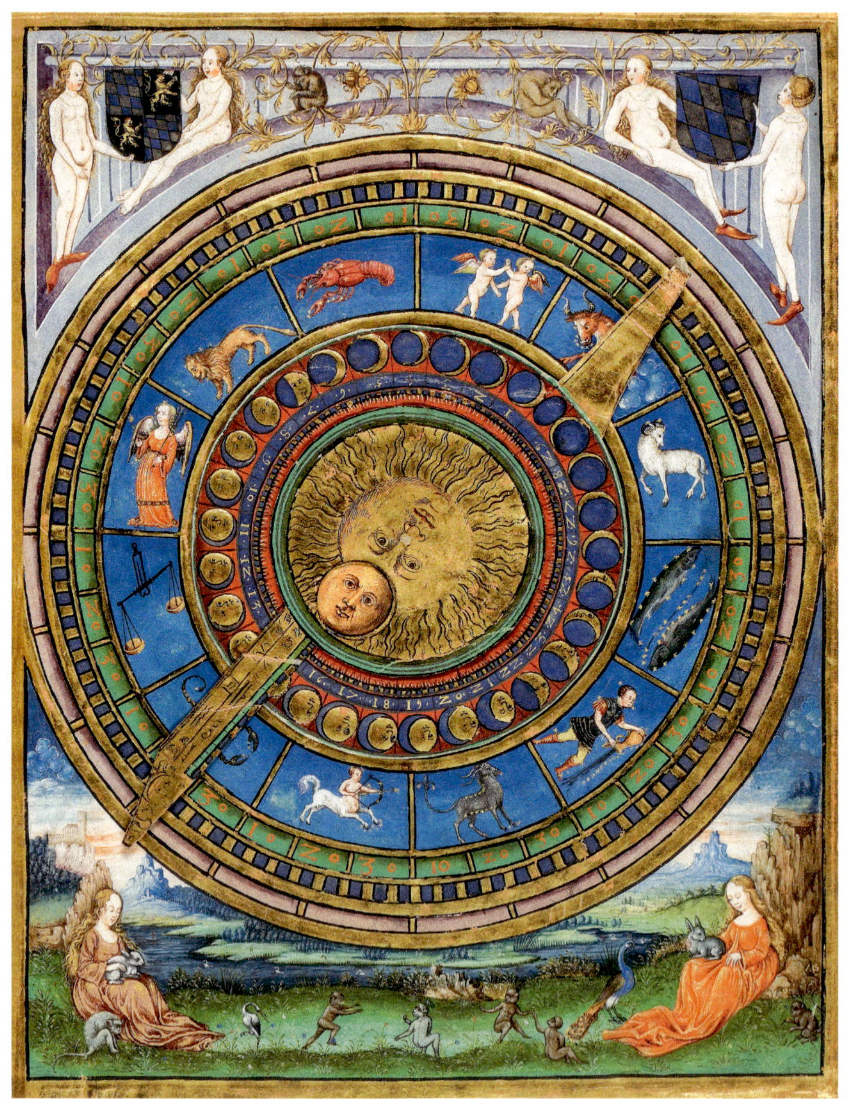

Albrecht Glockendon · Volvelle · Allemagne · 1557
La volvelle (carte en forme de roue) servait à calculer les phases de la Lune, du Soleil et des autres
corps célestes dans le zodiaque. Proche de l'astrolabe en métal, elle est faite de parchemin découpé
en disques avec des cadrans illustrés à la main.

Les signes masculins/positifs sont perçus comme extravertis, avec une énergie dirigée vers l'extérieur, alors que les signes féminins/négatifs sont plus sensibles, introvertis et réservés. Ces qualités peuvent aussi être envisagées en termes de yin et yang, le yang (positif) s'appliquant aux Bélier, Gémeaux, Lion, Balance, Sagittaire et Verseau, et le yin (négatif) aux Taureau, Cancer, Vierge, Scorpion, Capricorne et Poissons. Chacun des signes du zodiaque est également associé à l'un des quatre éléments classiques – le feu, la terre, l'air et l'eau – et relève d'un groupement nommé « triplicité » en astrologie. Chaque triplicité comprend ainsi trois signes partageant le même élément. Étroitement liés aux saisons, les éléments le sont également aux quatre points cardinaux : le feu au nord, la terre à l'est, l'air à l'ouest et l'eau au sud.

Le groupement par triplicité, c'est-à-dire par élément, met en évidence les propriétés intrinsèques de chaque signe. Si les quatre éléments constituent la base de toute vie, toute la vie est représentée dans les 12 signes. Les signes de feu sont les allumeurs créatifs de l'univers. Le feu joue un rôle essentiel dans de nombreux mythes de la création, souvent en tant que don des dieux à l'humanité. Apportant à la fois la destruction et le renouveau, il est, selon le *Livre des symboles* de l'Archive for Research in Archetypal Symbolism, « la plus ancienne magie » qui porte « nos terreurs et nos espoirs de transformation ». Est-il surprenant que les signes de feu soient des personnages dramatiques et énergiques, puissants et déterminés ? Ou que des personnes dont le thème astral compte de nombreux signes de feu soient hardies et parfois égocentriques ? Le feu engendre la chaleur, la passion et le changement.

Les signes d'air représentent le souffle de la vie. Dans la mythologie égyptienne, Chou, le dieu de l'air, remplit l'espace entre la Terre et le Ciel ; il fait le lien entre les deux. Il transmet les prières en haut et diffuse la divinité et la lumière en bas. De même, les signes d'air sont les intermédiaires du zodiaque. Ils sont liants, communicatifs et intellectuels. Contrairement aux signes de terre qui enracinent ou aux signes de feu qui enflamment, les signes d'air sont là pour remuer et encourager. Ils analysent, synthétisent et innovent, souvent collectivement. Il est vrai que le vent du changement est fait d'air qui souffle dans une nouvelle direction. Dans la nature, le vent favorise la pollinisation et la dissémination des graines. De même, les signes d'air répandent des idées dans le monde. Bien entendu, l'air est un gaz dépourvu de forme (il peut prendre et il prend de nombreux aspects), mais sa nature l'oblige à chérir par-dessus tout la liberté. Il est indispensable à la vie, entrant et sortant de notre corps à chaque respiration.

Le plus tangible des quatre éléments classiques est la terre, qui reflète le fondement du monde physique, littéralement le sol sur lequel nous construisons tout. Intrinsèquement terrestre, il est associé à la nature, à la vie, à la fertilité (la Terre Mère) ainsi qu'à la pesanteur et à la sensualité. De Nokomis, la grand-mère des légendes algonquiennes, à Prithvi Mata, la déesse hindoue de la Terre, les exemples de divinités de la terre et de la fertilité abondent dans les cultures du globe. Comme ces divinités, les signes de terre dans le zodiaque sont les créateurs de la culture, les vrais bâtisseurs du monde. Ils ont en commun des qualités d'«enracinement» et, en lien avec les signes des autres éléments, font souvent office de guide pour faire émerger l'énergie du feu, de l'eau ou de l'air. Ils détiennent et défendent ce qui est durable, apportant ainsi la vie et l'opulence au monde.

L'eau implique transmutation et fluidité. Pour les cultures anciennes, le ciel ressemblait à un océan, une entité immense et puissante qu'il convenait d'observer pour mieux en connaître les propriétés. Inspirés par cette association du ciel et de l'océan, les premiers astronomes/astrologues ont donné aux constellations qu'ils cartographiaient le nom de créatures aquatiques, créant ainsi un océan dans le ciel. Dans son *Tetrabiblos*, Ptolémée cite plusieurs de ces constellations dont le Capricorne ou chèvre-poisson, la Baleine (*cetus* en latin), le Dauphin (*delphinus*), l'Hydre ou serpent d'eau, et les Poissons. Le fait que le Soleil traverse cette partie du ciel pendant la saison des pluies a sans doute dicté le choix des noms, parfois déjà vieux de plusieurs siècles. L'océan du ciel offre l'eau dispensatrice de vie. Le rapprochement de la mer et du ciel fait vibrer la corde poétique. Insondables d'une certaine manière, tous deux offrent un espace sans limites à l'exploration et à l'imagination. Contempler la splendeur d'un coucher de soleil à la fin de l'été ou des vagues miroitant au clair de lune nous donne une idée de l'abîme et une expérience de son mystère. L'eau est ce qui rend la vie possible sur Terre. Toutes les créatures vivantes ont leurs origines dans les eaux primordiales, et l'eau est le constituant principal de notre corps. À plus d'un égard, nous sommes faits d'eau, celle-ci étant utilisée comme métaphore de l'inconscient et de nos profondeurs émotionnelles, psychiques et spirituelles. C'est pourquoi les signes d'eau sont réceptifs et intuitifs ; ils vont en profondeur. L'eau, substance éminemment changeante (solide, liquide, gazeuse), est sensible et réfléchissante. Les signes d'eau le sont aussi.

La quadricité est une autre manière d'identifier les signes. Elle se réfère à des qualités, ou des modes, par lesquelles l'élément d'un signe traduit ce qu'il est ou exprime son type de comportement. Ces trois modes sont dits «cardinaux», «fixes» ou «mutables», et tous trois concernent aussi la saison du signe. Les signes cardinaux – Bélier, Cancer, Balance et Capricorne – sont associés au commencement ; ils annoncent la nouvelle saison et sont liés à la création. Les signes fixes – Taureau, Lion, Scorpion et Verseau – incarnent la stabilité : ils tombent au milieu d'une saison. Enfin, les Gémeaux, la Vierge, le Sagittaire et les Poissons sont des signes mutables ; coïncidant avec des périodes de transformation – la fin de la saison –, ils invitent à changer et à s'adapter. Sur le zodiaque, chaque signe a son opposé, appelé «polarité», les deux s'équilibrant et entretenant un lien particulier. (Les cultures qui ont édifié notre cadre astrologique tenaient l'équilibre et la symétrie en haute estime.) Ils se stimulent réciproquement pour se développer et ont une affinité naturelle, mais pas nécessairement pacifique. S'il existe une tension entre des signes opposés, elle est de nature à favoriser l'évolution.

La notion de planète maîtresse est aussi importante. Certaines planètes ont une influence particulière sur les signes (et sur les maisons et les aspects). Cela se traduit différemment selon celui avec lequel elles interagissent, mais une planète (voire deux) exerce une attraction particulière quand elle est en

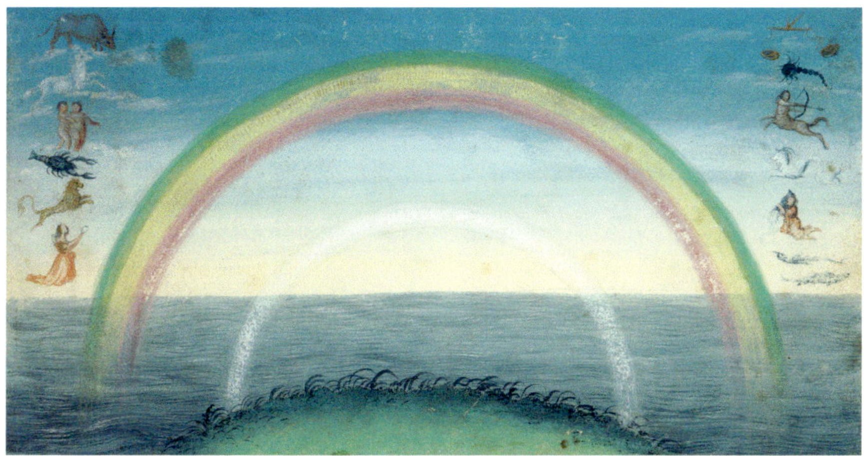

domicile dans son signe. Les signes du zodiaque font l'objet de multiples associations et correspondances. La documentation atteste qu'au moins depuis les IVe et IIIe siècles avant notre ère des parties du corps humain étaient associées à certains. L'alchimie a depuis longtemps rencontré l'astrologie, en établissant une relation entre les métaux et les signes du zodiaque, un système de correspondances directement en rapport avec la santé et le développement de la médecine. D'autres correspondances – plantes, arbres, couleurs, pierres précieuses et cristaux – ont de même été établies pour leurs propriétés régénératrices. Enfin, nombre d'astrologues actuels divisent le zodiaque en deux, considérant que la première moitié (du Bélier à la Vierge) concerne surtout le développement personnel et la seconde (de la Balance aux Poissons) plutôt le développement de la société ou la collectivité – les six derniers signes du zodiaque sont dits « signes sociaux ». On utilise une désignation similaire pour les maisons. Cela ne diffère guère de la distinction opérée entre les planètes personnelles ou sociales.

Les signes obéissent le plus souvent à un ordre cyclique qui commence par le Bélier au sommet, celui-ci étant le premier à annoncer la rotation de la roue. Cet ordre du zodiaque est en partie une allusion au mouvement des planètes, qui traversent chaque signe dans le sens contraire des aiguilles d'une montre.

Anonyme · *The Sign of the Covenant* dans le *Livre des miracles* d'Augsbourg · Allemagne · vers 1550
Les images du zodiaque incarnent le cours éternel du temps. D'après l'Ancien Testament, l'arc-en-ciel apparu après le déluge symbolise l'alliance de Dieu avec l'humanité.

(pages 104-105) David Palladini · *Male Astrology* et *Female Astrology* · Italie/États-Unis · 1969
Dans le style Art nouveau qui lui est propre, David Palladini a créé une série d'affiches d'art astrologiques où les signes du zodiaque sont divisés en personnages masculins et féminins.

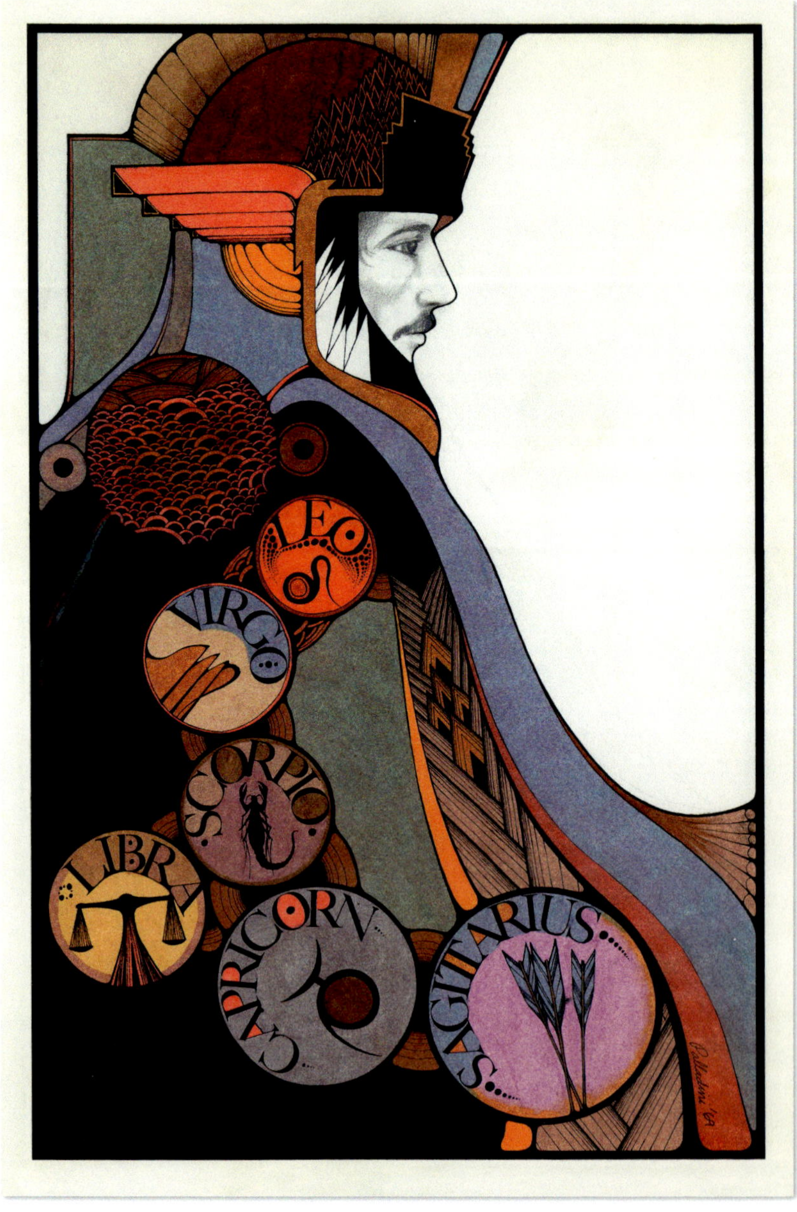

LEO
VIRGO
SCORPIO
LIBRA
CAPRICORNV
SAGITTARIUS

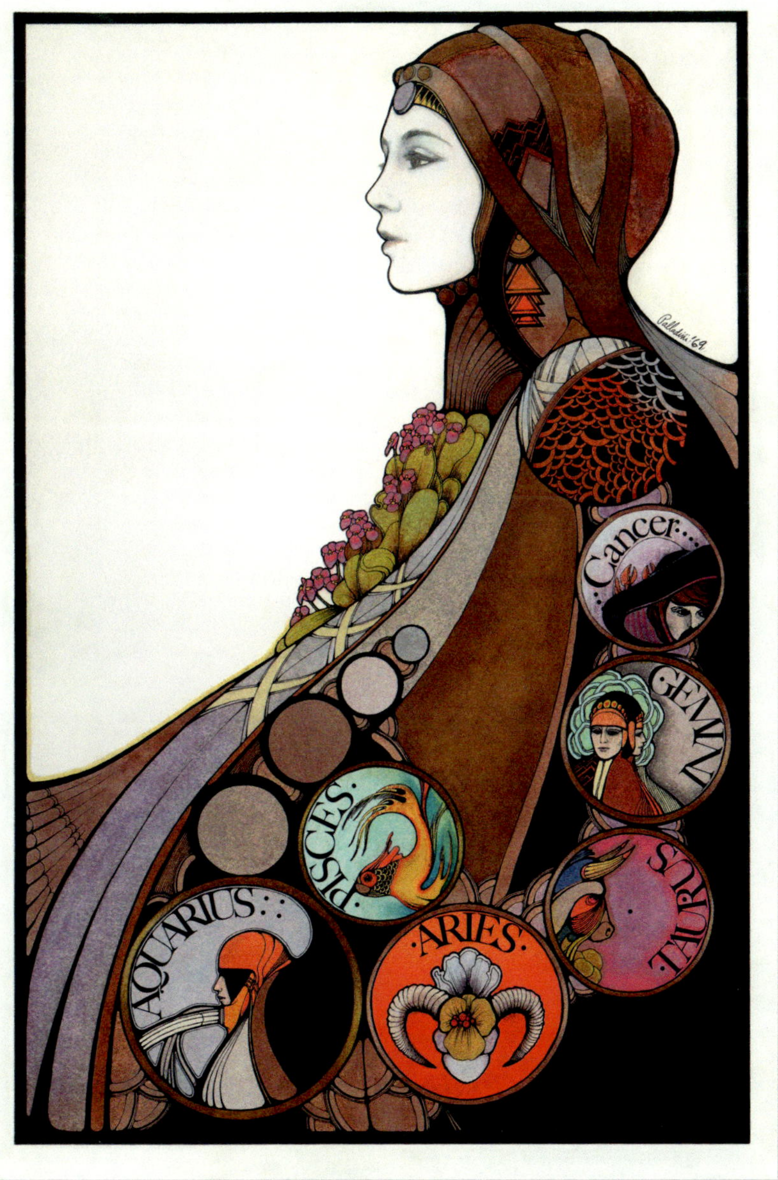
Cancer
GEMINI
TAURUS
PISCES
ARIES
AQUARIUS
Palladini '69

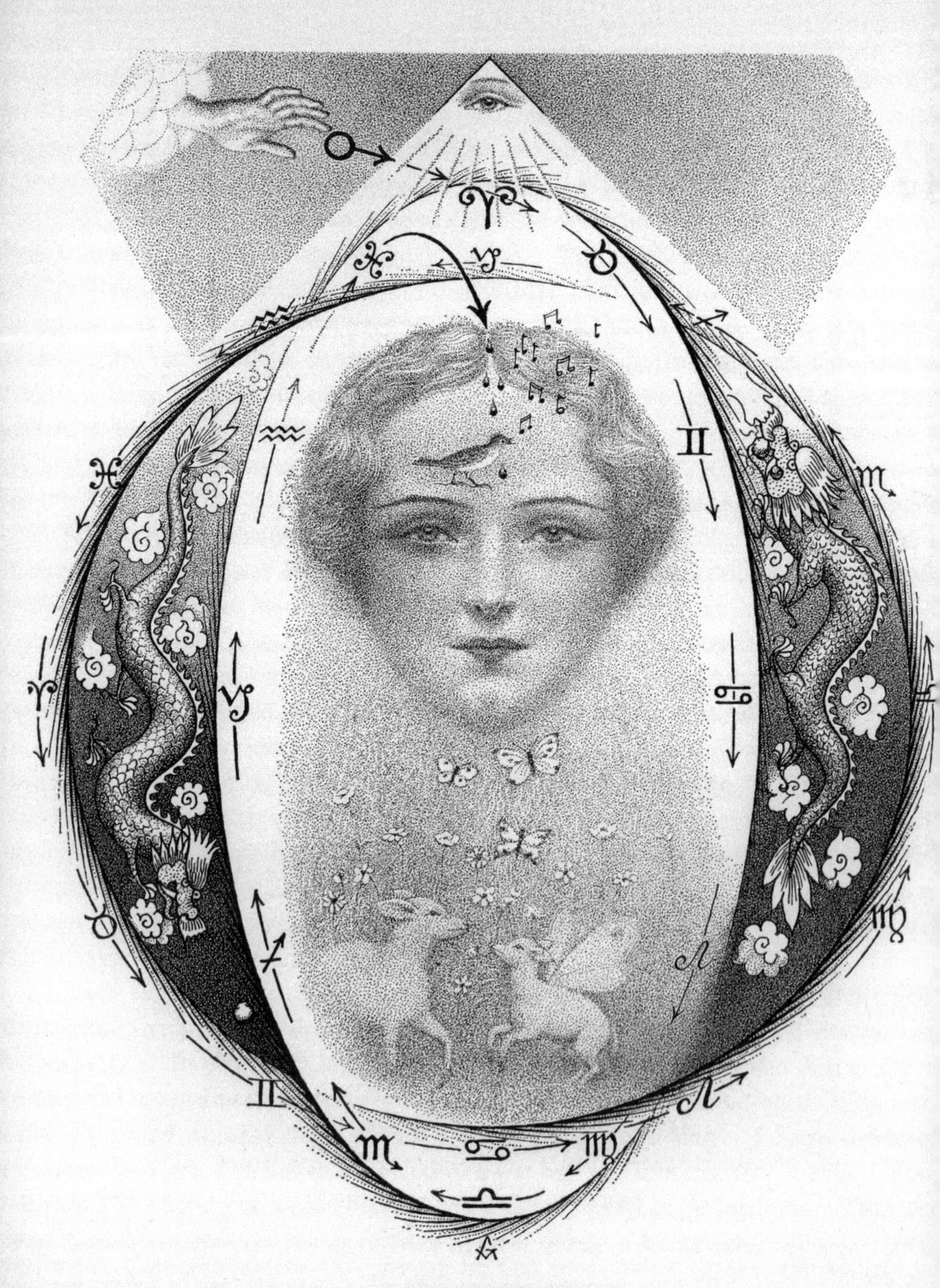

PLATE III

<table>
<tr><td>ÉLÉMENT
Feu</td><td>MAÎTRISE
Mars</td><td>POLARITÉ
Balance</td></tr>
</table>

2 1 MARS-1 9 AVRIL

BÉLIER

I

NAISSANCE ET COMMENCEMENT

Premier signe du zodiaque, le Bélier marque le début, les commencements. Il se confond avec l'arrivée du printemps qui annonce un autre cycle. Jadis, l'époque de la naissance des moutons, qui voyait apparaître réellement des vies nouvelles, était le signe avant-coureur du printemps. Toutefois, le symbole du Bélier n'est pas un agneau blanc comme neige, mais un animal adulte, irradiant la virilité et débordant d'énergie et d'ardeur. Assurément signe de feu, le Bélier, déterminé et fougueux, se caractérise par son enthousiasme et sa fougue juvénile. Sa dualité positive implique que son énergie est directe et se traduit en action. C'est une force qui déclenche le mouvement. Mais ce dynamisme se double parfois de nervosité et de combativité. Sachant que Mars est la planète qui le gouverne, l'humeur guerrière et l'esprit compétitif du Bélier ne sont pas surprenants. Certains astrologues le considèrent comme le nouveau-né du zodiaque – doté de charme et d'une énergie contagieuse et déterminé à atteindre son but. Comme un enfant, le Bélier sera peut-être égocentrique et préoccupé par ses seuls besoins. Les symboles astrologiques liés au corps humain commençant par le haut, le Bélier régit la tête, siège de l'âme et de l'esprit divin pour bien des peuples de l'Antiquité. Quand les planètes entrent en Bélier, elles subissent sa puissante énergie qui les pousse à agir. Le Bélier sait prendre des risques et, visionnaire, encourage l'intrépidité, l'audace ainsi que les nouvelles entreprises.

Gibbs Mason · Illustration de *She: The Woman-Man* États-Unis · 1935 Sur la planche III illustrant le texte d'Aleta B. Baker sur les attributs du Bélier, le glyphe de celui-ci figure au-dessus des autres signes du zodiaque.

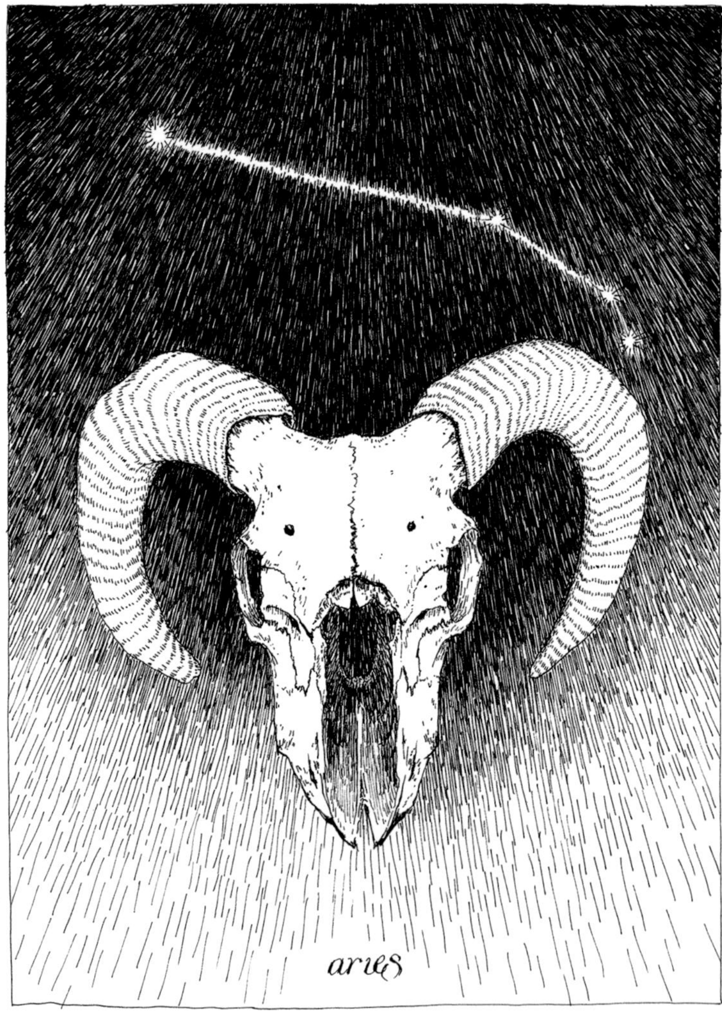

Kim Krans · *Aries* extrait de *The Wild Unknown Zodiac* · États-Unis · 2012 Krans, l'une des premières d'une génération d'artistes modernes à revisiter les arcanes, s'est tournée vers le zodiaque en 2012. Son Bélier est figuré comme un crâne dénudé sous la constellation qui porte son nom.

Vladislav Stanishevsky · *Aries* · Russie · 1986 Le Bélier, aux couleurs d'une flamme, premier des signes de feu du zodiaque, est dominé par Mars, la planète qui le régit. Sous lui sonne une cloche, car le Bélier, également premier signe de l'année, enclenche la roue du zodiaque.

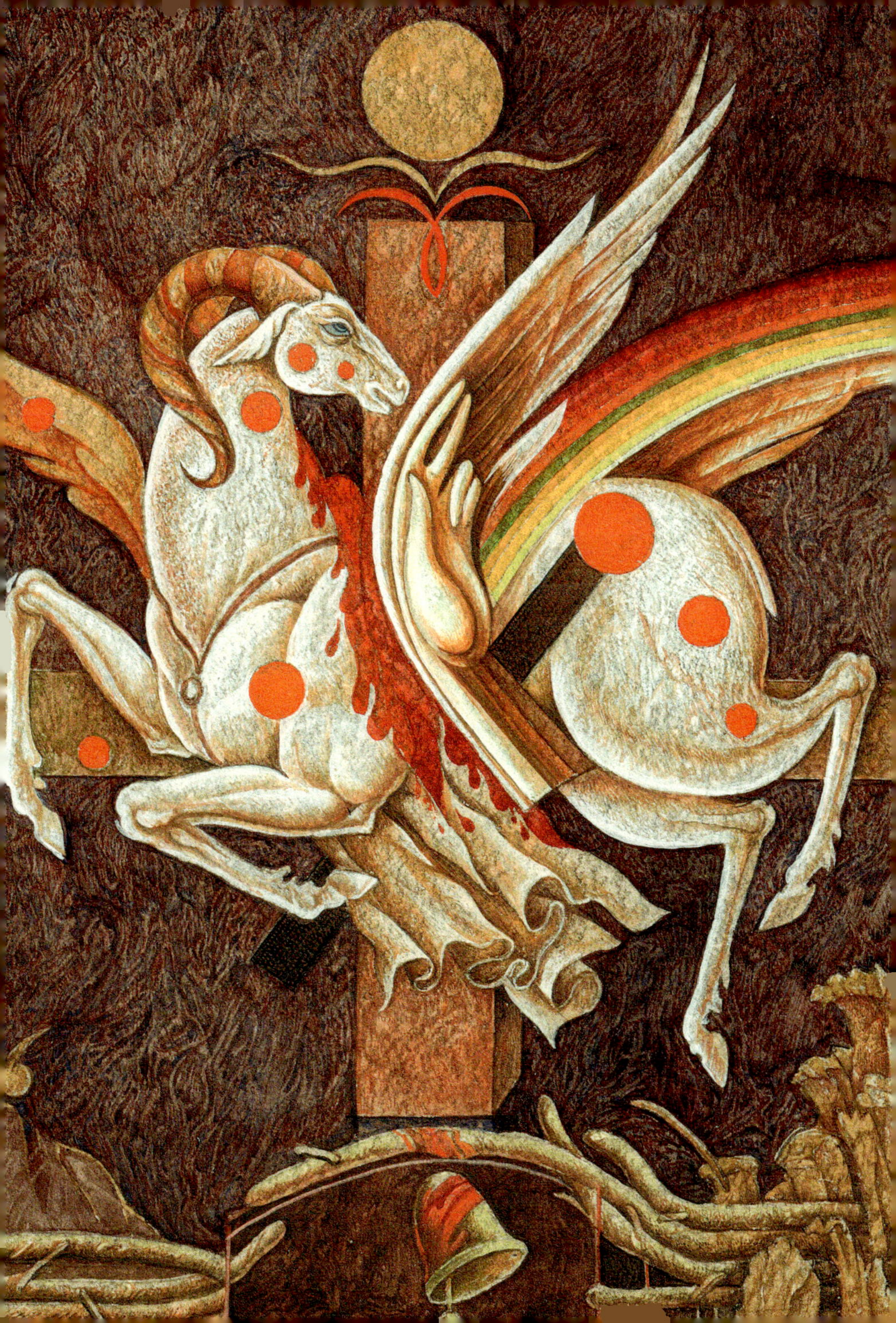

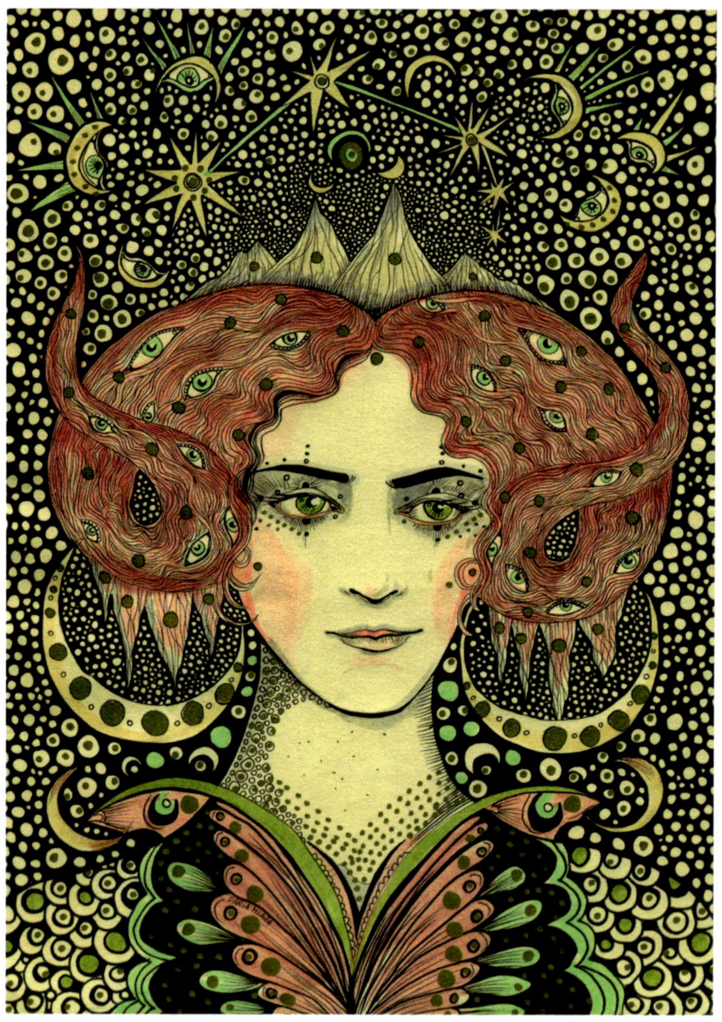

Daria Hlazatova · *Aries* · Ukraine · 2018
«Dans l'espace, ce n'est qu'en observant qu'on trouve des planètes et des étoiles», dit Hlazatova à propos de ses dessins du zodiaque. «Le papier blanc produit le même effet. Dans ma tête, cela peut être absolument tout.»

Fred Wessel · *Aries* · États-Unis · 2010 Dans la série «Constellations» de Wessel, les signes du zodiaque sont tous incarnés par une femme. Inspiré par la Renaissance et la mythologie gréco-romaine, ce Bélier figure une tenture ornée d'une constellation dorée, référence au mythe de la Toison d'or.

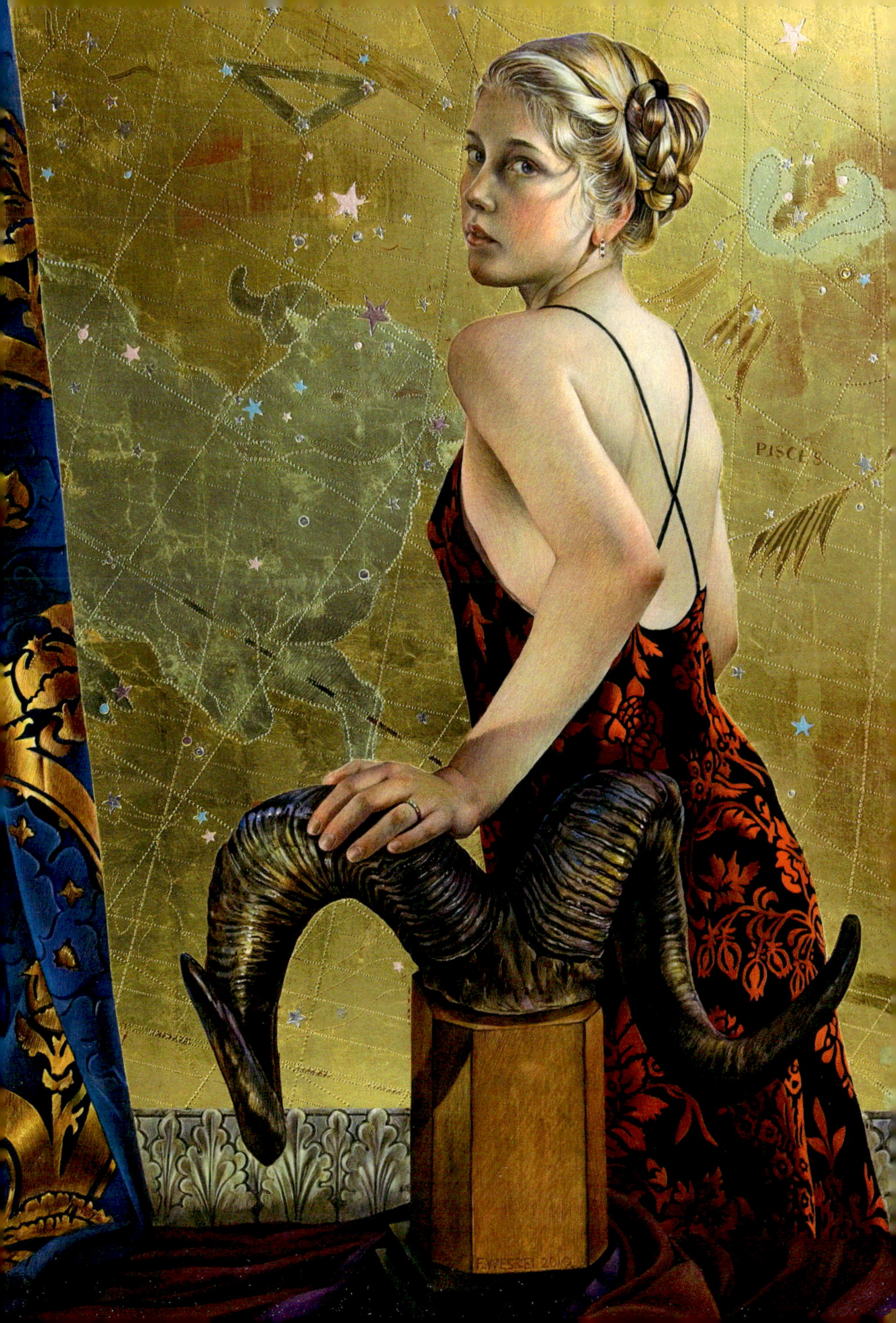
PISCES

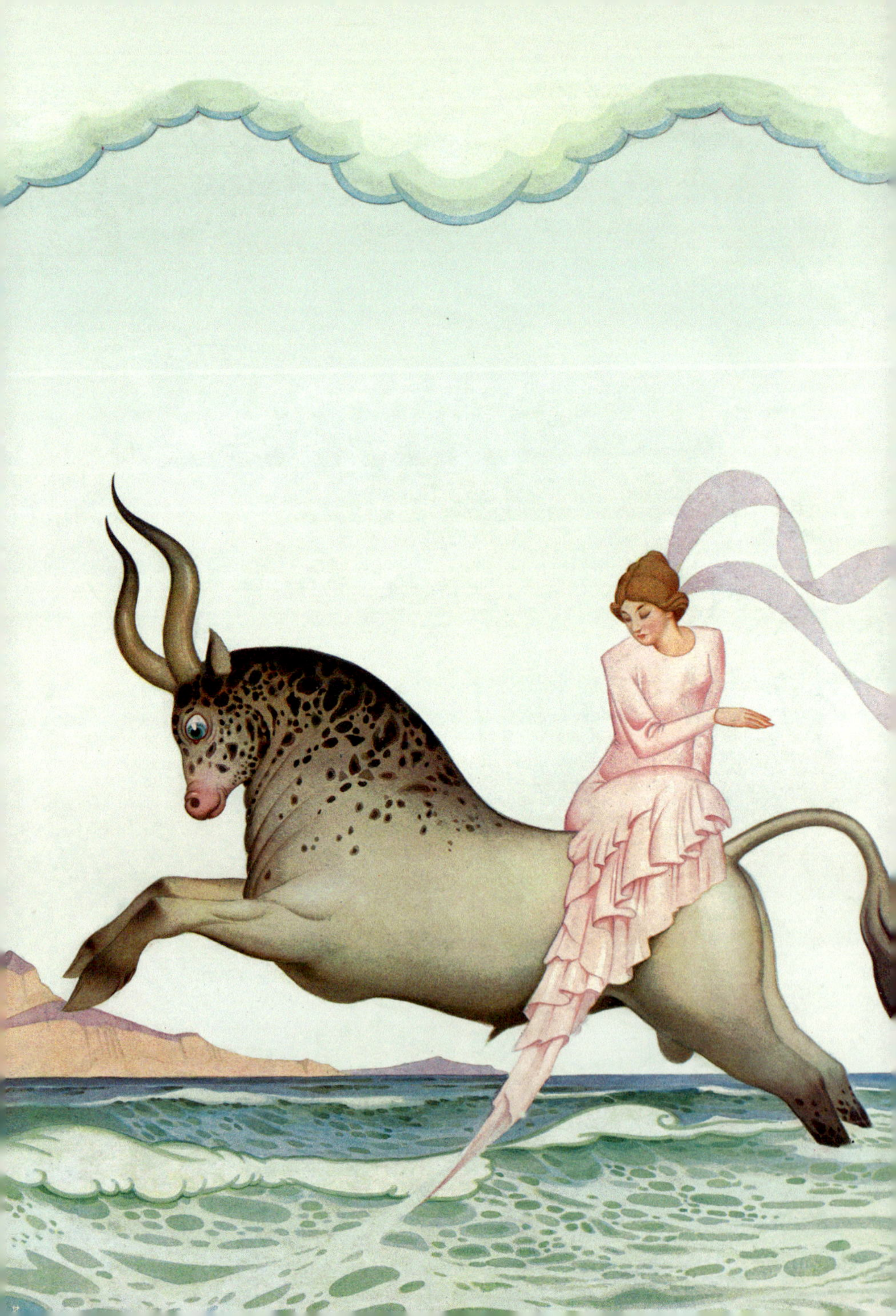

ÉLÉMENT
Terre

MAÎTRISE
Vénus

POLARITÉ
Scorpion

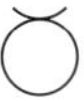

20 AVRIL-20 MAI

TAUREAU

II

LA SOIF DE VIVRE

Avec son mode fixe, le Taureau est le plus enraciné des signes de terre, celui qui s'enfonce le plus profondément dans le sol. Nombreuses sont les cultures à avoir vénéré la puissance de cet animal. Dans la mythologie égyptienne, il occupait une place de choix : le taureau Apis, incarnation du dieu créateur Ptah, gouvernait la crue annuelle du Nil chargée d'une vie nouvelle. De même, en Inde, le Gange s'écoulait, pensait-on, de la chevelure de la déesse Shiva, tandis qu'en Mésopotamie, l'inondation annuelle du Tigre était attribuée à l'accouplement d'un dieu taureau et d'une déesse mère vache. Les taureaux, animés par la soif de vivre, fécondent, symboliquement ou réellement, les créatures pour engendrer une nouvelle existence. Le taureau, mot dérivant du grec *taûros*, a inspiré à la mythologie grecque des histoires similaires en lui prêtant des caractéristiques du signe zodiacal, comme la loyauté, la force et le pouvoir, et en mettant en avant la gentillesse et la constance, qualités qui adoucissent son tempérament sauvage. Les taureaux sont obstinés et dangereux – voire inflexibles –, mais s'ils bénéficient d'une bonne influence (comme celle de Pasiphaé), ils signent la prospérité grâce à leur constance, leur douceur et leur côté méthodique. Gouverné par Vénus, le taureau, à la virilité exacerbée, est attiré par la beauté et se plaît à exercer son empire sur les arts. Comme tous les signes de terre, il apprécie les plaisirs sensuels. Mais s'il ne parvient pas à les contrôler, le natif du Taureau est susceptible de virer au matérialisme ou à la vanité.

Vsevolode Nicouline · Couverture d'*Il Secolo XX* Russie/Italie · 1931 L'enlèvement de la princesse Europe par Zeus est le mythe grec le plus lié au taureau. C'est sous les traits de cet animal que le dieu portant Europe sur son dos traverse la mer Méditerranée.

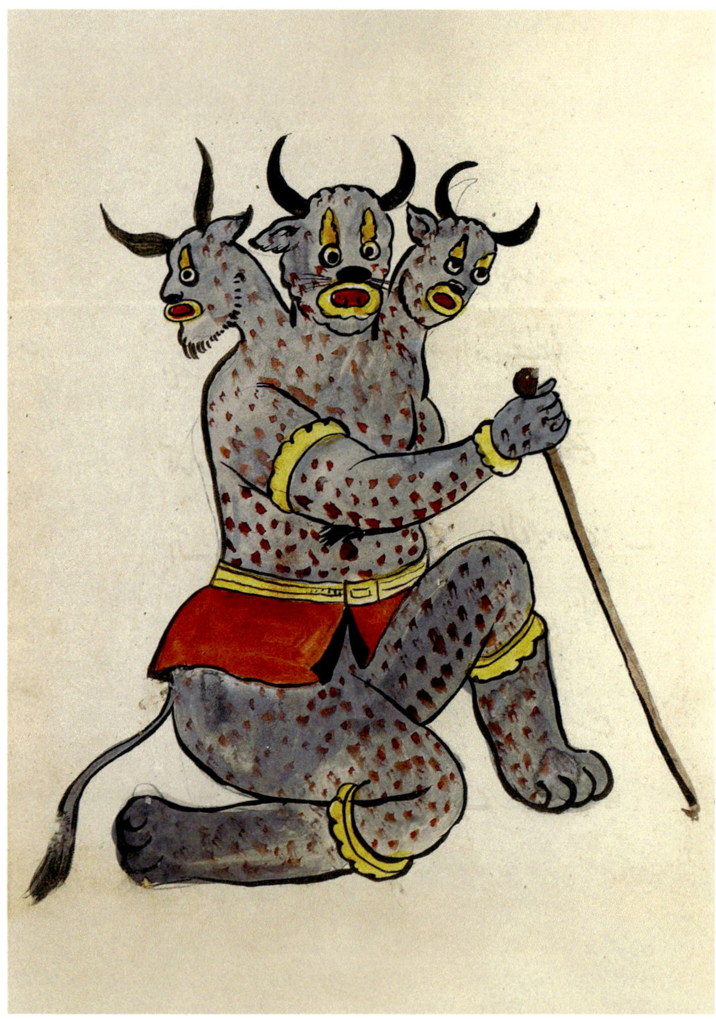

Anonyme · Illustration de *Kitab-i ʿAjaʾib-i makhluqat*-Perse · 1906 Ce remarquable ouvrage sur la magie et l'astrologie définit les traitements et les remèdes attachés aux signes. Des génies (bienfaisants ou démoniaques) correspondent à chaque symbole zodiacal. Un taureau à trois têtes figure le signe du Taureau.

Paula Duró · *Urano en Tauro* · Argentine · 2019 Un arc-en-ciel, en haut, et une marguerite, en bas, indique que le Taureau est enraciné dans la terre, l'élément de son signe. Dans son œuvre, Duró, artiste multimédia, exploite la riche symbolique de l'astrologie, l'ésotérisme et les sujets mystiques.

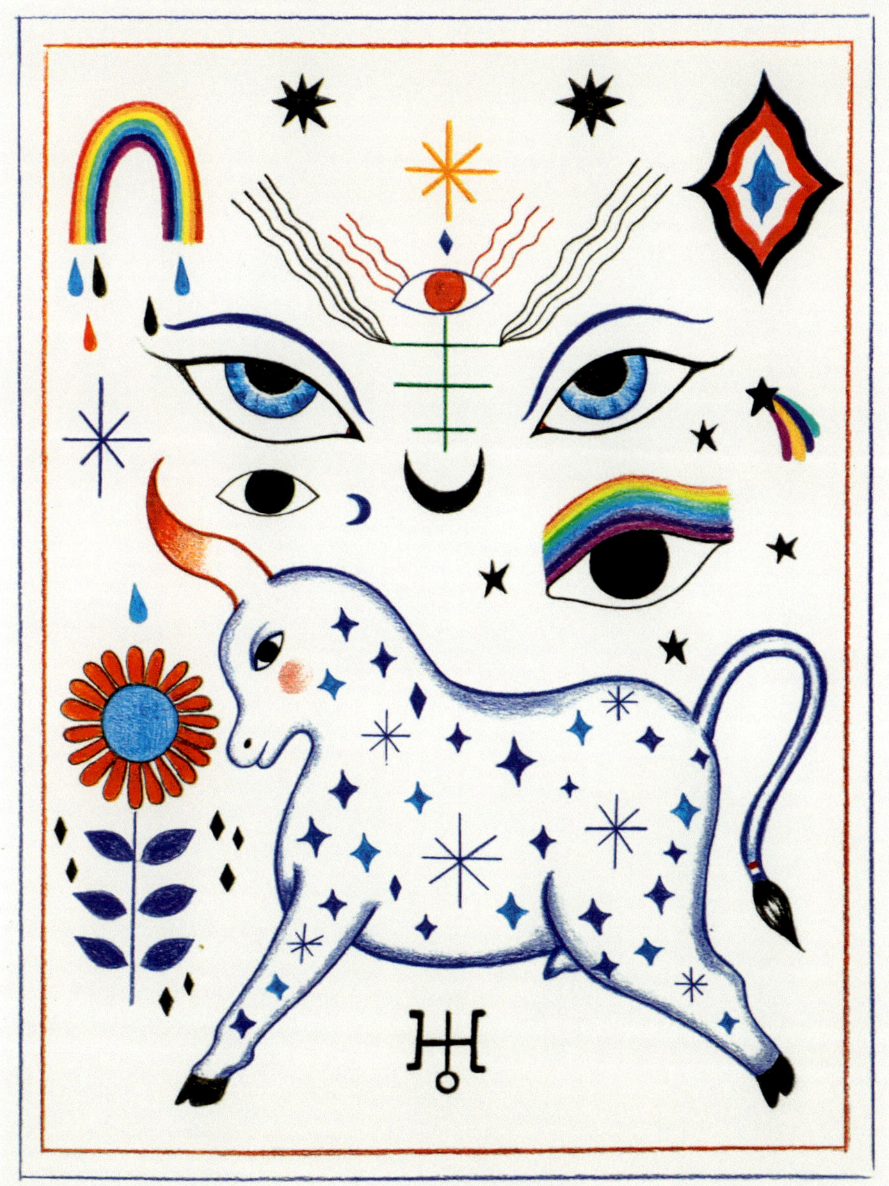

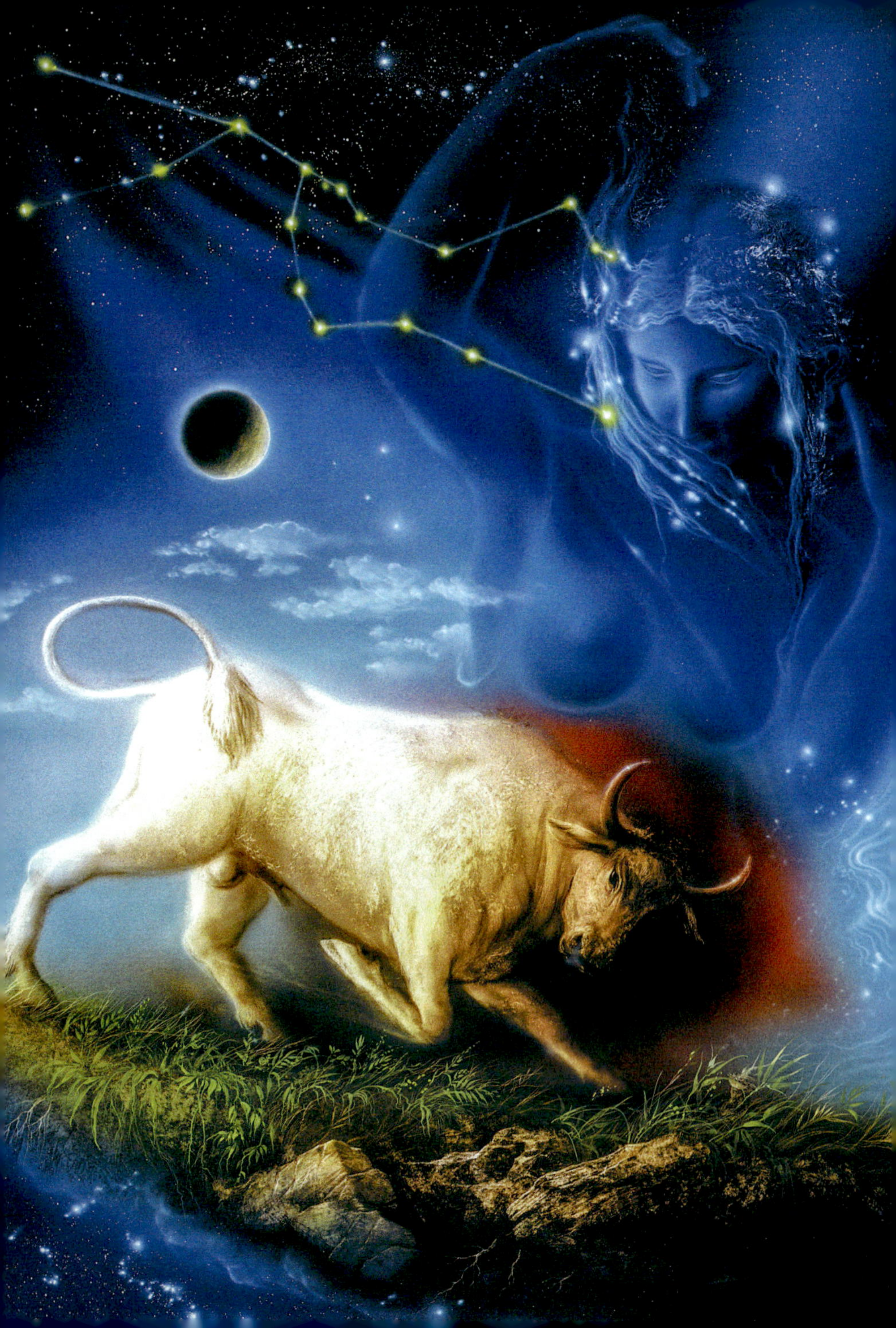

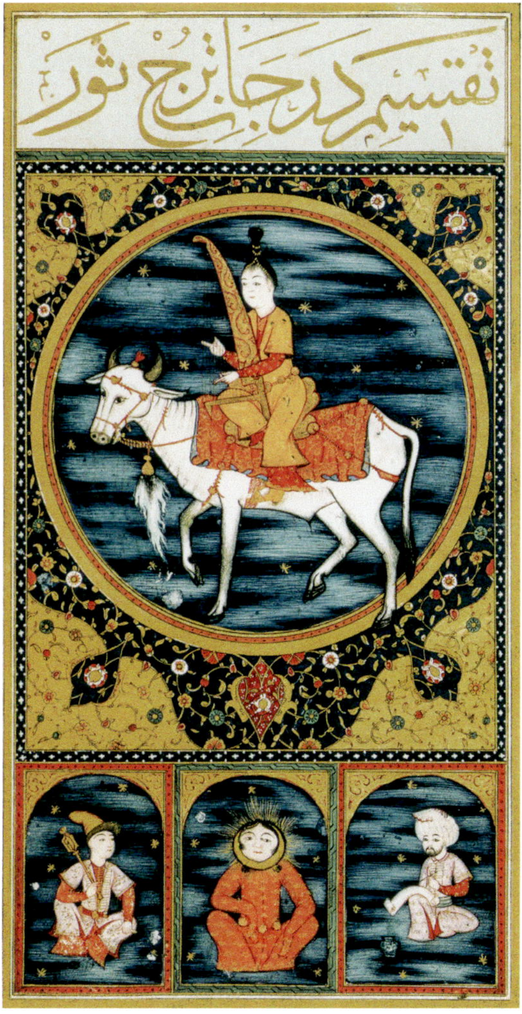

Carl W. Röhrig · *Taurus* · Allemagne · 1988
Le Taureau, vu par Röhrig sous l'angle du *fantasy art*, fait partie d'une série de peintures à l'huile sur verre du zodiaque. Il figure les aspects traditionnels du Taureau, sabots enfoncés dans le sol, sa constellation brillant au-dessus de lui.

Attribué à Ustad Osman · *Taureau* extrait de *Matali' al-Saadet* · Empire ottoman · 1582 Le sultan Mourad III a commandé ce *Livre du bonheur* pour sa fille. La miniature montre Vénus chevauchant un taureau ; elle tient une harpe. En bas sont figurés Mercure, la Lune et Mars.

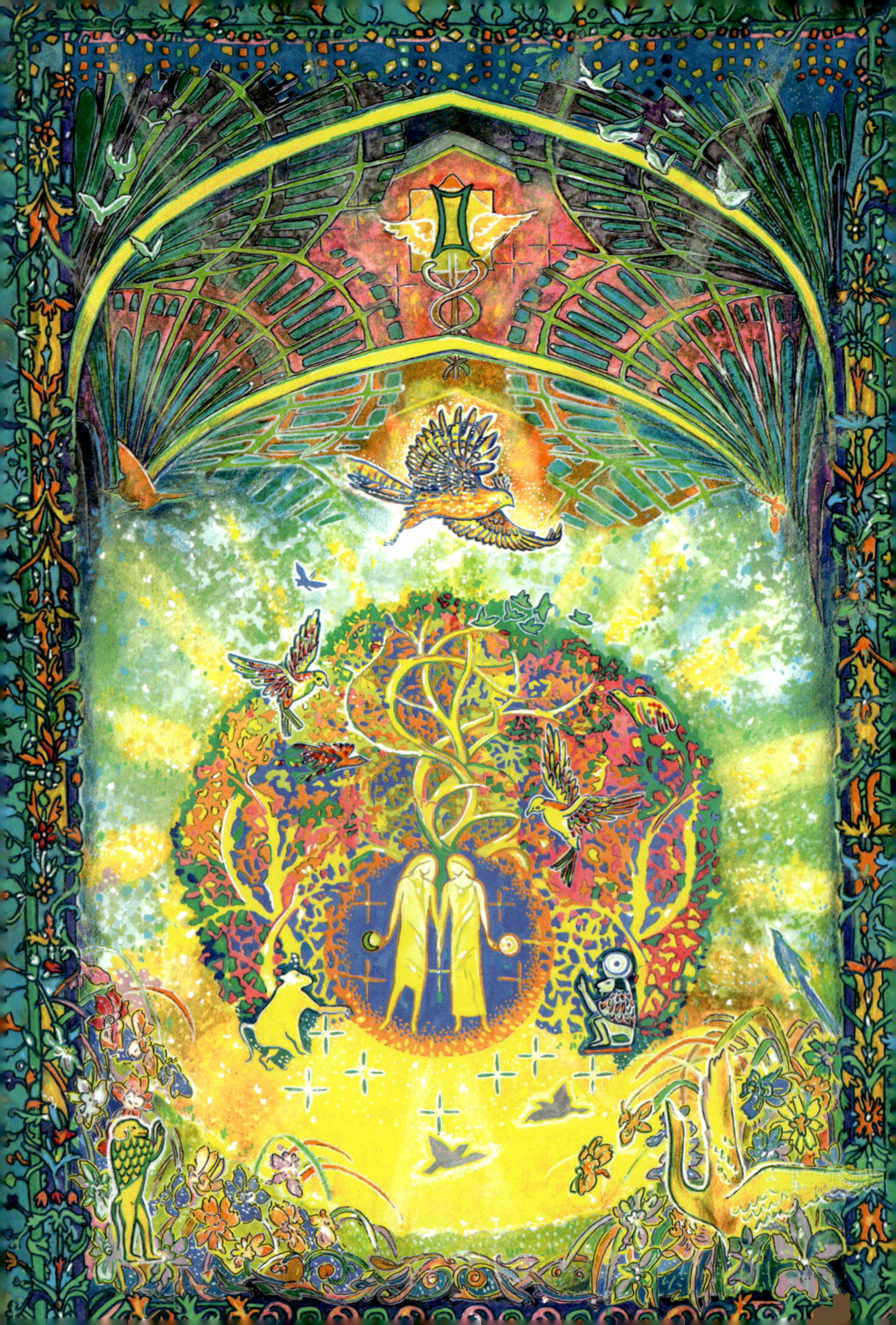

ÉLÉMENT
Air

MAÎTRISE
Mercure

POLARITÉ
Sagittaire

♊

2 1 MAI-2 0 JUIN

GÉMEAUX

III

UNE DOUBLE NATURE

La constellation des Gémeaux remonte à l'Antiquité. Castor et Pollux, ses deux étoiles les plus brillantes, ont inspiré les jumeaux des mythes et du folklore de nombreuses cultures. Les jumeaux symbolisent, en général, la double nature de l'univers. Premier des signes d'air, le signe des Gémeaux a un caractère ouvert et est très sociable. Avec Mercure comme planète maîtresse, il est prédisposé à la communication. Il représenterait le signe d'air parfait, car il a tendance à créer sans cesse des liens. Sa double nature est indéniablement visible puisque le signe comporte deux corps, donnant lieu à maintes interprétations, faisant de l'un des jumeaux l'ombre de l'autre. Leur capacité à enregistrer de nouvelles informations fait qu'on attribue volontiers aux Gémeaux, agités par nature, la faculté de se métamorphoser. Ce signe a pour caractéristiques l'intelligence, la souplesse et la facilité de communication. Le zodiaque reflète le cycle des saisons et de la vie. Troisième signe, les Gémeaux marquent la fin de l'enfance, l'entrée dans l'âge adulte et le printemps allant vers l'été. À cet égard, ils se confondent avec la période durant laquelle les individus découvrent ce qui les intéresse intellectuellement dans le monde et nouent des relations sans forcément développer de profonds liens affectifs hors de leur famille. Les Gémeaux sont connus pour leurs connexions psychiques, développant des langages et des codes qui leur sont propres et qui reconnaissent le monde extérieur tout en le gardant à distance.

Myrrha · *Gémeaux du Zodiaque céleste* · France · 1995

(pages 122-123) Mervyn Suart · *Gemini* · Angleterre · 1970 Cette peinture foisonnante illustre différents moments du mythe de Castor et Pollux comme la sortie des jumeaux des enfers ou la chevauchée de Castor, habile dresseur de chevaux, sur sa monture.

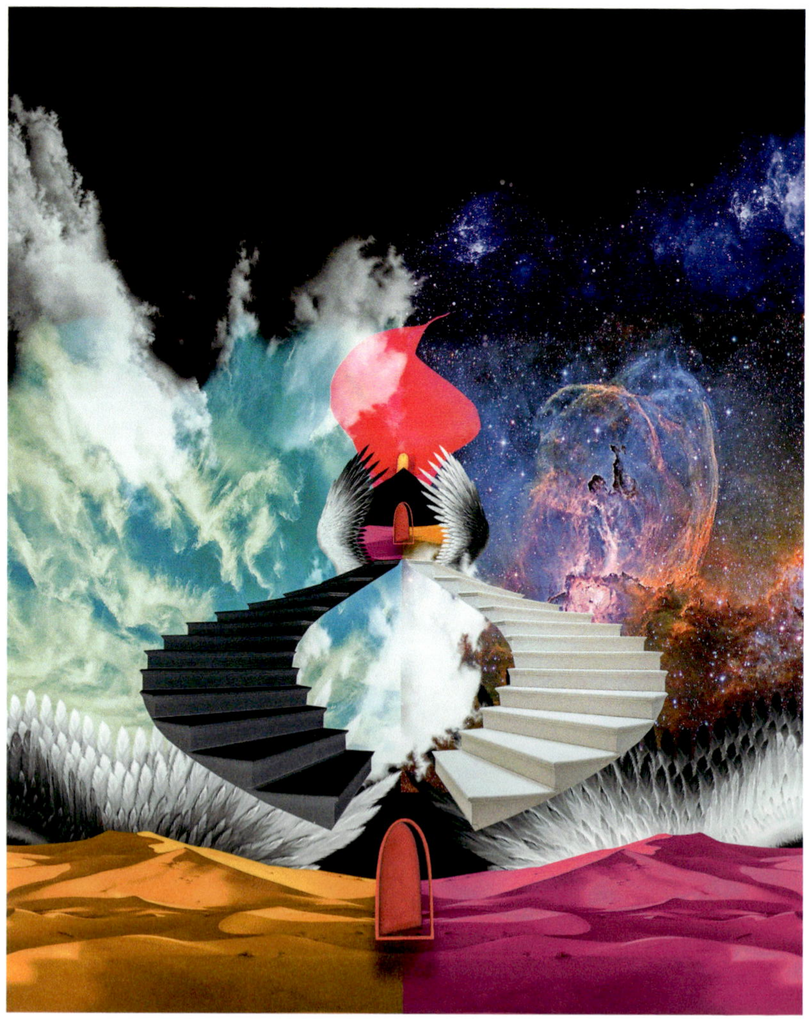

Devany Amber Wolfe · *Gemini* dans le *Celestial Bodies Oracle* · Canada · 2020 Selon l'artiste, la carte des Gémeaux révèle «de nombreuses formes de dualité…, les deux escaliers, l'obscurité et la lumière, mènent au même endroit… pour sortir, il faut passer à travers».

Deming King Harriman · *Gemini* dans le *Zodiac Deck* États-Unis · 2018 Pour les Gémeaux, Harriman a illustré les phases de la Lune dominant un paysage mythique. Les deux femmes, qui se touchent par le bout du doigt, évoquent la puissance qui surgit quand la lumière et l'ombre s'unissent.

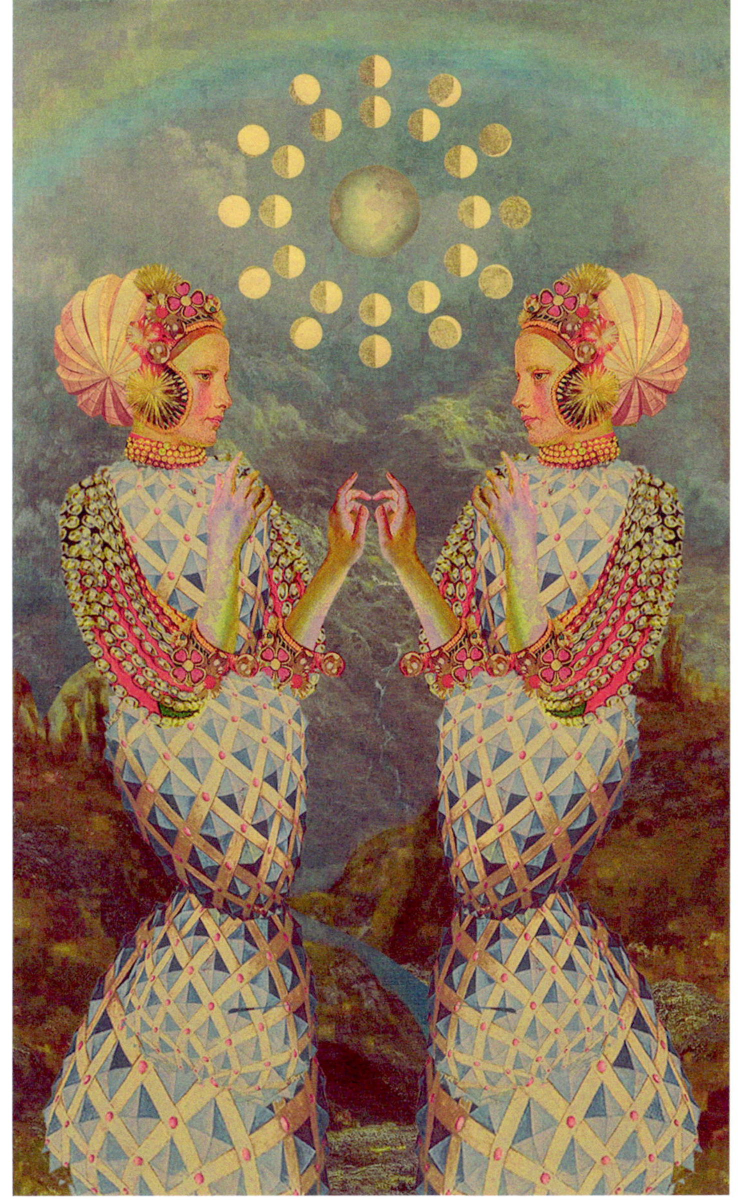

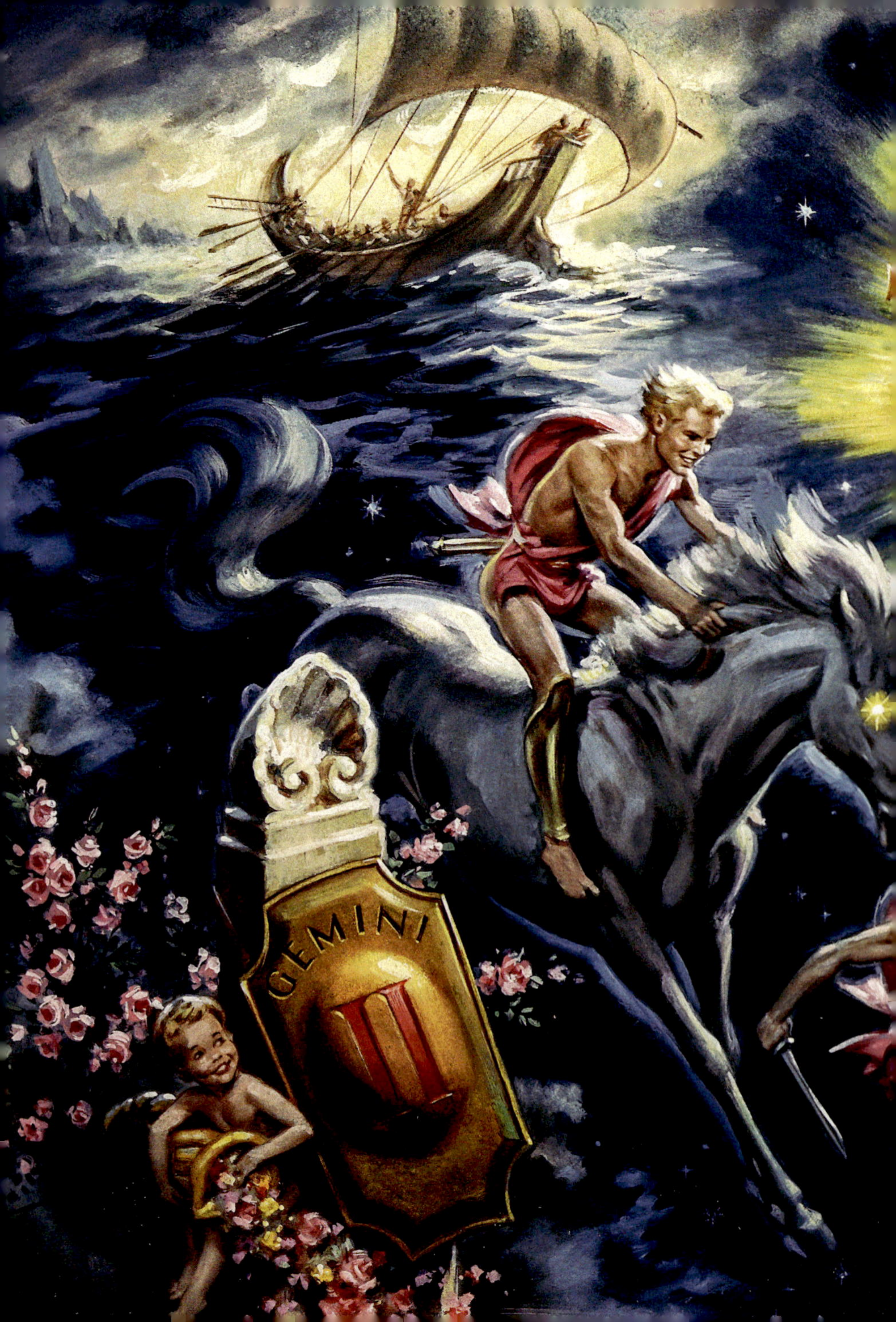
GEMINI

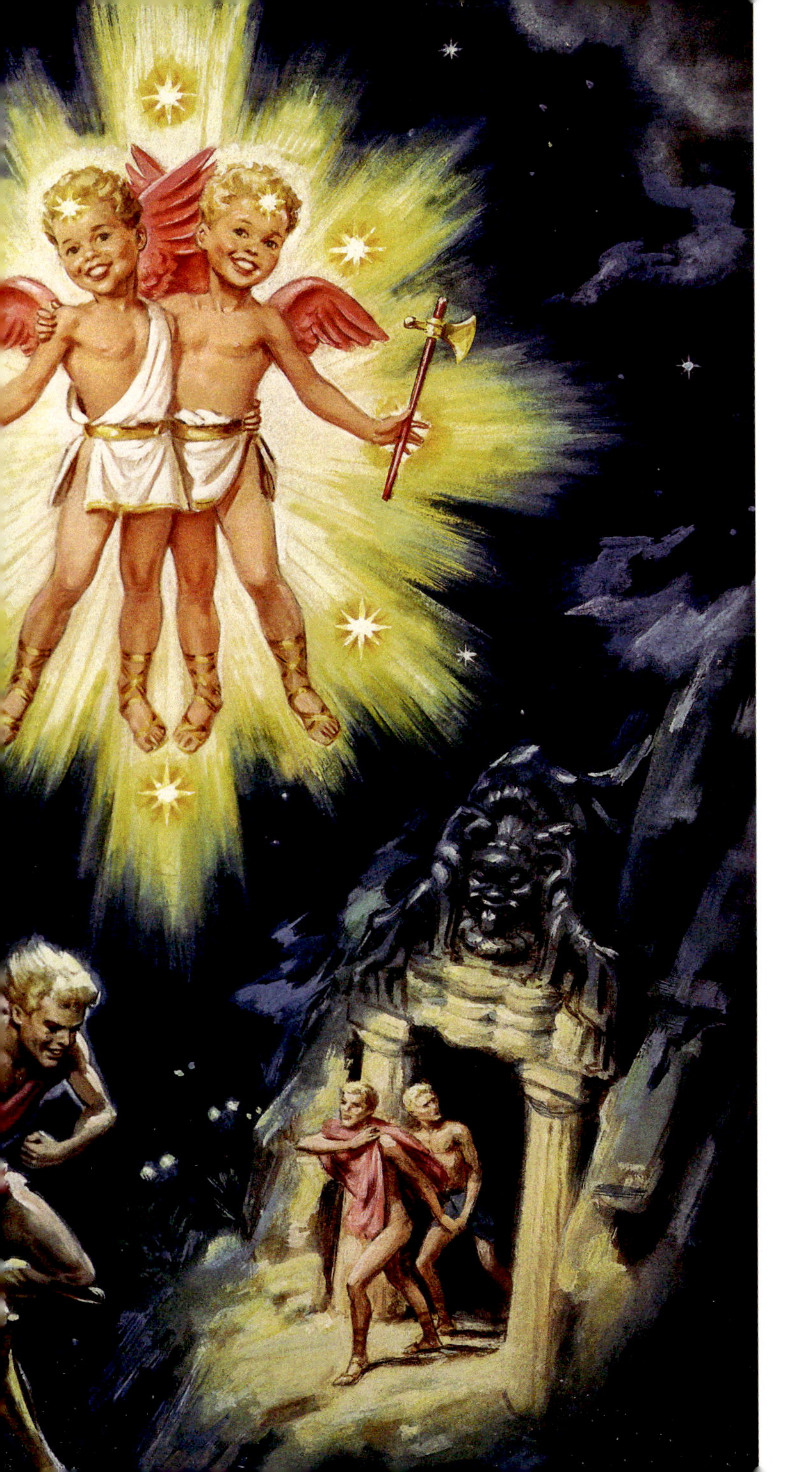

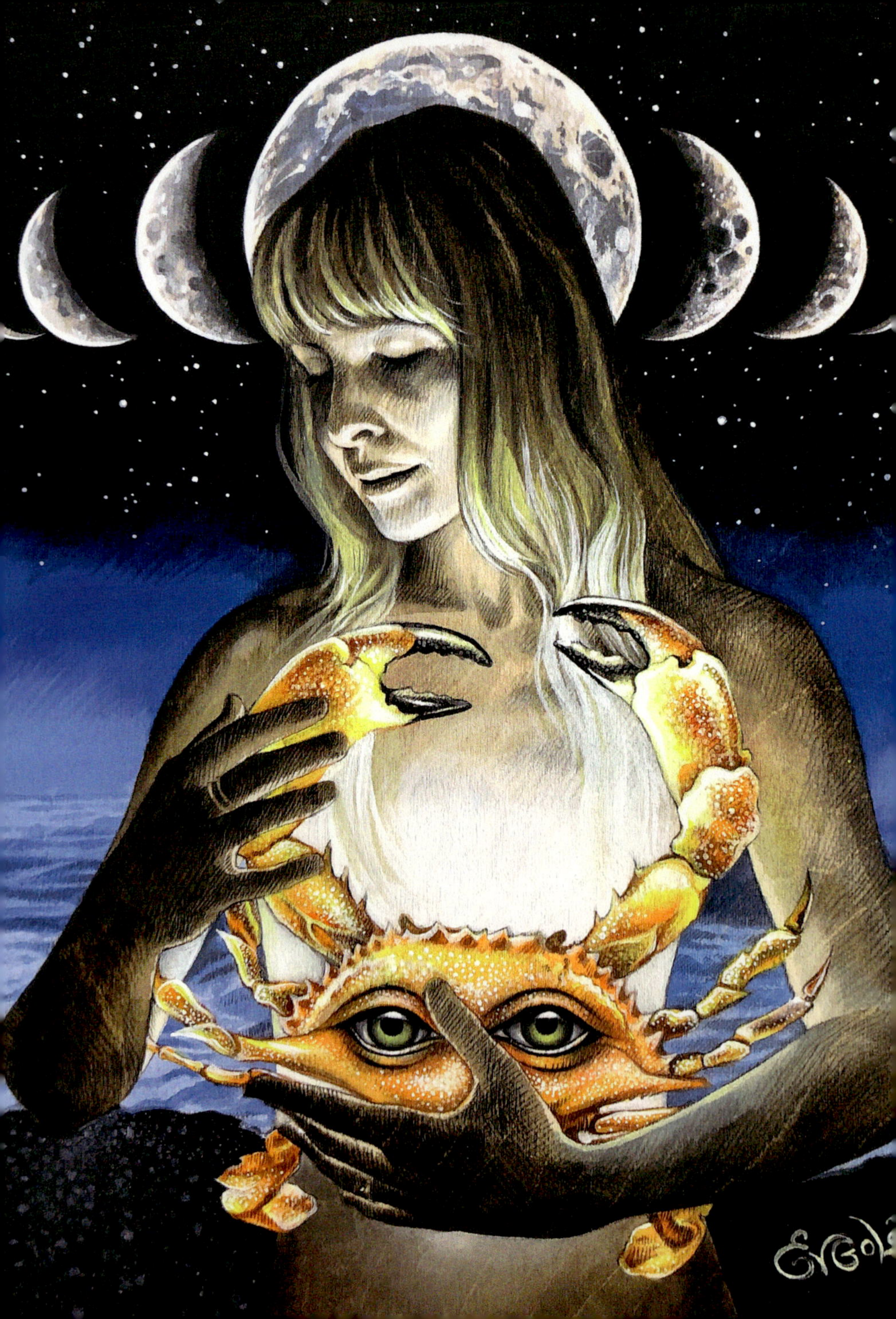

ÉLÉMENT
Eau

MAÎTRISE
La Lune

POLARITÉ
Capricorne

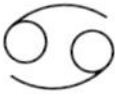

21 JUIN-22 JUILLET

CANCER

IV

LES PROFONDEURS SACRÉES

C'est en l'honneur de leur scarabée sacré que les Égyptiens avaient nommé « Scarabeus » ce groupe d'étoiles, l'une des plus faibles constellations du zodiaque. Un catalogue d'étoiles babylonien l'appelle « écrevisse ». D'autres sources l'identifient par la suite à un crabe, une tortue serpentine, voire une langouste. Ces créatures ont en commun d'être des crustacés marins avec un exosquelette dur que la mythologie associe à l'immortalité et au monde souterrain. Ce lien rapproche le crabe de la Lune, qui reproduit à jamais le même cycle de renouveau, plongeant chaque mois dans les ténèbres pour ressurgir et renaître perpétuellement. Les sentiments du Cancer, signe d'eau, sont profonds. Les Cancer sont sensibles, tant au niveau des émotions que de l'intuition. L'une des principales qualités du signe est le besoin de s'occuper des autres, le Cancer ayant pour domicile la maison quatre, celle du foyer et de la famille. Il existe un rapport entre le signe et l'amour qu'une mère porte à son enfant, manifeste dans le besoin de protéger et l'oubli de soi inséparable de cette responsabilité. De façon spontanée, le Cancer dispense ses soins aux enfants ou à d'autres personnes, mais poussée trop loin, cette qualité peut se muer en hyperprotection. En exprimant un amour aussi dévoué, il court le risque de se perdre lui-même, d'être dépassé par une énergie aussi puissante. Cela n'est cependant que la tournure que prend parfois la vie dans l'océan profond de nos émotions, et le crabe a la force de se protéger des marées changeantes du temps.

Evgeniya Golik (Evgola) · *Shelter* · Russie · 2018
Selon l'astrologue Liz Greene, le Cancer symbolise
« cet aspect de l'âme qui contient et maintient la vie,
[...] la mère qui est notre réceptacle physique
pendant la grossesse et notre réceptacle psychique
pendant l'enfance ».

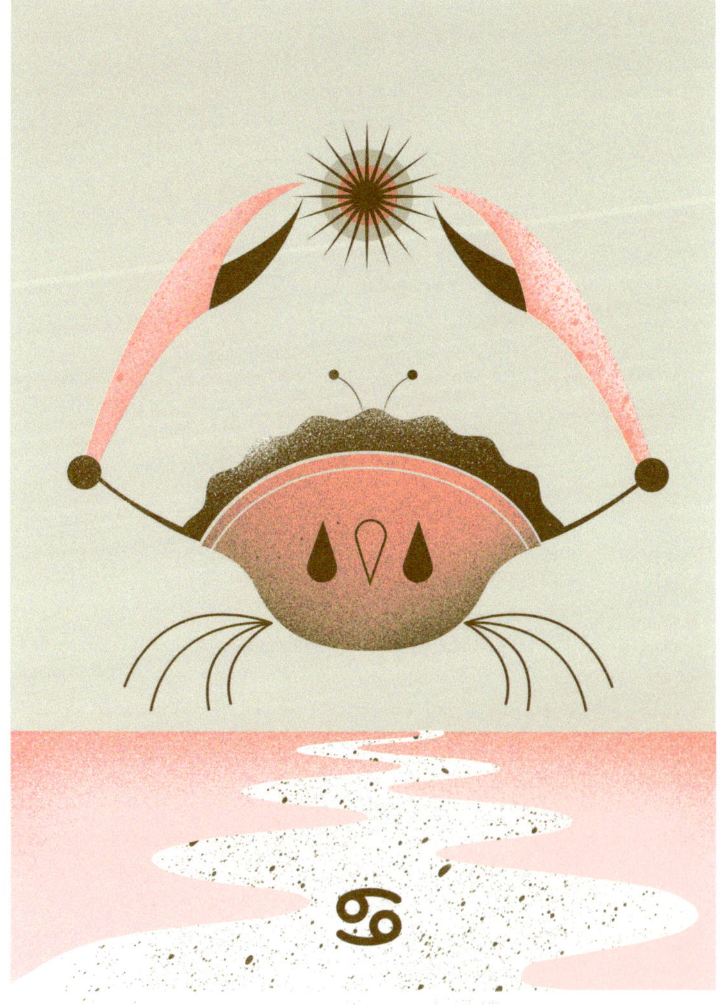

Bárbara Malagoli Martino · *Cancer* tiré d'*Astrolyrics*
Brésil · 2018 Ce crabe est l'une des images du
zodiaque qui illustrent les poèmes de l'astrologue
Bruna Paludo. Il figure l'eau, son élément, et son
glyphe, une route «69», qui évoque les pinces
du crustacé ou les seins d'une femme.

Arpita Singh · *Cancer: Receptive* · Inde · 1999
Un personnage flottant sur les vagues, sous un
ciel éclairé par la lune, traduit le caractère pensif
du signe. Le crabe, symbole du Cancer, sort ici
d'une fleur de lotus, associée dans de nombreuses
cultures à l'éveil et à la renaissance.

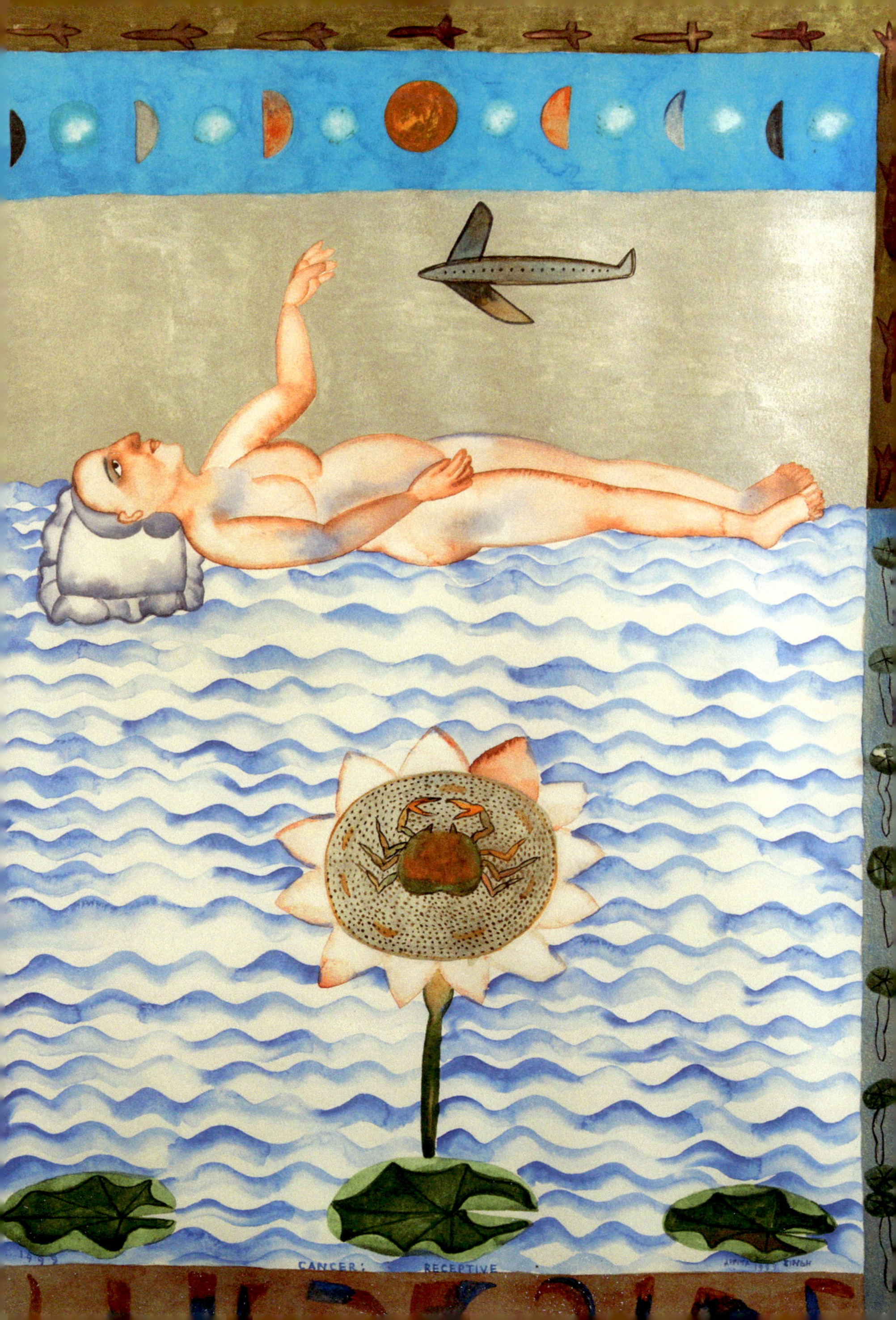

CANCER: RECEPTIVE

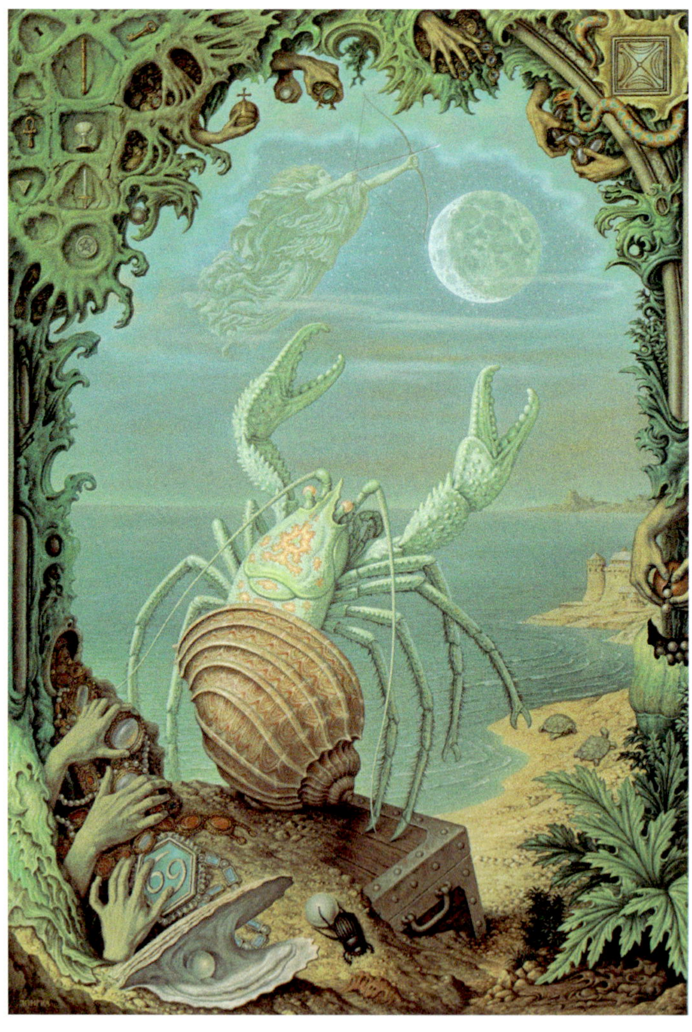

Johfra · *Cancer* · Pays-Bas · 1974 Métaréaliste,
Johfra décrit son art comme «un surréalisme fondé
sur l'étude de la psychologie, de la religion, de la
Bible, de l'astrologie, de l'Antiquité, de la magie, de
la sorcellerie, de la mythologie et de l'occultisme».

Nicole Ginelli · *Cancer* · États-Unis · 2016

Aysem Aksoy · *Cancer* · Turquie · 2016

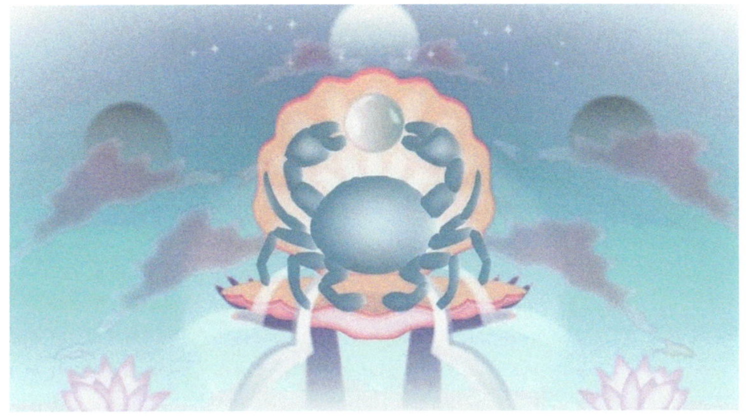

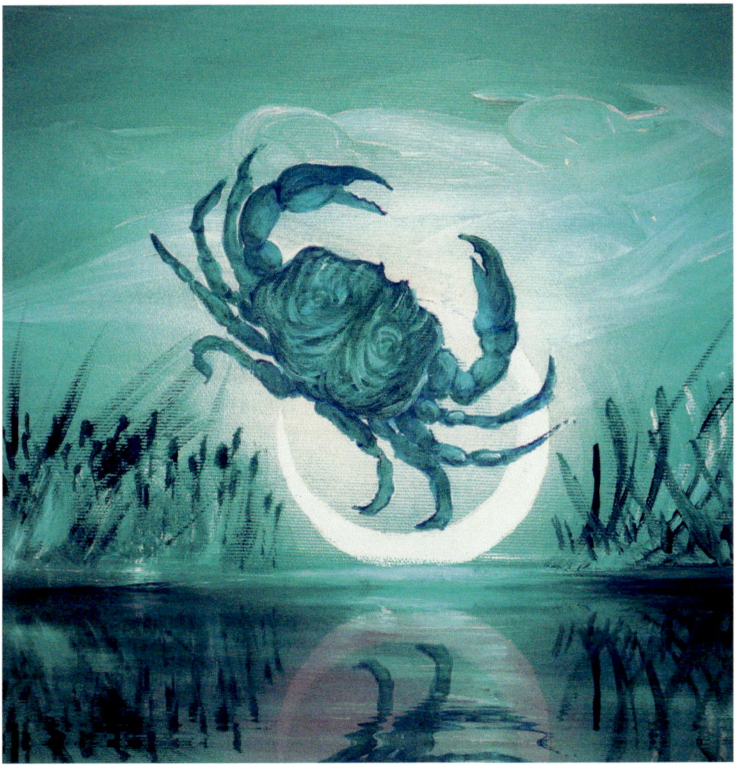

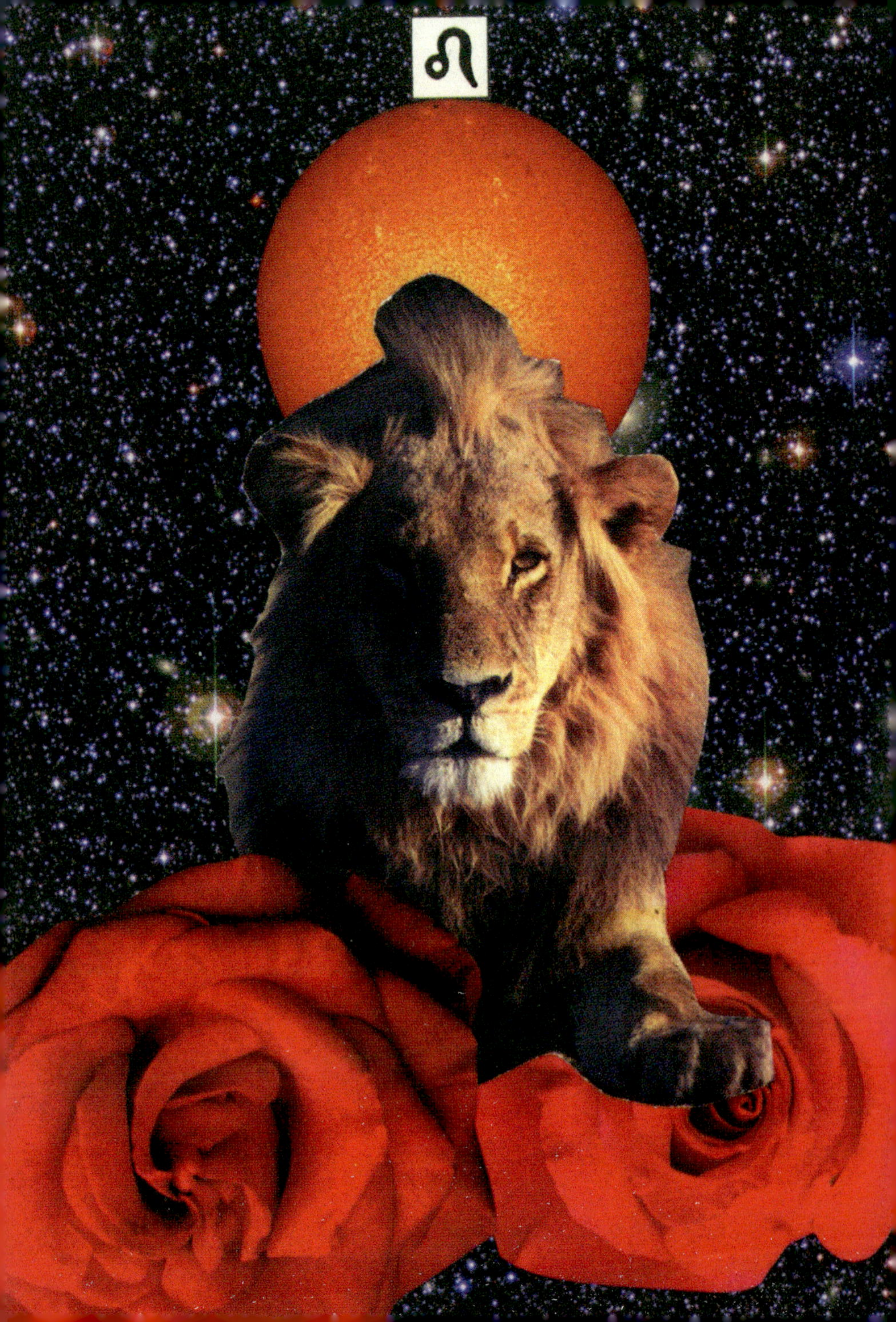

ÉLÉMENT
Feu

MAÎTRISE
Le Soleil

POLARITÉ
Verseau

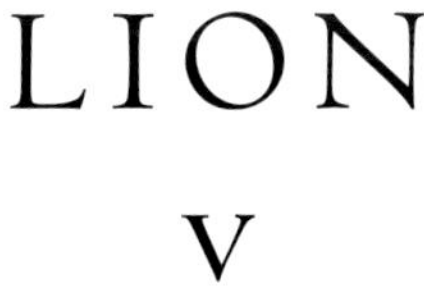

23 JUILLET-22 AOÛT

LION

V

UN POUVOIR CHARISMATIQUE

Le Lion est l'une des plus anciennes constellations connues. Dès 4000 av. J.-C., les Mésopotamiens avaient identifié un groupe d'étoiles rappelant un lion accroupi. La constellation du Lion est l'une des rares à ressembler vraiment à l'animal qu'elle est censée représenter. Contrairement au feu du Bélier, qui brûle et s'embrase, celui du Lion reste sous contrôle grâce à son mode fixe. Le Lion est donc moins enflammé et plus amical, comme la chaleur de l'âtre ou d'un feu de camp (mais avec plus de charme). En outre, avec le Soleil comme planète maîtresse, il incarne la clarté et la lumière, un(e) vrai(e) roi ou reine Soleil. Cette chaude énergie est magnétique, elle attire les gens. On apprécie les Lion parce qu'ils sont centrés sur le cœur, qu'ils invitent irrésistiblement les autres à se prélasser dans leur chaleur. Le Lion est donc une créature puissante et sociable. Quand le fauve dompte son ego, c'est un signe ludique, affectueux et drôle. Ces rois et reines Soleil peuvent être des clowns, qui aiment être sur scène et jouer, fabuleusement charismatiques. En revanche, pour briller, ils ont besoin d'un public. Solitaire, le Lion est découragé, déprimé, mais il peut aussi être habité d'un orgueil exagéré. Le signe gouverne la maison cinq, celle de la créativité, des idylles et des enfants. Cette position renforce l'attirance du Lion pour le jeu et la joie, et son goût du spectacle. C'est la maison de l'« enfant intérieur », et il n'est donc pas surprenant que le Lion y réside.

Alejandra Luisa León · *Leo* dans *The Stars Divine* États-Unis · 2019 Les Lion sont connus pour leur quête du plaisir et leur goût du luxe. En tant que monarques, ils s'attendent à ce que la lumière du Soleil les illumine.

(pages 134-135) Anonyme · *Signe du Lion* (détail) Italie · 1469-70 Le Salon des mois du palais Schifanoia à Ferrare est connu pour ses 12 fresques des mois de l'année figurant les signes du zodiaque et les mythes grecs qui leur sont associés.

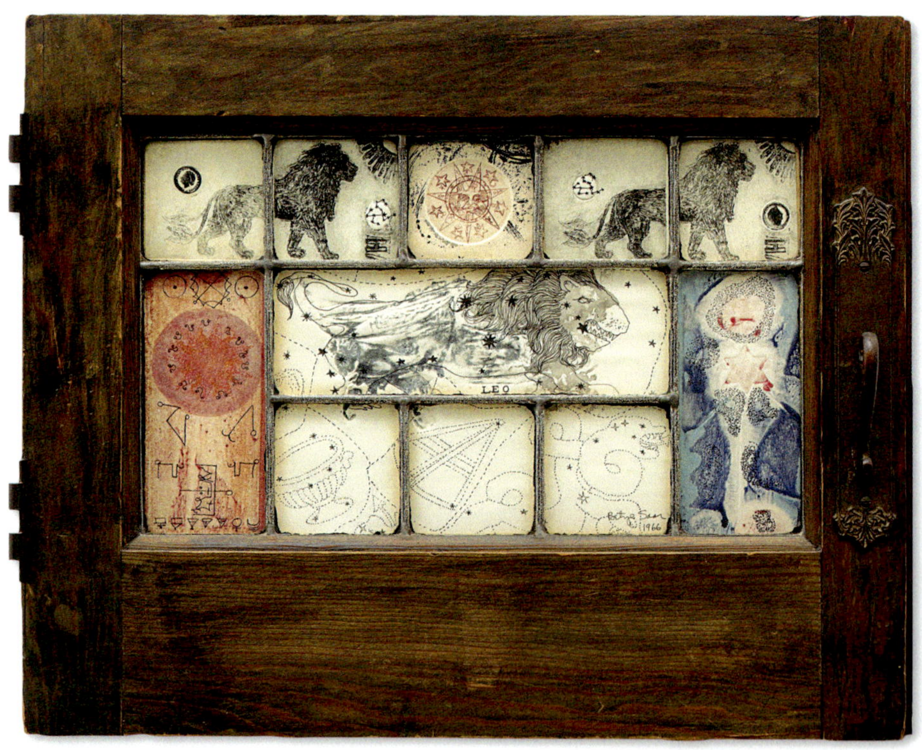

Betye Saar · *Mystic Window for Leo* · États-Unis 1966 Artiste de Los Angeles reconnue, Saar a réalisé son assemblage à partir d'images de la constellation et du lion. Son œuvre explore souvent l'astrologie, la magie et les pratiques spirituelles des Africains-Américains.

Anonyme · *Lion* tiré du *Kitab al-Mawalid* · Égypte XVIe siècle Ce lion se réjouit du Soleil, maître du signe, qui brille au-dessus de lui. Cette image vient d'une copie du *Traité des Nativités* d'Abu Ma'shar, savant persan du IXe siècle, dédié au zodiaque, aux planètes et aux prédictions astrologiques.

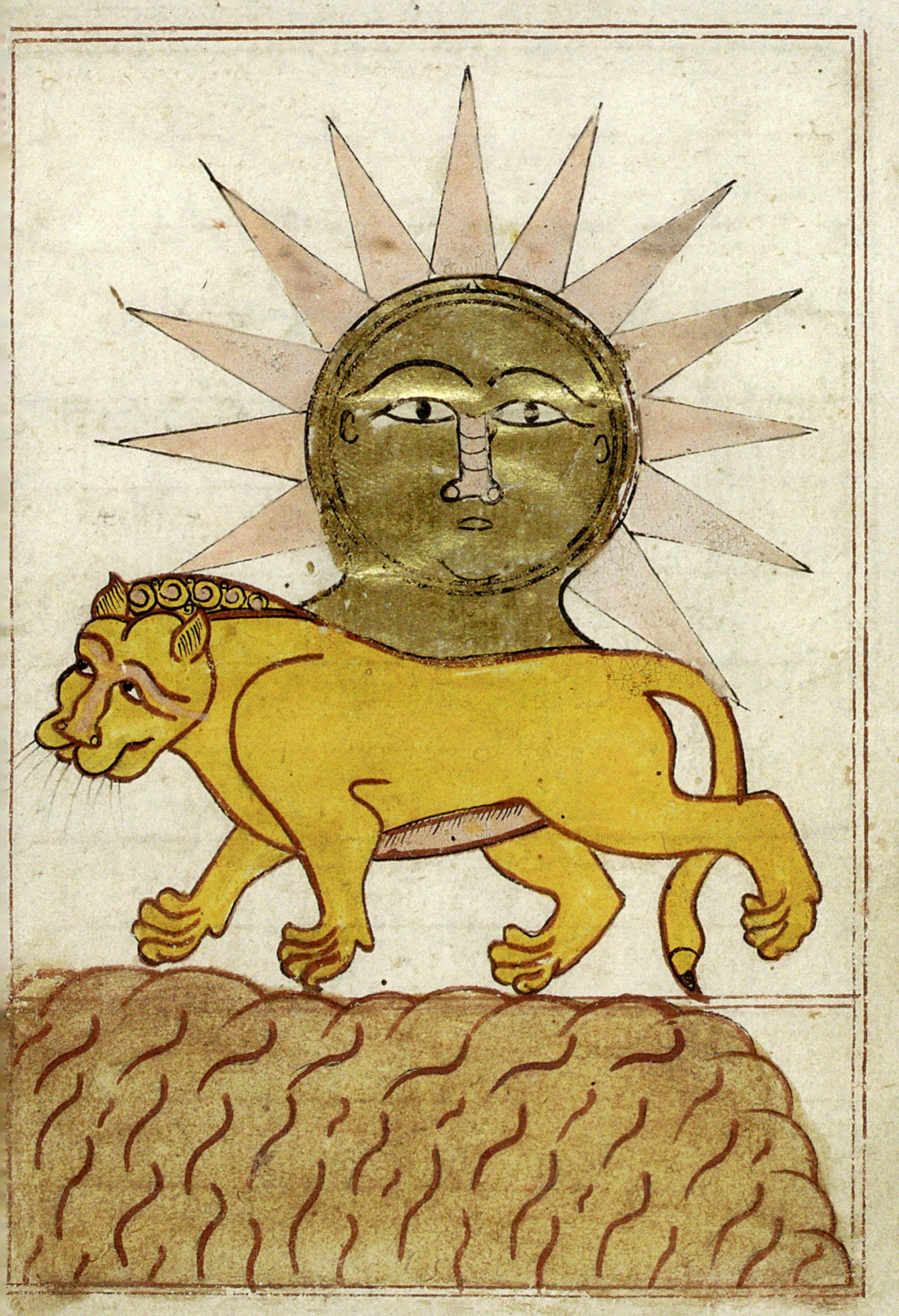

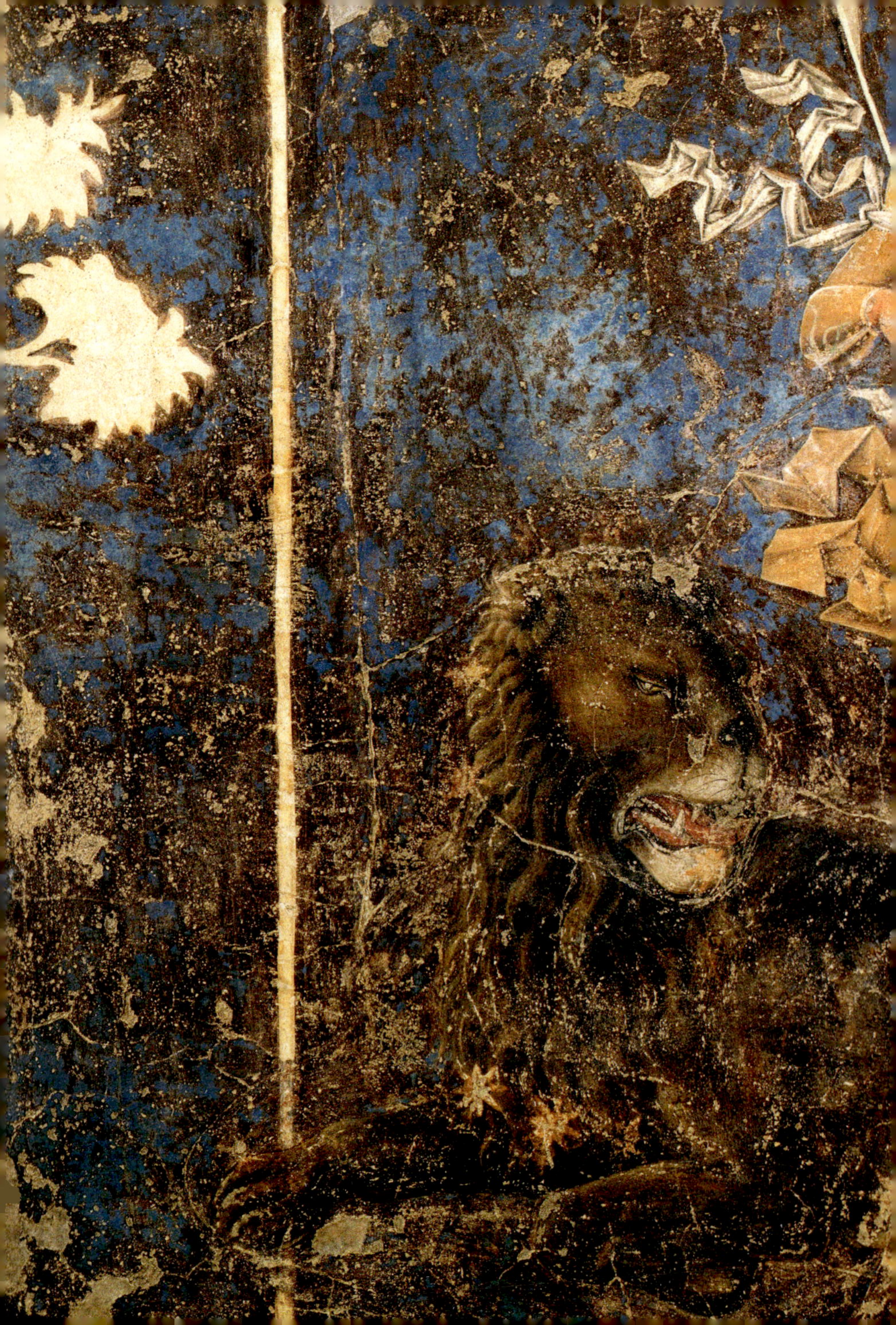

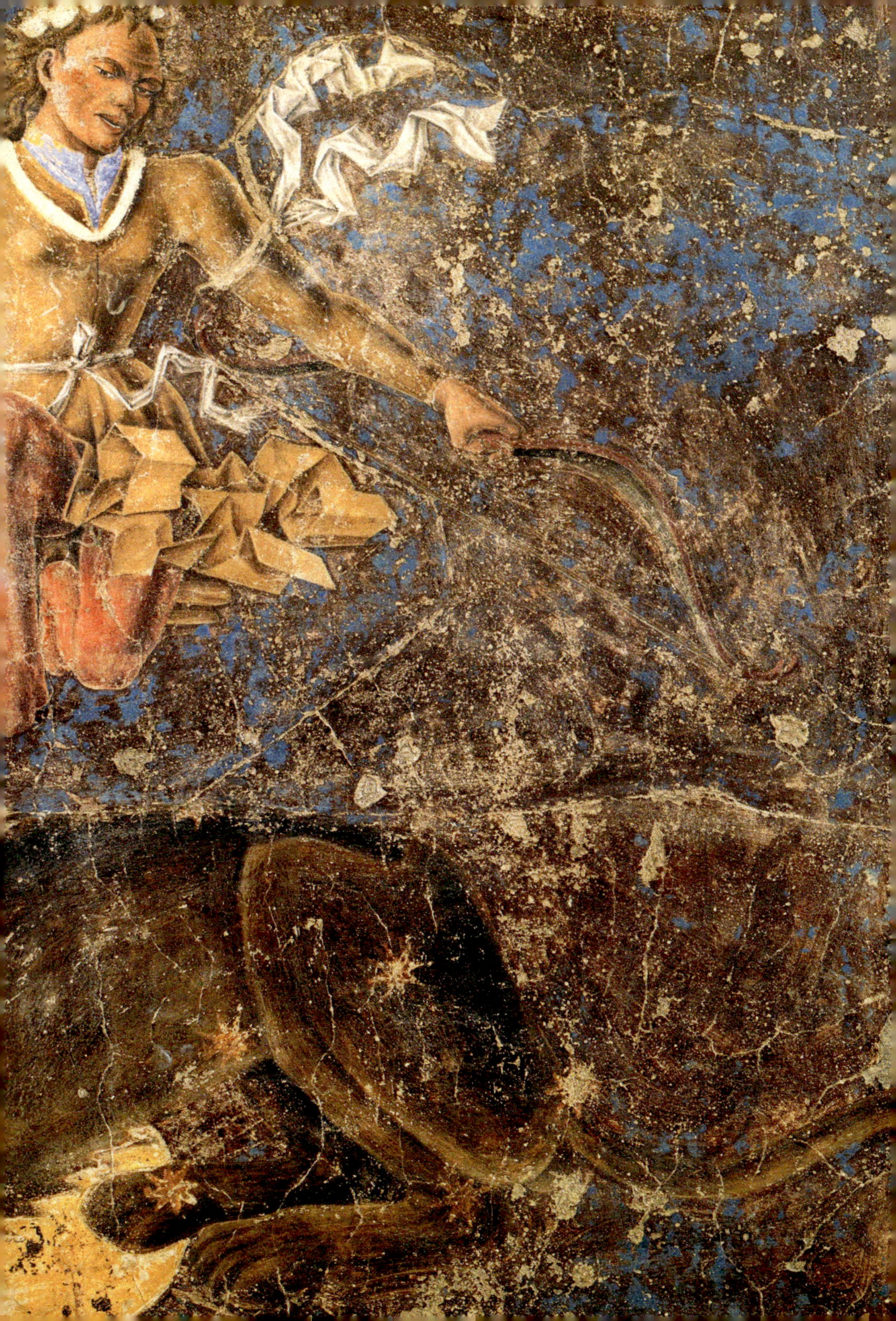

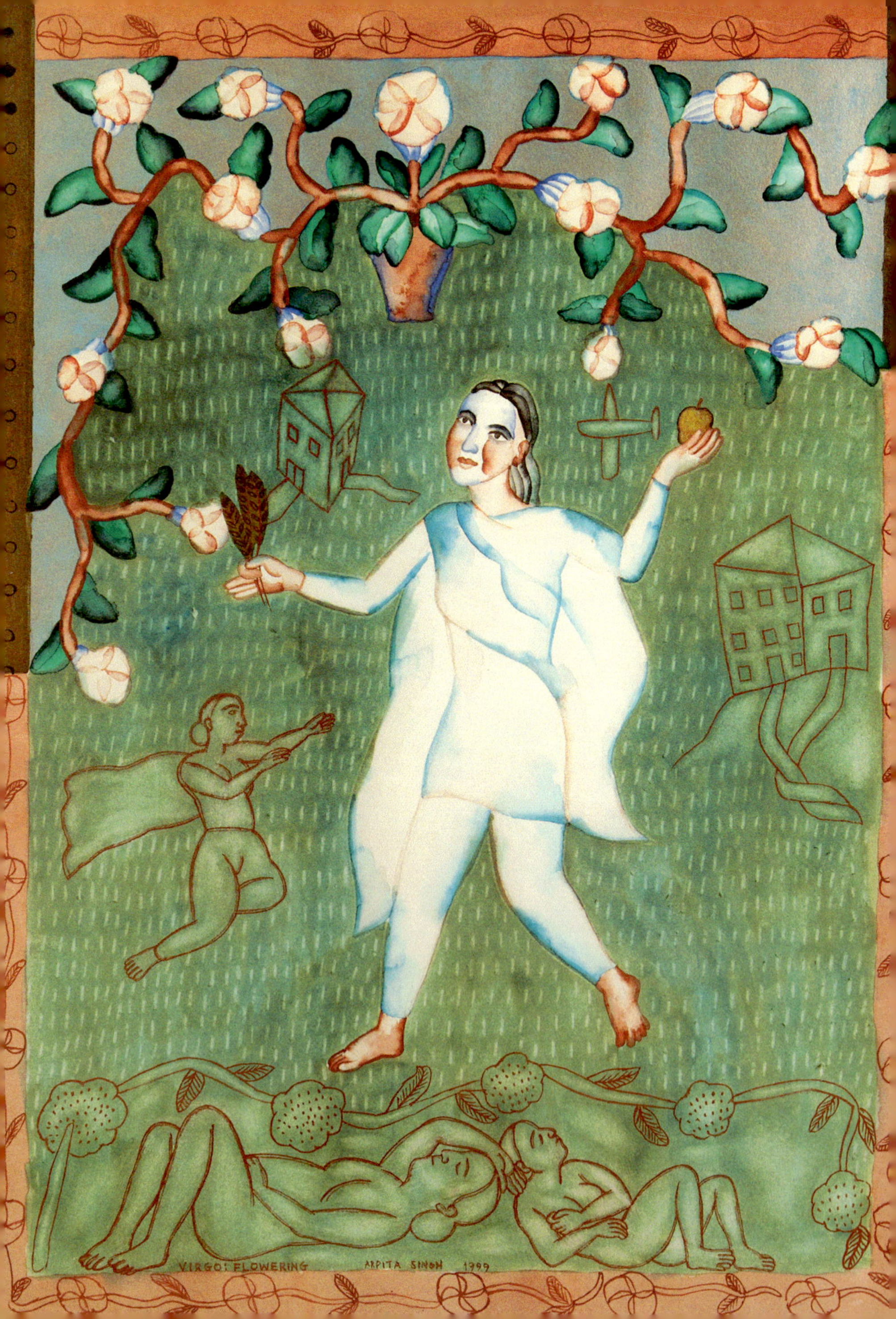
VIRGO: FLOWERING   ARPITA SINGH   1999

ÉLÉMENT	MAÎTRISE	POLARITÉ
Terre	Mercure	Poissons

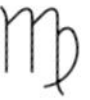

23 AOÛT-22 SEPTEMBRE

VIERGE

VI

DES MUTATIONS TRANSITOIRES

La Vierge est la plus grande constellation du zodiaque. Sa forme est censée représenter Astrée, la vierge céleste de la mythologie grecque dont le nom se traduit par « fille étoile ». Le christianisme a modifié le sens du mot « vierge ». Avant de désigner la pucelle, celle dont l'hymen n'a pas été rompu, il voulait dire « indépendante », *vir* signifiant « fort ». La vierge était donc une femme forte et non pas chaste. L'autonomie est l'une des caractéristiques de la Vierge. Signe de terre, elle aime les activités physiques de toutes sortes, y compris sexuelles. Comme tous les signes de terre, elle s'intéresse aux aspects pratiques de la vie, mais en tant que signe mutable, elle a l'esprit ouvert et apprécie les changements. C'est opportunément qu'elle arrive à la fin de la saison des récoltes. De fait, elle est liée aux anciennes déesses du grain. La Vierge est moins une perfectionniste convaincue qu'une créatrice flexible et compétente qui fait le lien entre la fin d'une saison et le début d'une autre. La Vierge est associée au dévouement et à l'inspiration qui résultent de ses actions. Signe succédant à la scène théâtrale du Lion, elle ramène l'énergie et l'enthousiasme du moi sur Terre en les adaptant aux besoins collectifs. Cela la lie à l'éternité et explique aussi son rapport avec les intestins. Les Anciens considéraient en effet la voie sinueuse de cet organe comme un nœud infini, symbole d'éternité. De même, pour les Romains de l'Antiquité, le foie, autre organe correspondant à la Vierge, était le siège de la passion, rappelant ainsi que l'intelligence et l'adaptabilité du signe ne sont pas aériennes comme chez le Verseau mais sensuelles et enracinées dans la terre.

Arpita Singh · *Virgo: Flowering* · Inde · 1999
La Vierge est entourée de fleurs et de femmes épanouies. Loin de la notion vierge/prostituée de la culture patriarcale de l'Occident, l'astrologie se fonde sur des traditions plus anciennes où le corps de la femme est une source cosmique puissante.

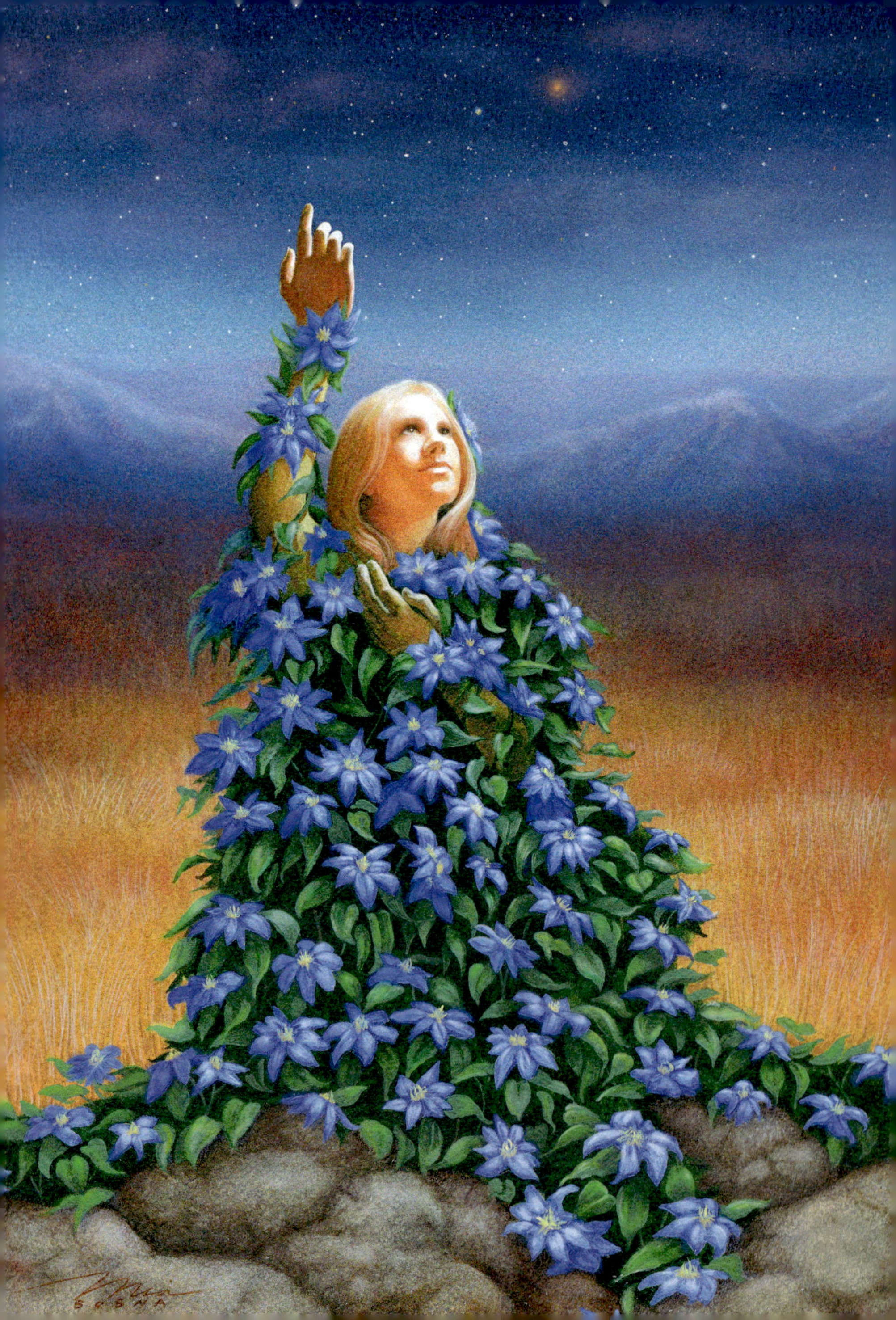

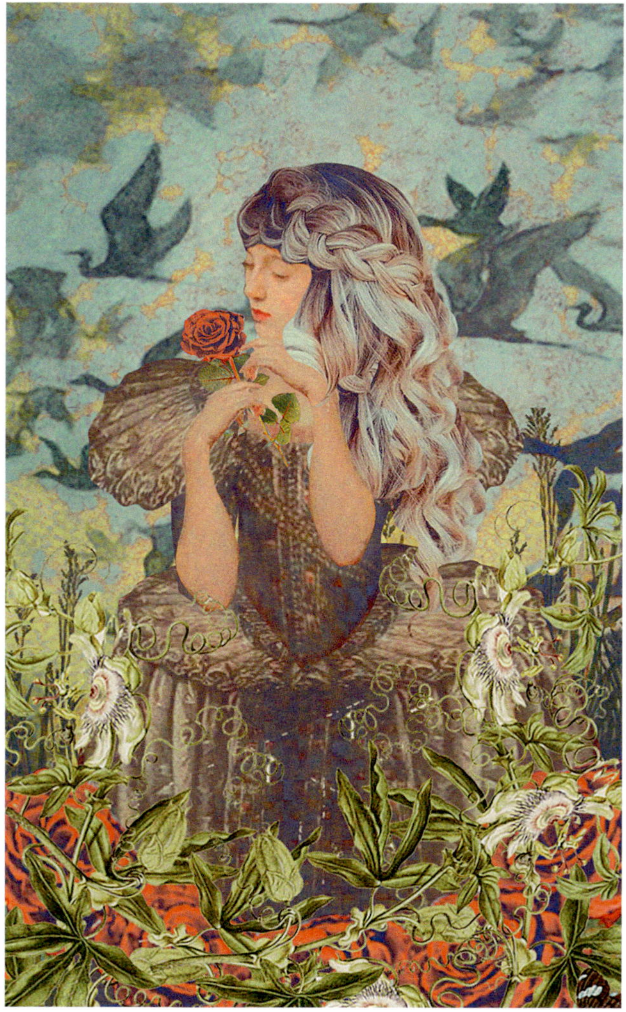

Mia Bosna · *Virgo* · États-Unis · 2011 Dans sa série « Astrology », l'artiste figure la jeune fille enveloppée dans une plante aux fleurs bleues. Il s'agit d'une clématite associée à la beauté cérébrale, référence à l'intelligence qui caractérise la Vierge.

Deming King Harriman · *Virgo* dans le *Zodiac Deck* · États-Unis · 2018 La Vierge apparaît à nouveau cernée par les fleurs et la verdure. Ses longs cheveux ondulants et la rose symbolisent l'abondance. À l'unisson avec la terre, elle récolte ses pouvoirs régénérateurs.

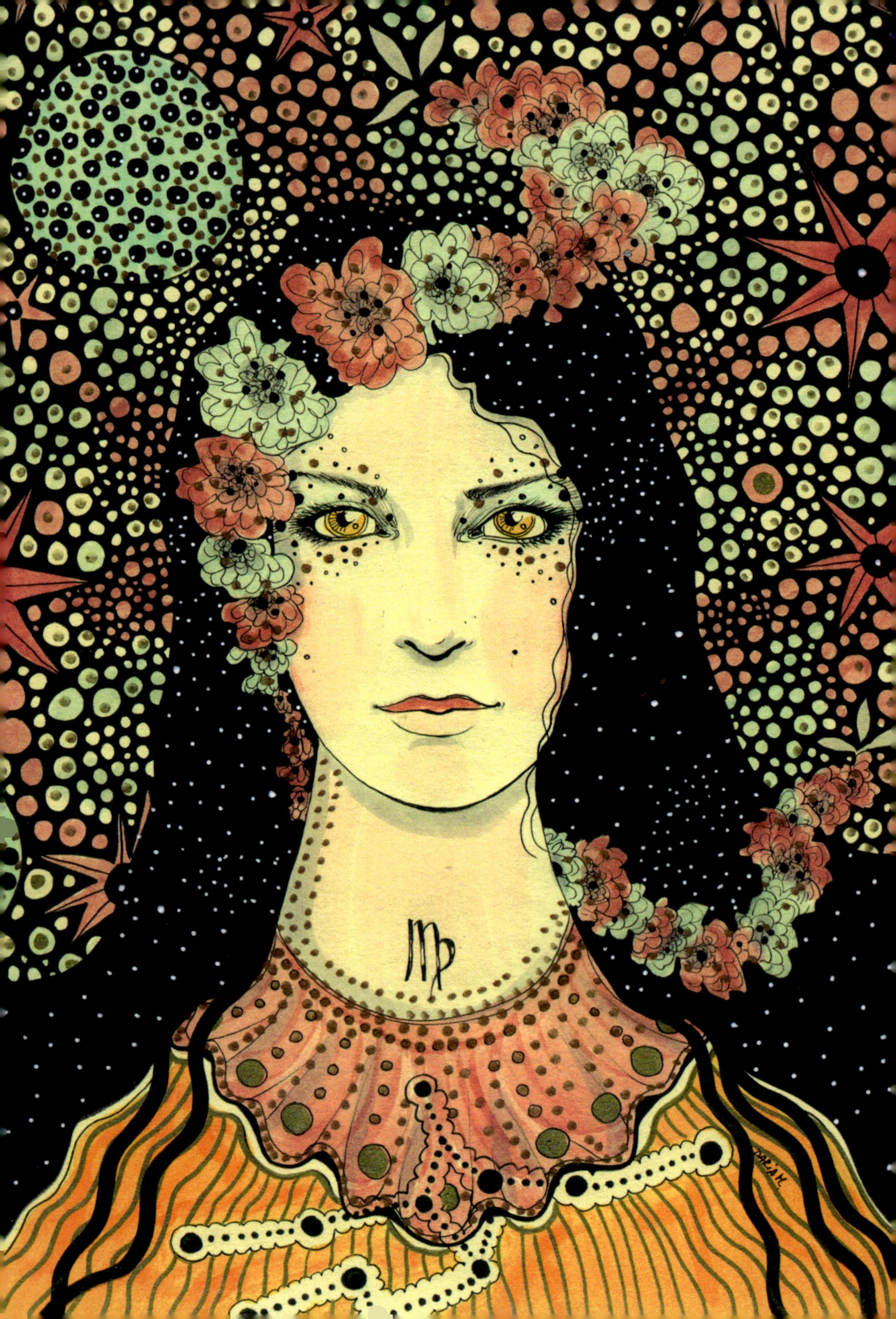

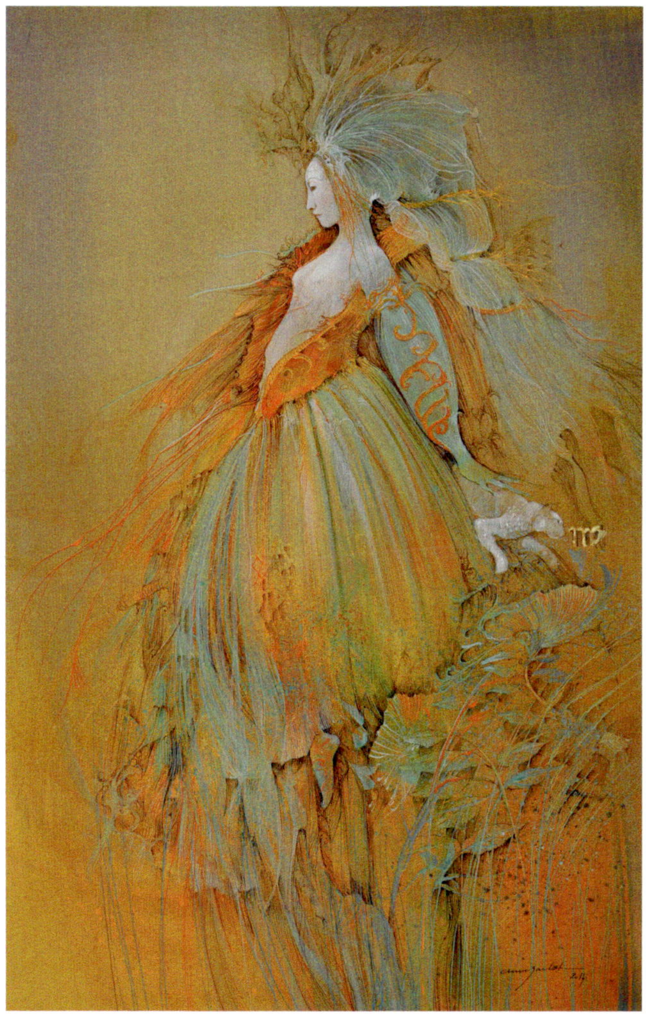

Daria Hlazatova · *Virgo* · Ukraine · 2018 La puissante énergie de la jeune reine apporte l'abondance et, plus important encore, le discernement. La Vierge régit les intestins et le système métabolique, contrôlant la manière dont l'énergie vitale est utilisée et stockée.

Anne Bachelier · *Vierge* · France · 2014 Dans cette interprétation onirique de la Vierge, l'artiste exprime la féminité innée et l'innocence associée à la reine vierge.

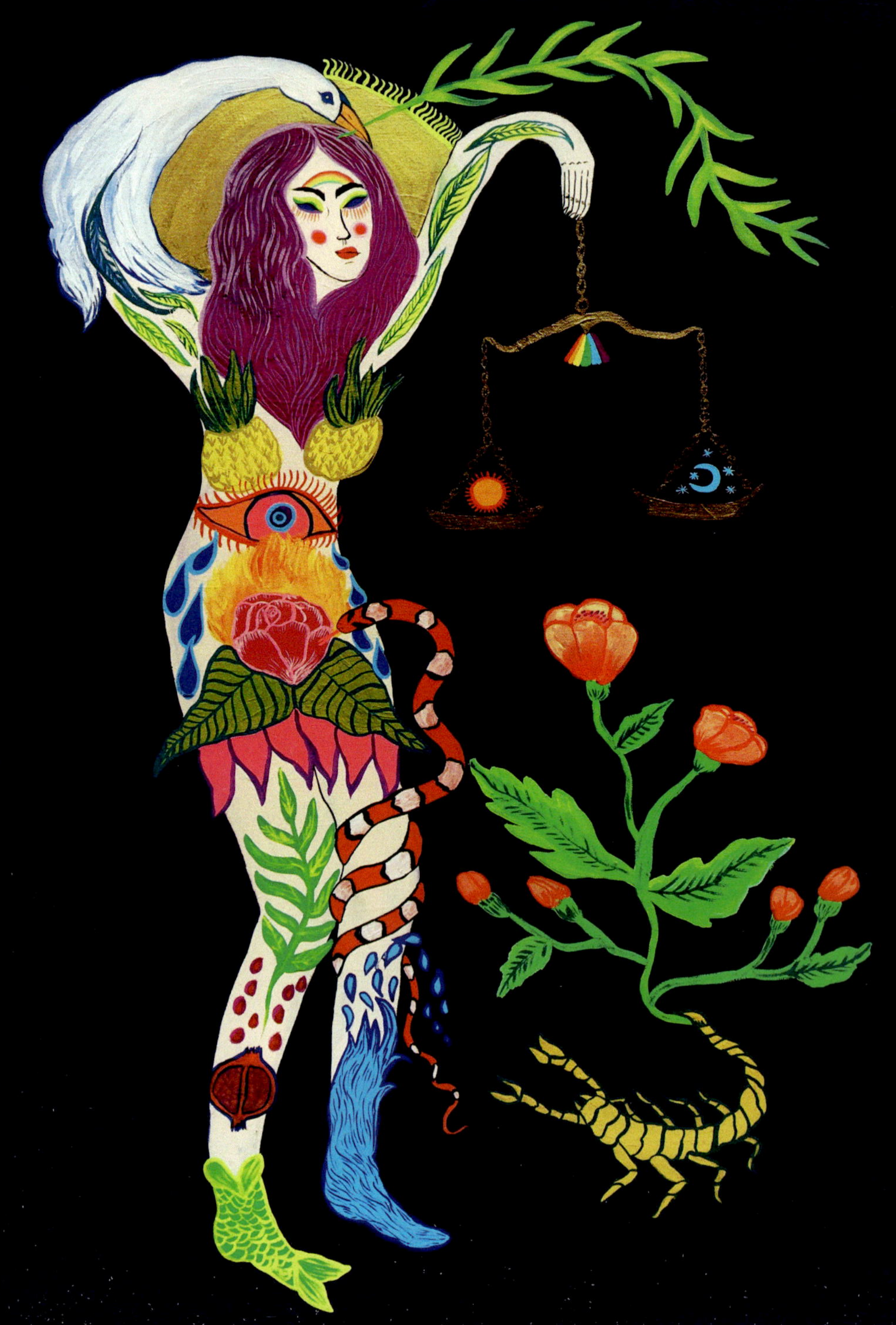

ÉLÉMENT
Air

MAÎTRISE
Vénus

POLARITÉ
Bélier

♎

2 3 SEPTEMBRE-2 2 OCTOBRE

BALANCE

VII

ÉQUILIBRE ET IMAGINATION

Pour les anciens Grecs, la constellation, qu'ils appelaient « Pinces du Scorpion », n'était autre que le prolongement du Scorpion. Au Ier siècle, les Romains lui ont donné le nom de la balance que tient Astrée (la Vierge), la déesse de la justice. L'idée de la balance s'est imposée d'elle-même. En effet, à l'époque, dans l'hémisphère Nord, l'équinoxe d'automne – soit le moment où le jour et la nuit sont d'égale longueur – correspondait au passage du Soleil dans la Balance. Ce lien entre l'équilibre des forces et la symétrie du jour et de la nuit reproduit les caractéristiques essentielles du signe astrologique de la Balance. La Balance est le seul signe du zodiaque représenté par un objet. Dans la mythologie égyptienne, Maât, déesse de la justice et de la vérité, utilisait l'instrument pour peser le cœur (siège de l'intelligence et des sentiments) des morts. Sur les plateaux, l'organe et la plume symbolisant Maât se mesuraient l'un à l'autre. Si, lourd de mauvaises actions, le cœur venait à faire chuter son plateau, Osiris, le dieu des morts, livrait son propriétaire en pâture à un monstre, la Grande Dévorante. Dans le calendrier céleste, la Balance signale l'arrivée de l'automne. Les récoltes sont terminées, la nourriture mise en réserve. Avant la venue de l'hiver, synonyme du triomphe de l'obscurité sur la lumière (ce qui se produit en Scorpion), s'ouvre un moment serein d'équilibre et de paix. La nature déploie alors une beauté rapidement suivie par le dépérissement. Vénus, planète de l'amour et de la beauté, gouverne la Balance, qui lui doit son goût pour l'art et l'esthétique.

Meagan Boyd · *Libra Cusp* · États-Unis · 2017

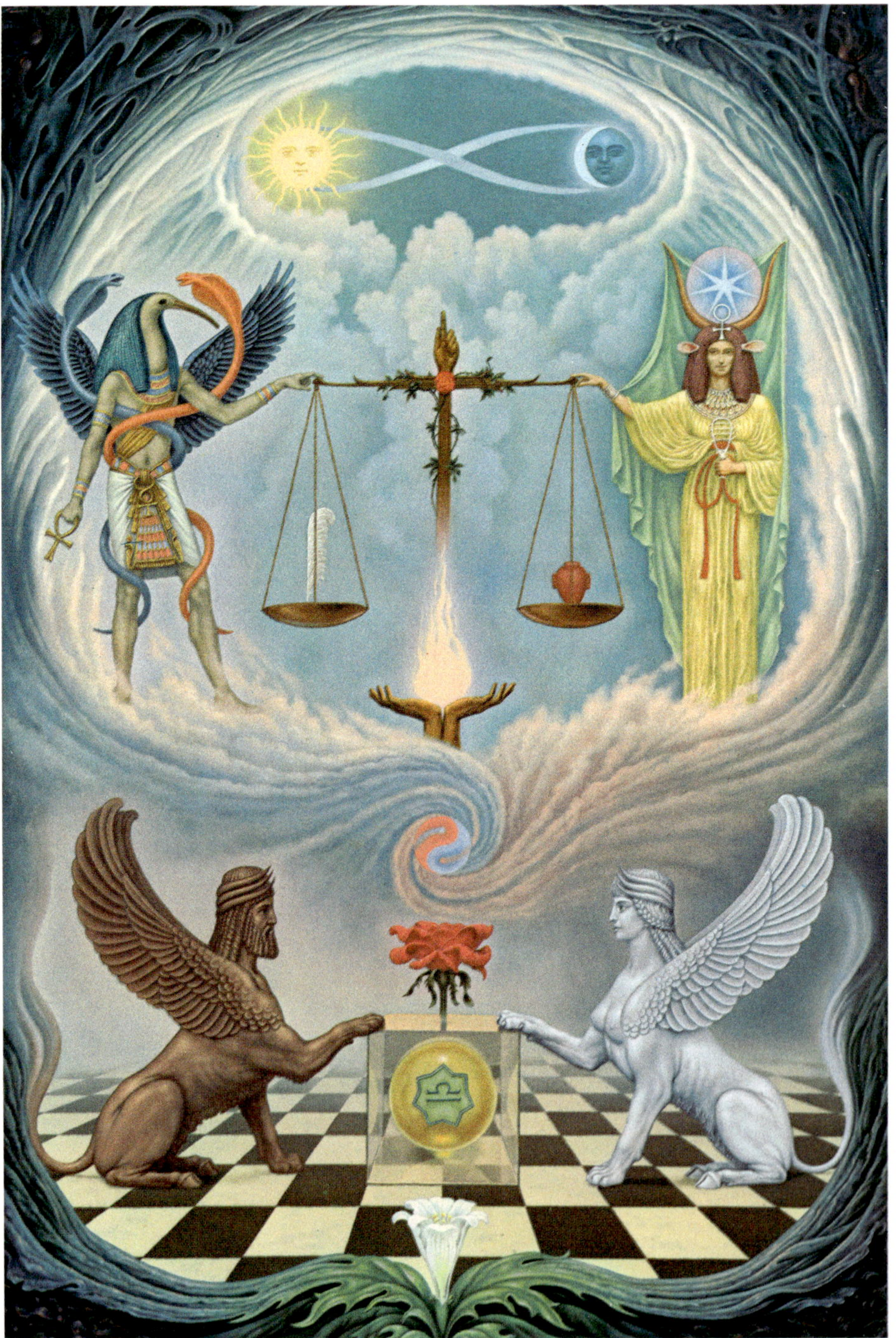

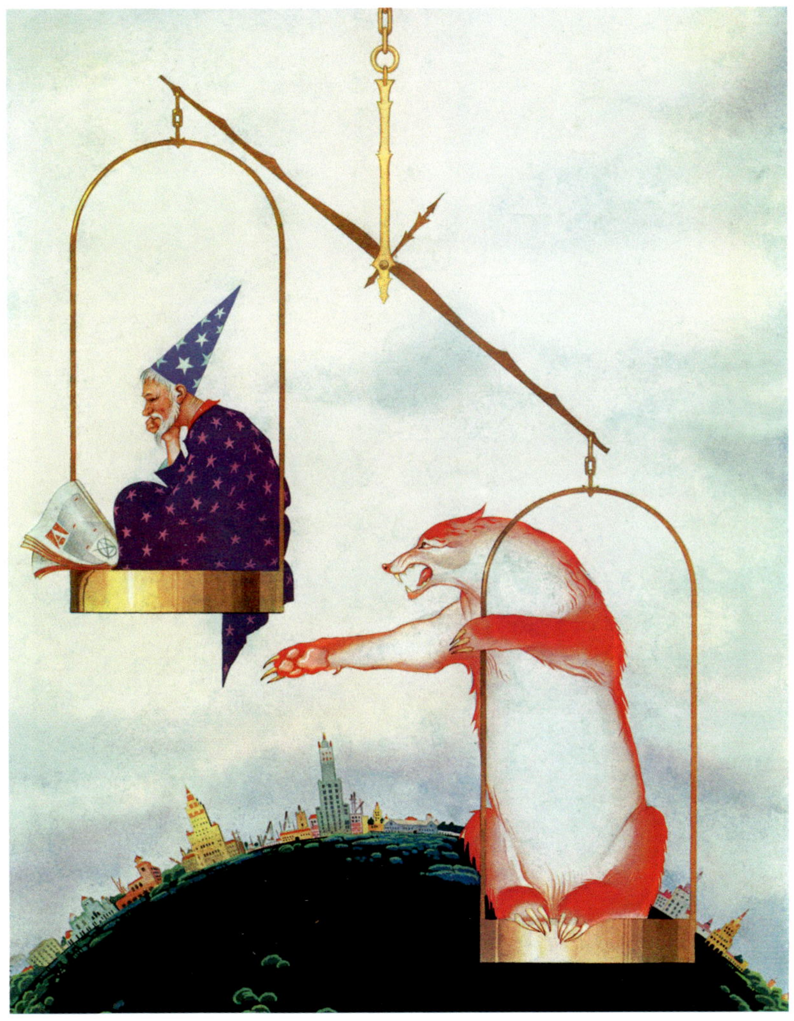

Johfra · *Balance* · Pays-Bas · 1974 Maât, déesse égyptienne qui préside à la justice, ou Hathor, déesse de la fertilité aux cornes de vache, maintient l'équilibre de la balance avec le dieu Thot, son équivalent masculin. La Balance est le signe du partenariat.

Vsevolode Nicouline · *Balance* pour *Il Secolo XX* Russie/Italie · 1931 Sur la couverture du magazine italien, la caricature d'un astrologue évoque les dangers d'un monde privé d'équilibre. Les plateaux de la balance préservent l'ordre cosmique.

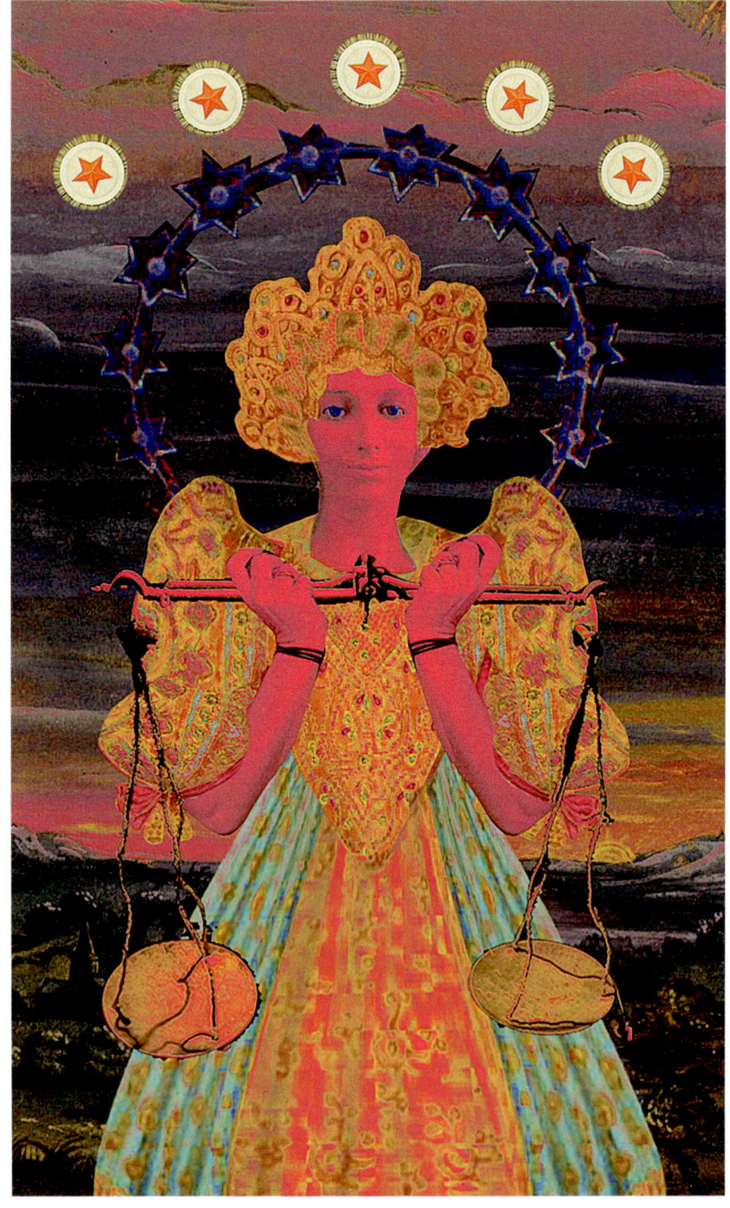

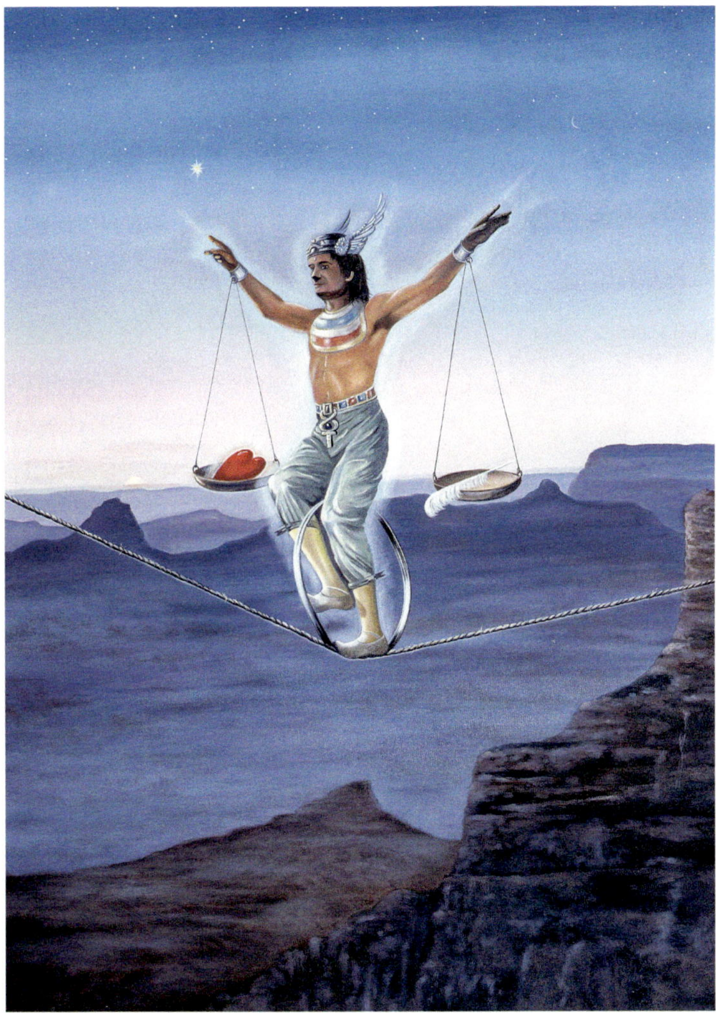

Deming King Harriman · *Libra* dans le *Zodiac Deck* États-Unis · 2018 Les couleurs vives de la carte du jeu de tarot que l'artiste a créé sur le thème du zodiaque mettent en évidence le mode cardinal de la Balance : produire de l'énergie et inaugurer une nouvelle saison.

Paul Whitehead · *Libra* · Angleterre/États-Unis 1990 Le casque ailé, attribut de Mercure, symbolise aussi le corbeau, associé à la Balance dans la mythologie des Amérindiens. Mais Whitehead prête plutôt à la Balance l'aspect de Thot, dieu égyptien de l'équilibre et de l'harmonie (remarquez l'ankh).

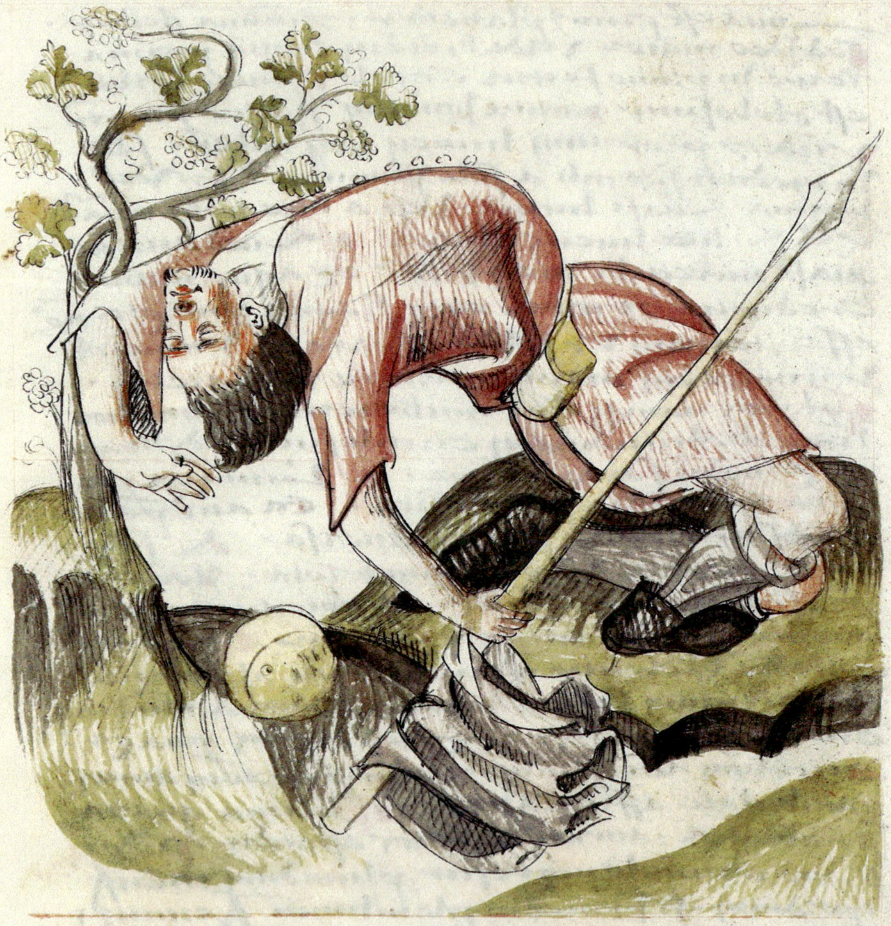

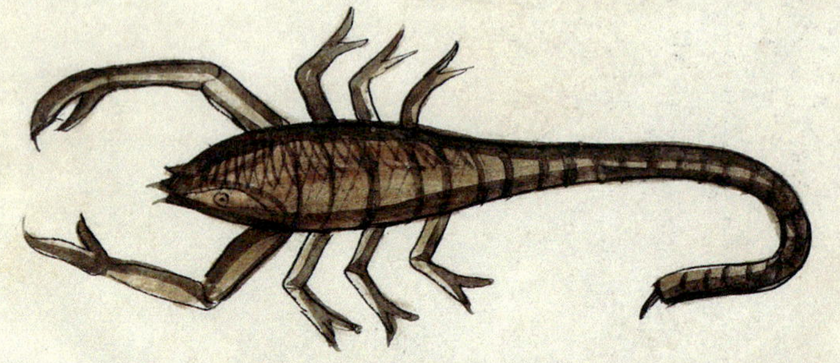

<table>
<tr><td align="center">ÉLÉMENT
Eau</td><td align="center">MAÎTRISE
Mars · Pluton</td><td align="center">POLARITÉ
Taureau</td></tr>
</table>

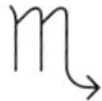

23 OCTOBRE-21 NOVEMBRE

SCORPION

VIII

TRANSMUTATION CHAMANIQUE

Le Scorpion et le Cancer ont en commun l'exosquelette des crustacés – bien que le scorpion soit un arthropode – qui tombe régulièrement avec la mue. Les attributs du Scorpion se rapportent au processus du changement et de la croissance, le signe étant associé à la mort et à la transformation, à la force et à l'introspection, à la souffrance et à la régénération. La mue est une opération délicate et douloureuse. La maîtrise du Scorpion par Pluton et Mars ne fait qu'accentuer ce lien avec la transition et le changement. Des astrologues telles Juliana McCarthy et Carole Taylor assimilent le Scorpion à un chaman, un maître de l'instinct et de la passion contrôlée. Comme lui, le signe plonge profondément dans la mort et les affres de l'ego pour mieux ressurgir. Les planètes en orbite en Scorpion répondront à cette puissance tranquille tandis que l'influence de Mars se manifestera plus par la vengeance envers ceux qui ont blessé ou trahi que par l'agressivité. Robert Hand souligne que le Scorpion est le seul signe d'eau qui se bat, en général seulement pour se défendre, car c'est un signe fixe dont la nature est d'agir. Il fait et il préserve. La constellation du Scorpion fait partie de celles qui, observées à l'œil nu, ressemblent vraiment à la créature qui les représente. Elle s'est réduite à l'époque romaine lorsque ses pinces furent attribuées à la Balance. La force légendaire de l'animal et le haut niveau d'énergie du signe font que cette période dans le zodiaque est spécialement puissante. Le moment idéal pour pratiquer la magie occulte et exécuter les rituels de guérison se situe lorsque la Lune est en Scorpion, car le développement psychique et les capacités sexuelles sont alors accrus.

Anonyme · *Scorpion* extrait du *Liber astrologiae* Italie · XVe siècle Pour illustrer le Scorpion, ce manuscrit du Moyen Âge choisit le mythe du chasseur Orion, abattu par la déesse Artémis qu'il a outragée en se vantant de tuer tous les animaux de la Terre.

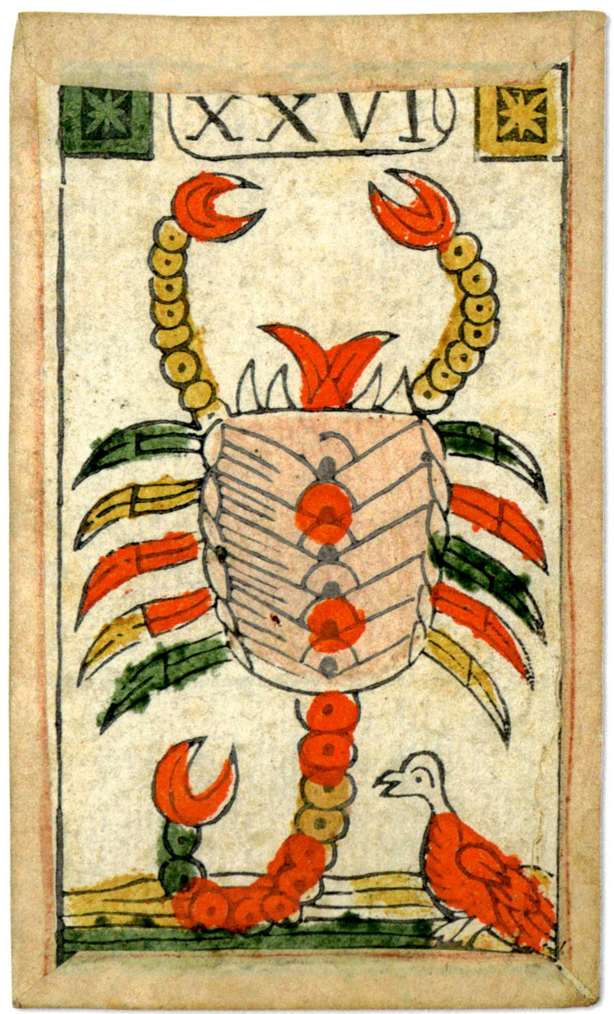

Anonyme · *Scorpion*, carte d'un jeu de minchiate
Italie · XVIIe siècle Élément d'un jeu de tarot classique, la carte montre le scorpion avec la queue
venimeuse recourbée comme le crochet caractéristique de la constellation. Au-dessous, l'aigle
traduit clairement la puissance du signe.

Hailee Va · *Scorpio Scene* · États-Unis · 2019
Huitième signe du zodiaque, le Scorpion représente l'intégration des individus dans des groupes.
Situé après la Balance, signe du partenariat, il a
pour fonction d'élargir le cercle social en brisant
les ego individuels.

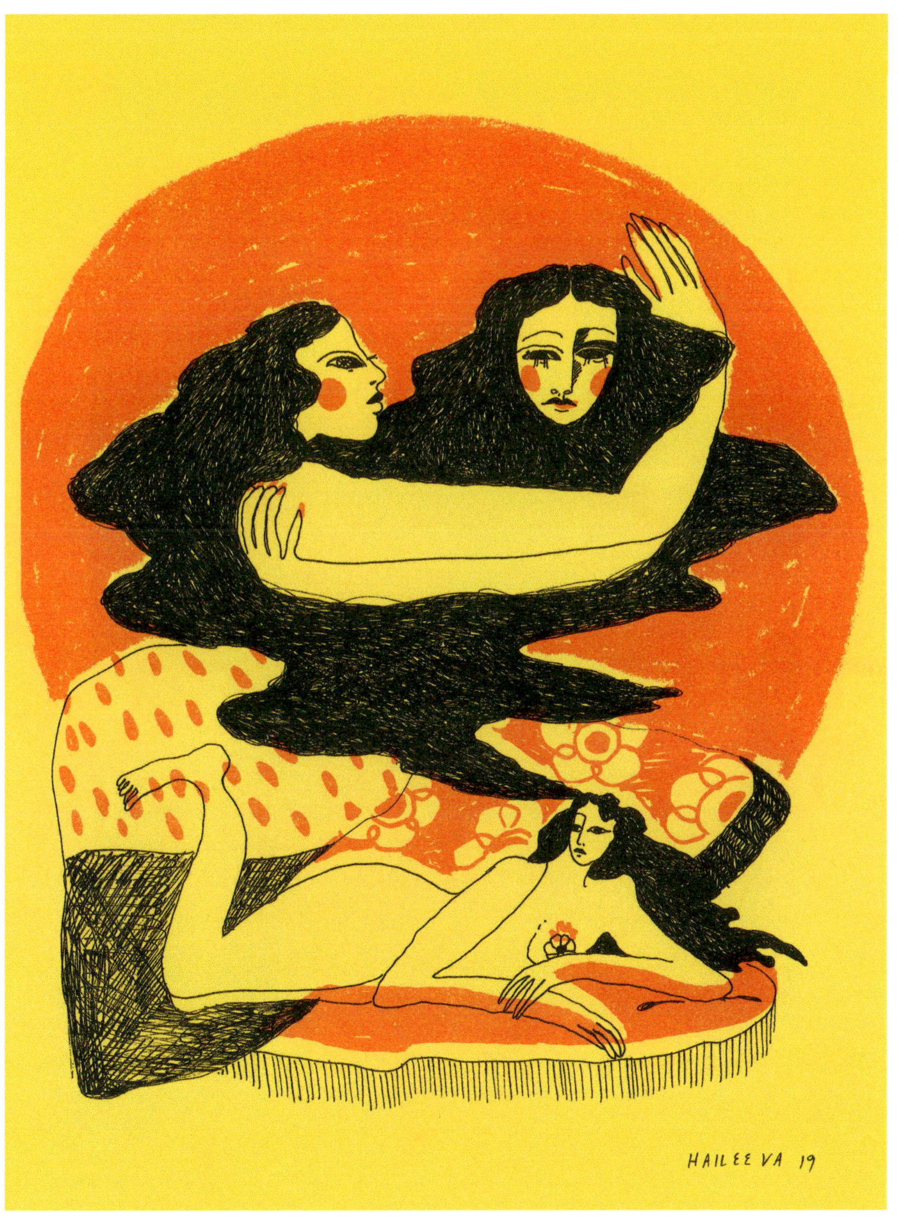
HAILEE VA 19

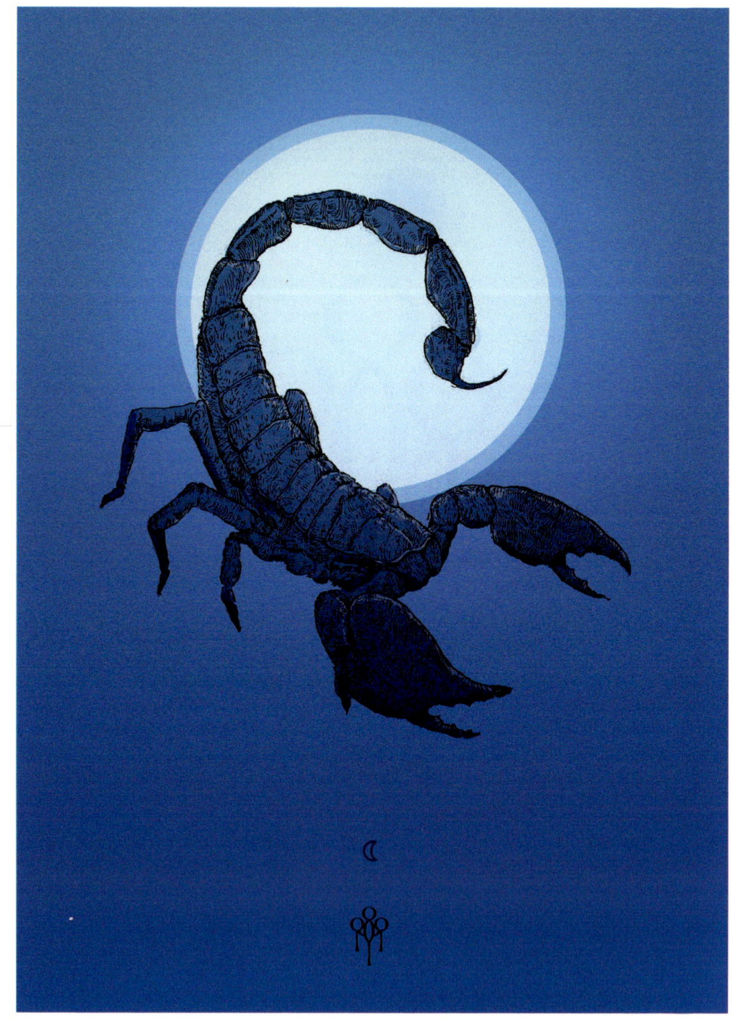

Mandorlalmond · *Scorpio* · Brésil · 2020 Ainsi que
l'indique l'artiste, le signe est associé à l'obscurité,
périodiquement, psychiquement ou affectivement.
Les Scorpion aiment se cacher dans des espaces
sombres d'où ils observent le monde environnant.

Olivia M. Healy · *Scorpio* · Angleterre · 2020
Le glyphe du Scorpion de Healy se compose de
plusieurs courbes (censées représenter la fluidité de
l'eau) et se termine par une flèche pointée vers le
haut, réplique de la queue venimeuse de l'arachnide.

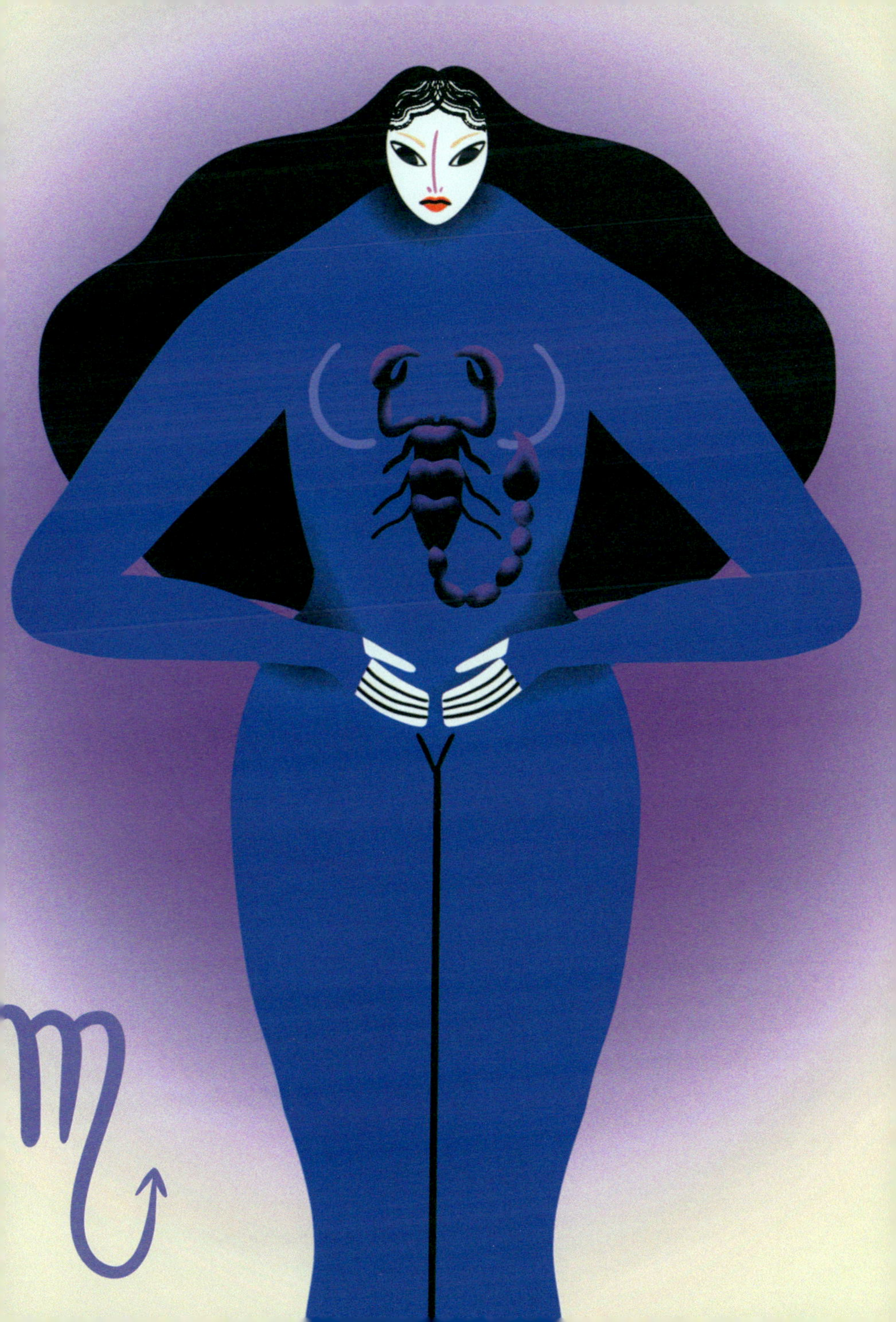

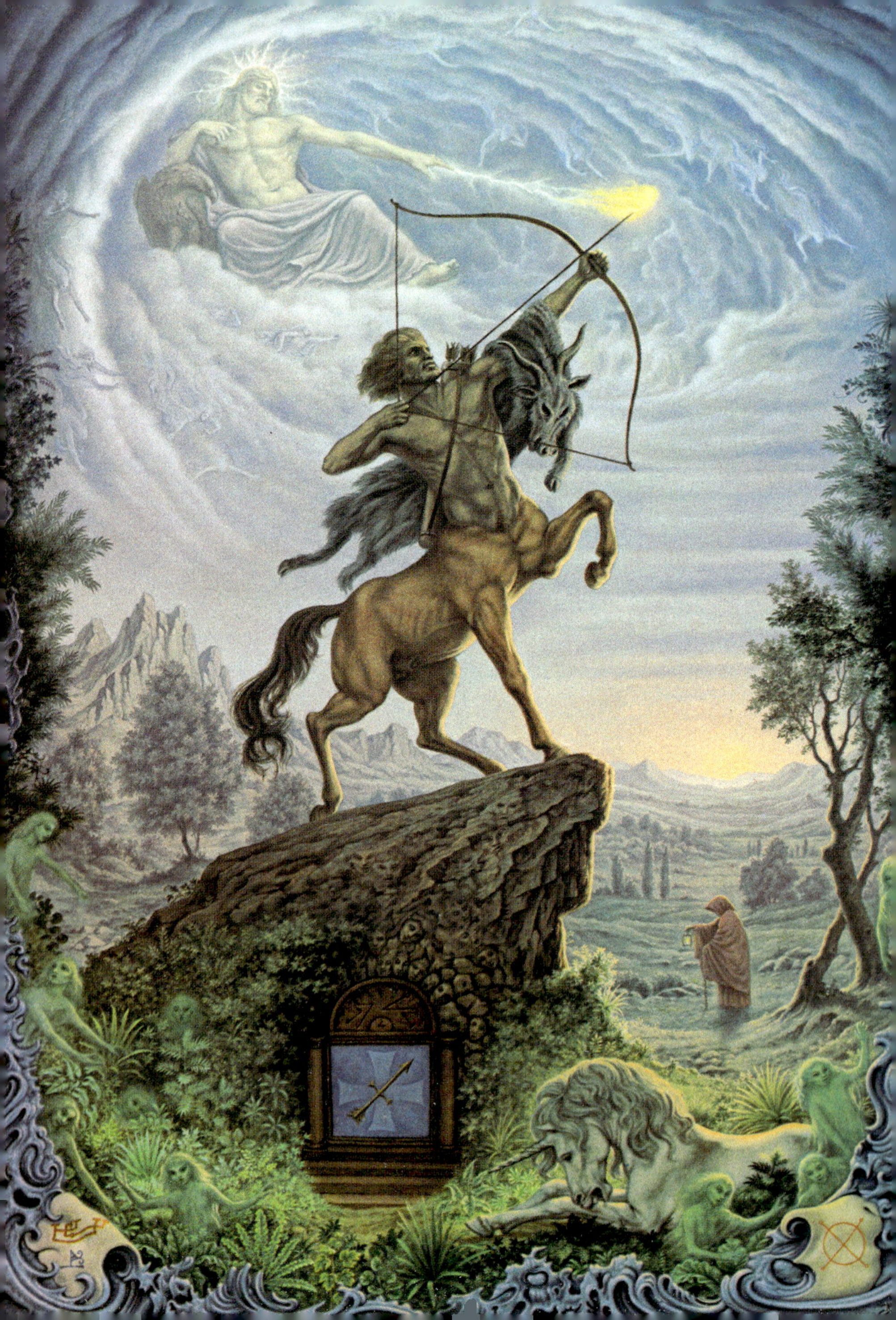

<table>
<tr><td align="center">ÉLÉMENT
Feu</td><td align="center">MAÎTRISE
Jupiter</td><td align="center">POLARITÉ
Gémeaux</td></tr>
</table>

2 2 NOVEMBRE - 2 1 DÉCEMBRE

SAGITTAIRE

IX

UNE FLÈCHE EN PLEIN CŒUR

Le Sagittaire, dernier signe de la triplicité de feu, est le centaure archer, mi-homme, mi-bête. Le signe dérive d'une ancienne constellation qui figure le centaure visant de sa flèche le cœur de la constellation du Scorpion. Avec les trois autres signes mutables (Gémeaux, Vierge et Poissons), c'est un signe double possédant deux corps. Cela signifie que le Sagittaire est symbolisé par deux figures: l'arc et le centaure. Ce dédoublement correspond à une double nature: dans ce cas, le signe est à la fois homme et cheval. En tant que tel, il incarne l'intelligence et la force, la réflexion philosophique et l'étude. Cette qualité mutable de feu est bien présente, ce qui explique que les Sagittaire soient exubérants, optimistes, non sans faire montre toutefois d'une certaine nervosité s'il n'y a pas de défi ou d'aventure. D'autant que la planète maîtresse est Jupiter, très influente. Ainsi, ceux qui sont Sagittaire ont le goût du voyage, du plein air et des animaux. Dans la mythologie, le centaure Chiron est un professeur de philosophie, un sage et un guide pour des étudiants brillants; il est aussi guérisseur. La quête de la vérité et la transmission de la sagesse sont les attributs essentiels du Sagittaire – le signe est d'ailleurs associé aux intellectuels, à la guérison, à la recherche et à la spiritualité. L'activité première d'un archer est d'atteindre sa cible grâce à une puissance de concentration presque mystique. C'est un acte direct, qui part d'une énergie centrée et concentrée. De même, le Sagittaire est connu pour sa franchise et pour aller droit au but; il prend soin des autres ou les guide en transmettant cette connaissance intérieure au monde de façon directe et inébranlable.

Johfra · *Sagittaire* · Pays-Bas · 1974 Dans la mythologie grecque, Chiron, centaure à la grande sagesse, est touché par une flèche empoisonnée décochée par Héraclès qui l'oblige à vivre avec sa souffrance.

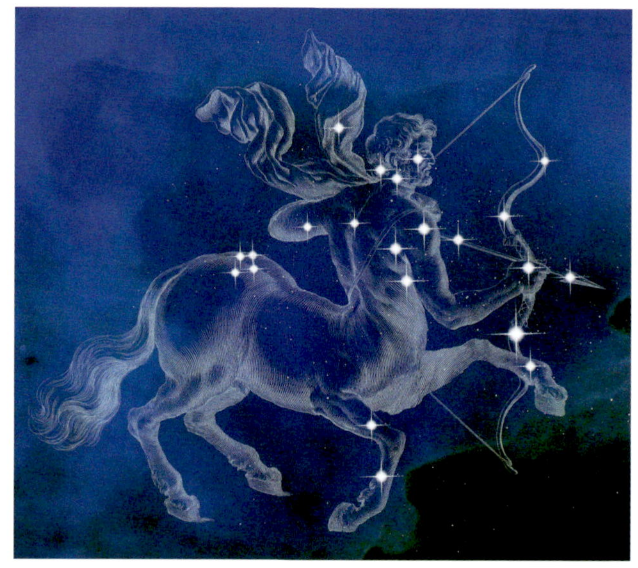

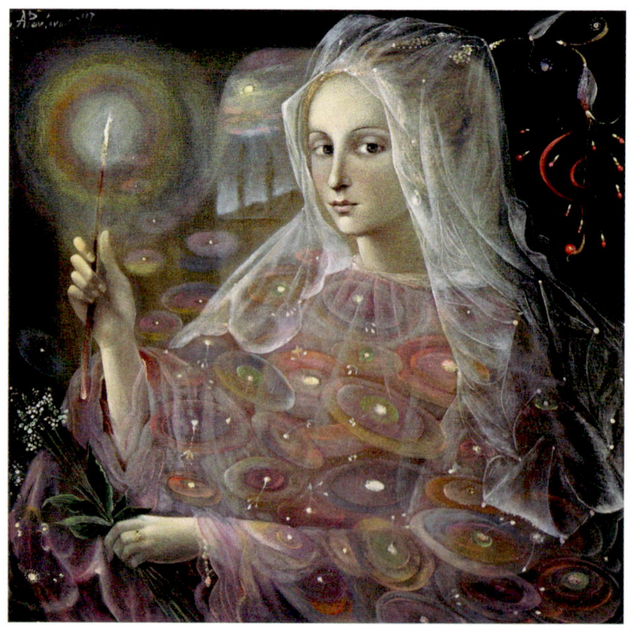

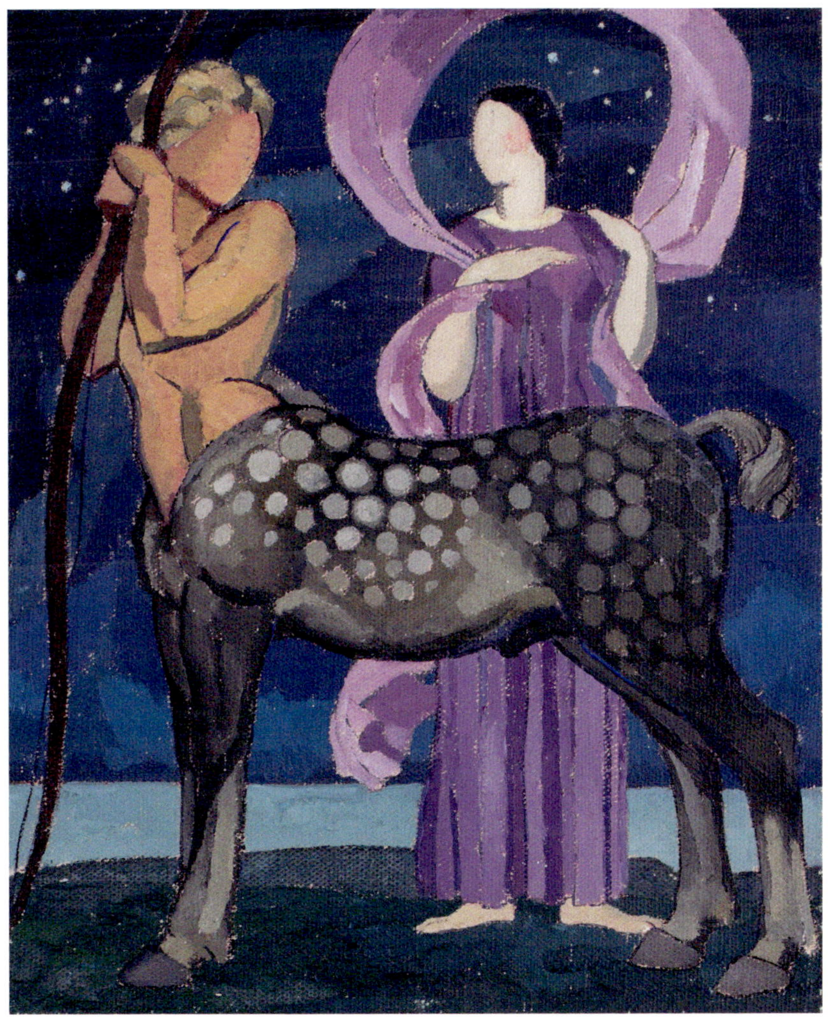

Stéphane Aubin · *Constellation du Sagittaire* France · 2009

Annael Anelia Pavlova · *Sagittarius* · Bulgarie/ Australie · 2007

Louis Billotey · *Sagittaire* · France · vers 1930 L'un des mythes grecs inspiré par la figure de l'archer attribue au satyre Crotos l'invention du tir à l'arc et des applaudissements. Sa mère, Euphémé, veille sur les neuf muses ; quand celles-ci jouent, Crotos applaudit.

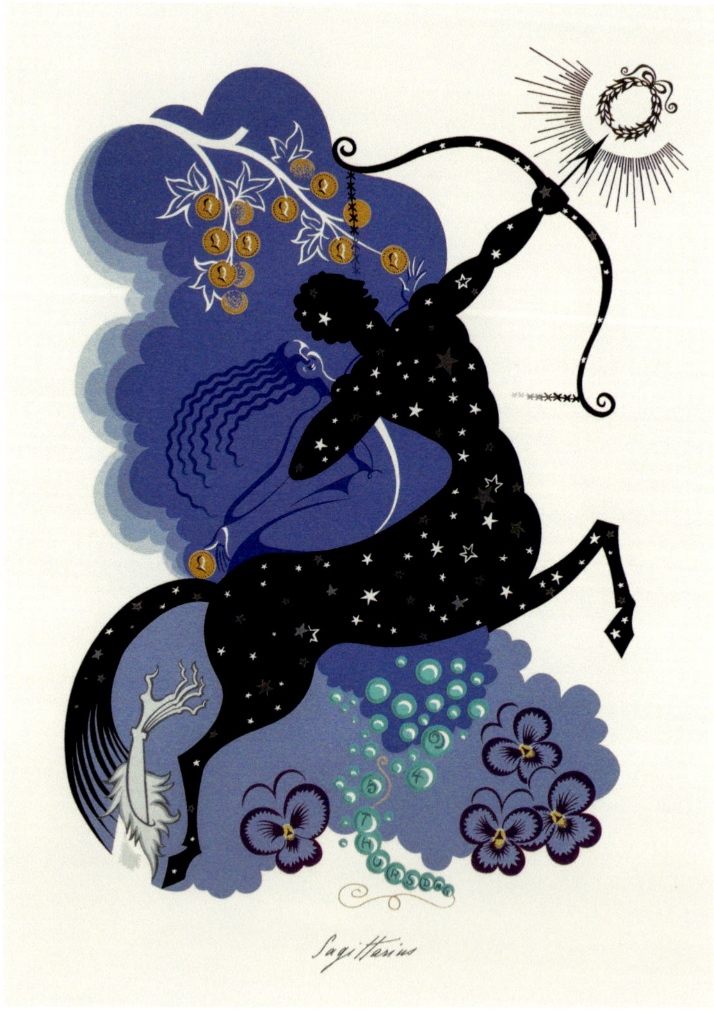

Erté · *Sagittaire* · Russie/France · 1938/1982
Comme la flèche, le Sagittaire a la réputation d'être acéré. Le centaure est un philosophe et un guérisseur. Erté était lui-même Sagittaire. La main spectrale tendue vers l'archer est peut-être un *memento mori* introduit par l'artiste à la fin de sa vie.

Paula Duró · *Quirón (Chiron)* · Argentine · 2019
Inspirée par les thèmes astrologiques et mystiques, l'artiste crée une imagerie qui aborde le tarot et le zodiaque avec des œuvres dynamiques et très colorées qui combinent des techniques et des types de peinture divers.

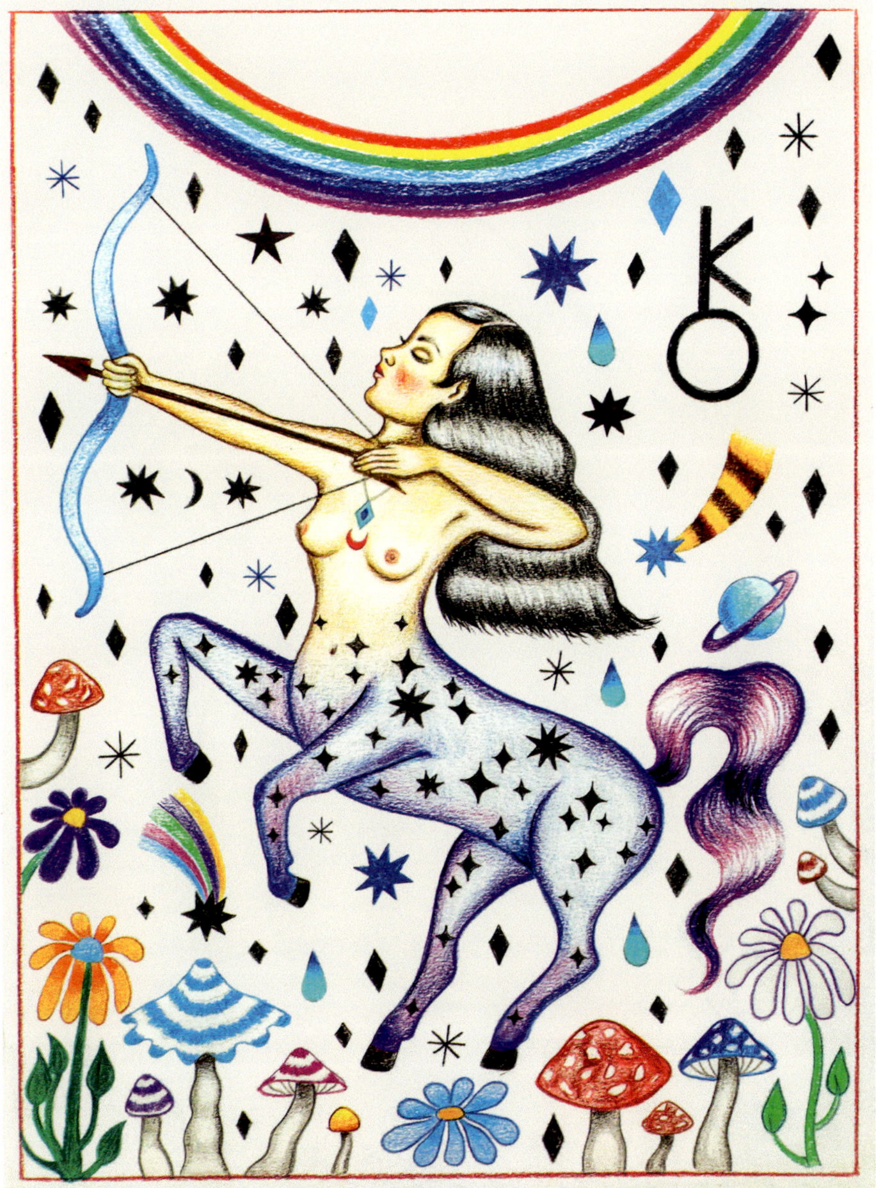

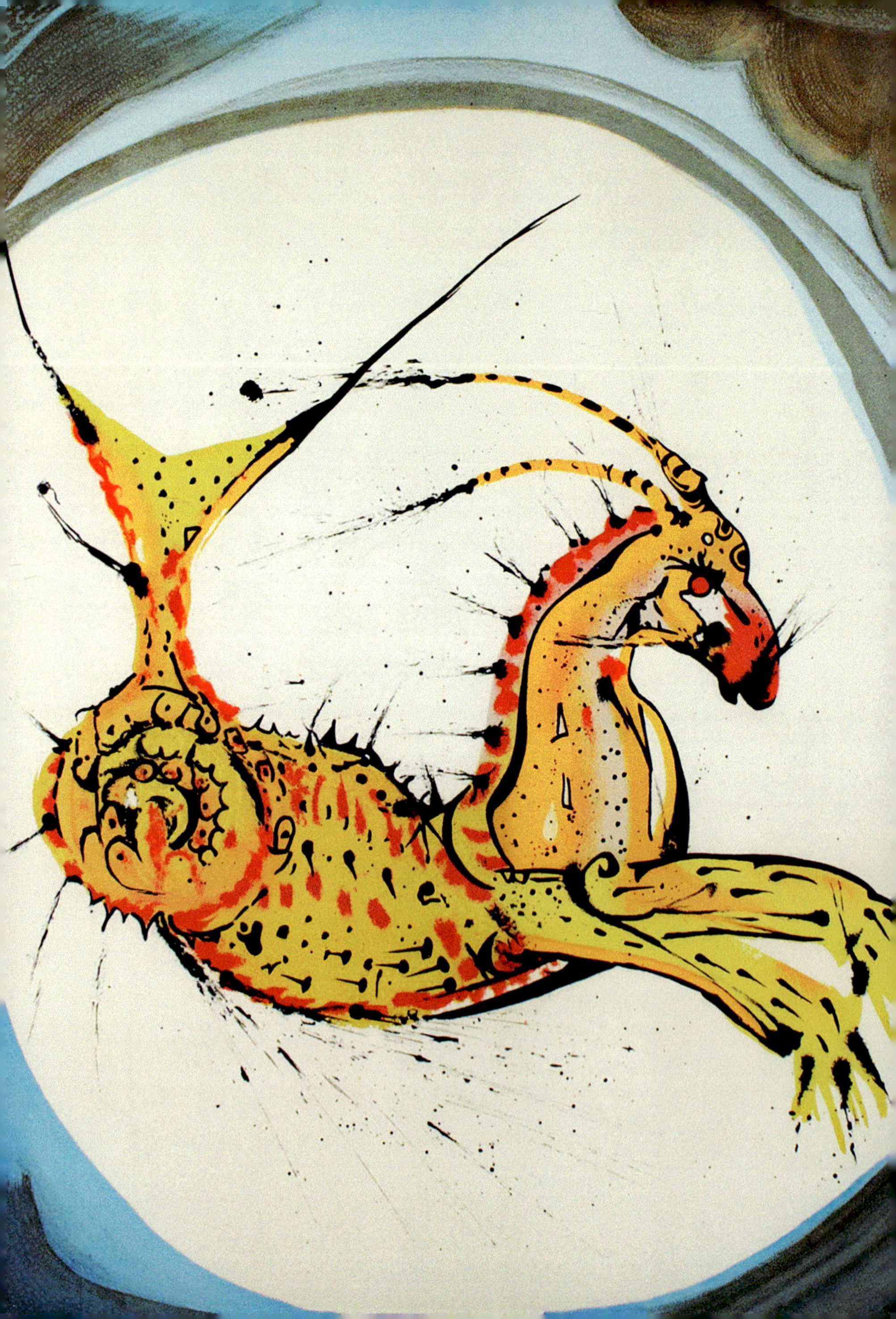

<table>
<tr><td>ÉLÉMENT
Terre</td><td>MAÎTRISE
Saturne</td><td>POLARITÉ
Cancer</td></tr>
</table>

♑

22 DÉCEMBRE-19 JANVIER

CAPRICORNE

X

MÉLODIEUSE FORCE D'ÂME

En latin, *capricornus* signifie « aux cornes de chèvre ». Le Capricorne a pour symbole la chèvre-poisson, animal mythique tenant de la chèvre des montagnes avec une queue de poisson à la place des pattes arrière. Intelligentes et rusées, les chèvres sont incontournables dans la mythologie, accompagnant souvent les divinités tel le dieu sumérien Mardouk, qui présidait à la justice, la régénération, la magie et l'agriculture, ou des déesses chasseresses comme Artémis. Les satyres, génies lubriques et sauvages entourant Dionysos, étaient à l'origine représentés sous forme d'hommes aux oreilles, à la crinière et à la queue de cheval, avant de prendre, à l'époque romaine, une apparence mi-homme, mi-bouc ou celle d'un homme aux cornes de chèvre. Le Capricorne, lui, est différent, car il est mi-chèvre, mi-poisson. Gouvernés par Saturne, la planète du temps et de la mesure, les Capricorne savent que notre temps ensemble est compté et ils respectent cette finalité. C'est grâce à cela qu'ils font les choses. En tant que signe, la chèvre-poisson est un étonnant mélange d'eau et de terre, de sensualité et de sens pratique, d'innovation et de tradition. Avec ces facettes apparemment contraires, ce signe cardinal se renouvelle en se consacrant à maintenir des structures et des systèmes. Le dévouement à la famille compte ainsi beaucoup pour les Capricorne ; du haut du ciel, Pricus, le premier des leurs selon le mythe, continue de surveiller ses enfants. Le signe est aussi associé à la musique — on pense à Pan et à sa flûte — ainsi qu'à la capacité de vieillir inversement, comme Pricus, en modifiant le cours normal des événements.

Salvador Dalí · *Capricorne* · Espagne · 1967 Entre 1933 et 1939, 12 personnes (dont un prince), constituant un « Zodiaque » de mécènes, ont acheté chaque mois, à tour de rôle, les peintures de Dalí.

(pages 164-165) El Gato Chimney · *Secret Pacts* Italie · 2014 Chimney s'intéresse à l'alchimie, à l'occultisme, au spiritualisme et au folklore. Sa représentation de la chèvre-poisson rappelle « sa fascination et son goût pour tous les phénomènes inexpliqués ».

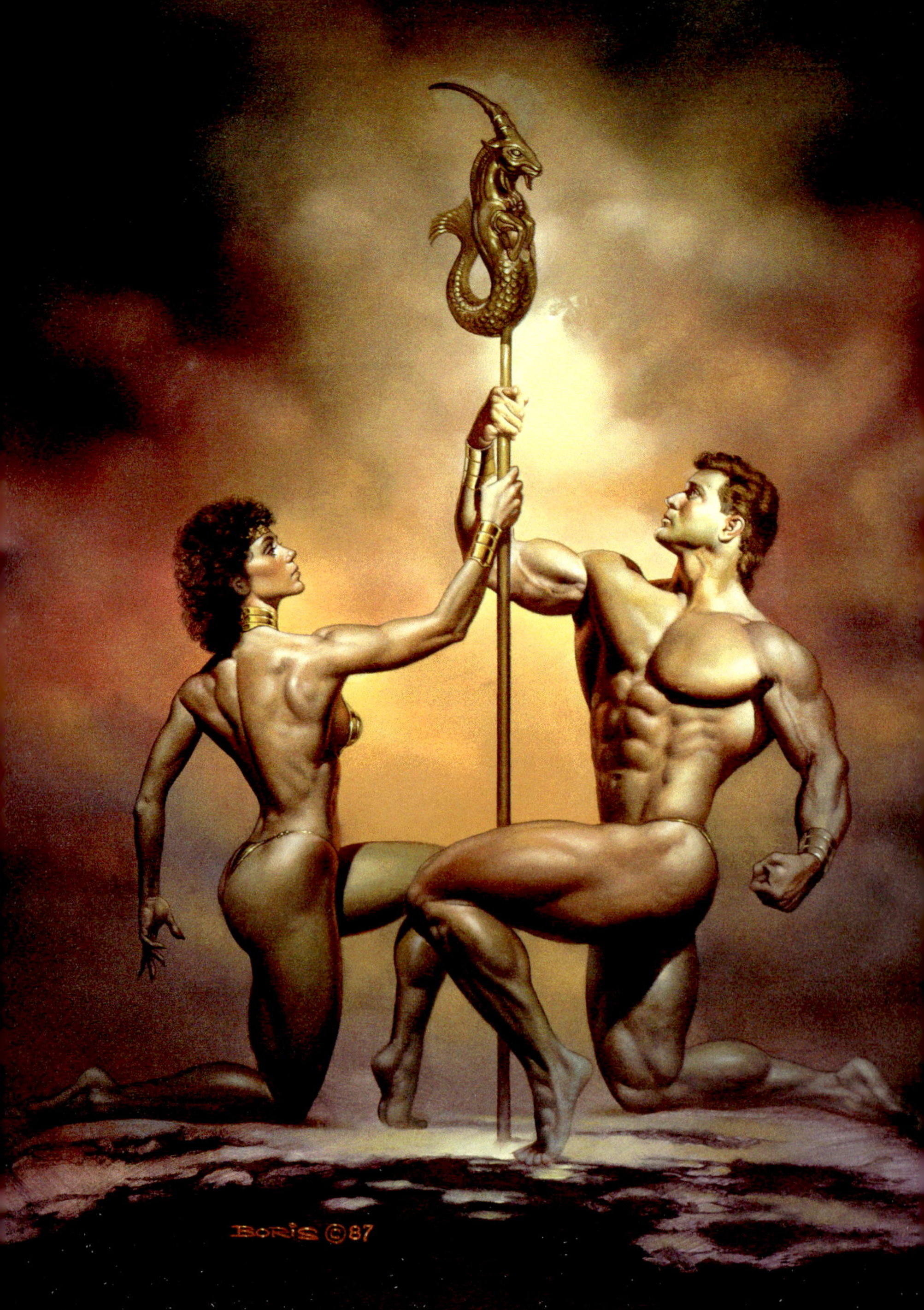

BORIS ©87

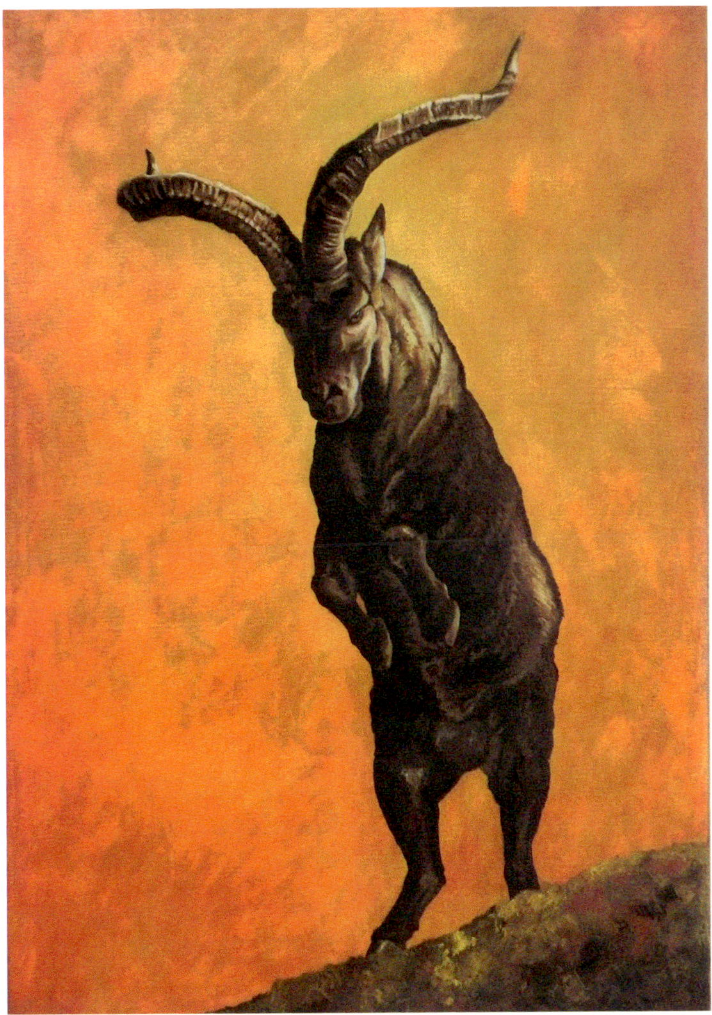

Boris Vallejo & Julie Bell · *Capricorn* · Pérou/
États-Unis · 1987 Dans un style puissant et hyper-
réaliste, les époux Bell et Vallejo exaltent la présence
triomphante du Capricorne au sommet de la mon-
tagne. Les personnages, un genou à terre, honorent
sa force inébranlable.

Carlos Ruiz H. · *Gedi (Capricorne)* · Mexique
2016 Signe cardinal, le Capricorne marque le début
d'une nouvelle saison. Il est connu pour sa détermination et son goût de la stabilité. Sur Terre, il aime
se prélasser sous les chauds rayons du soleil.

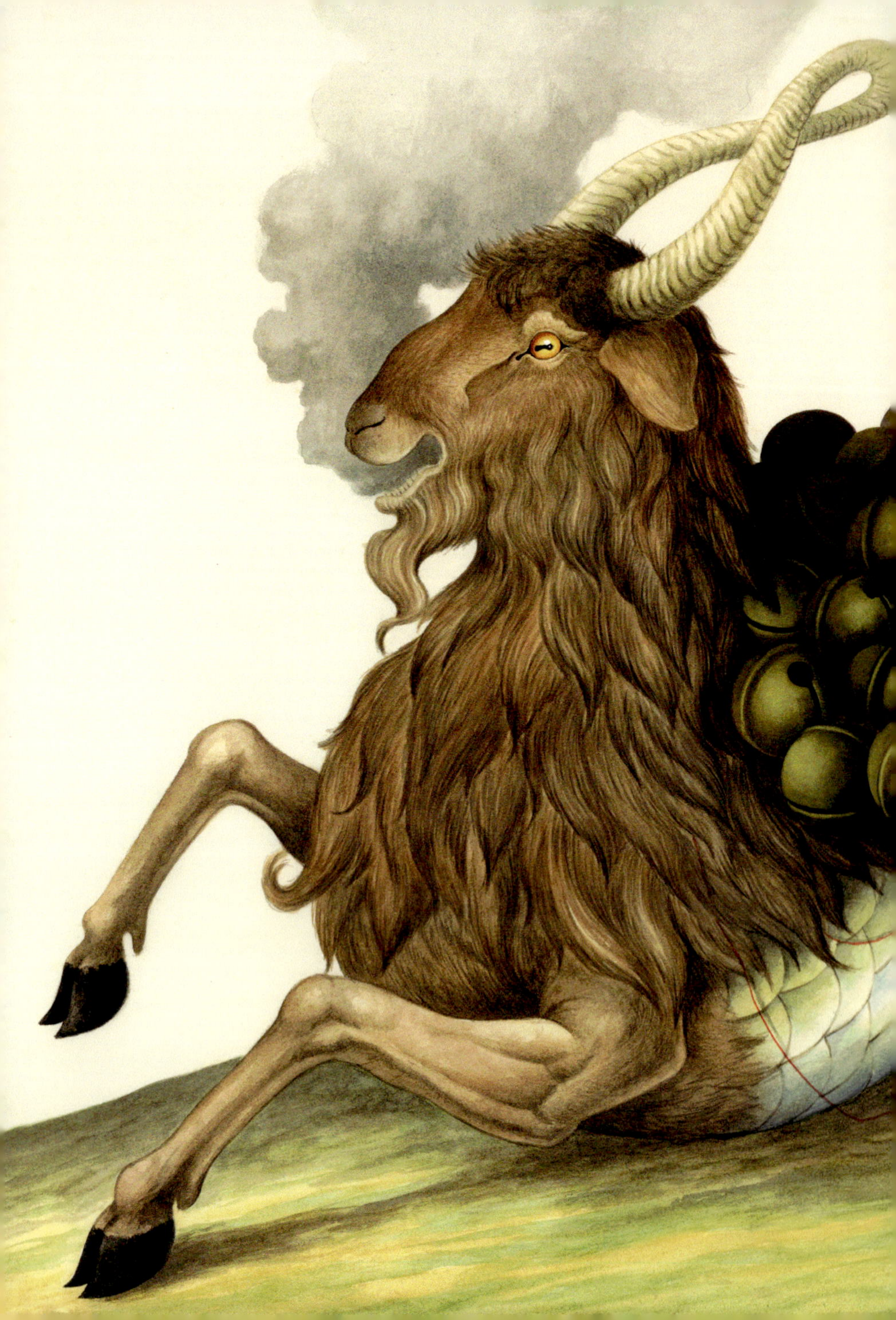

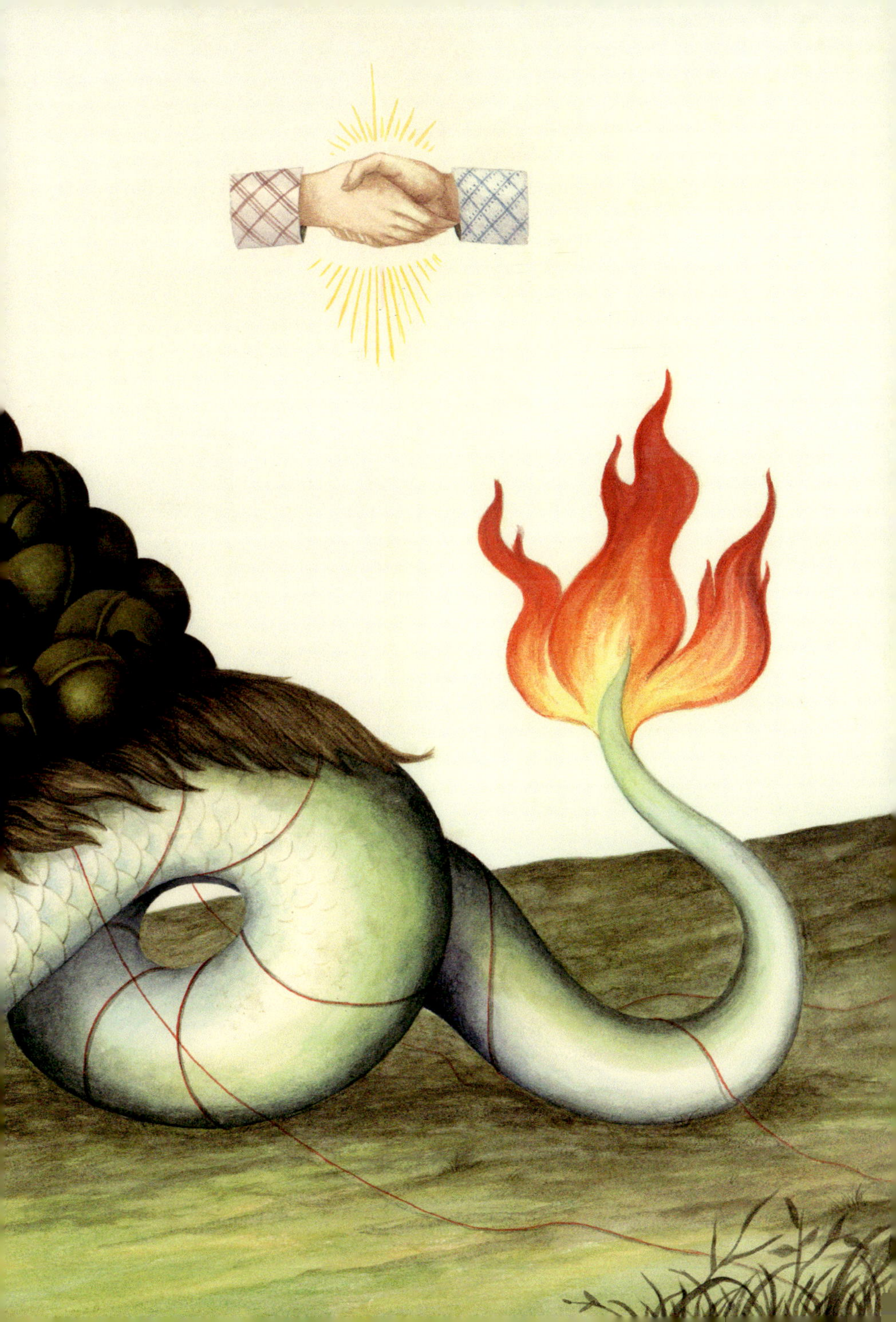

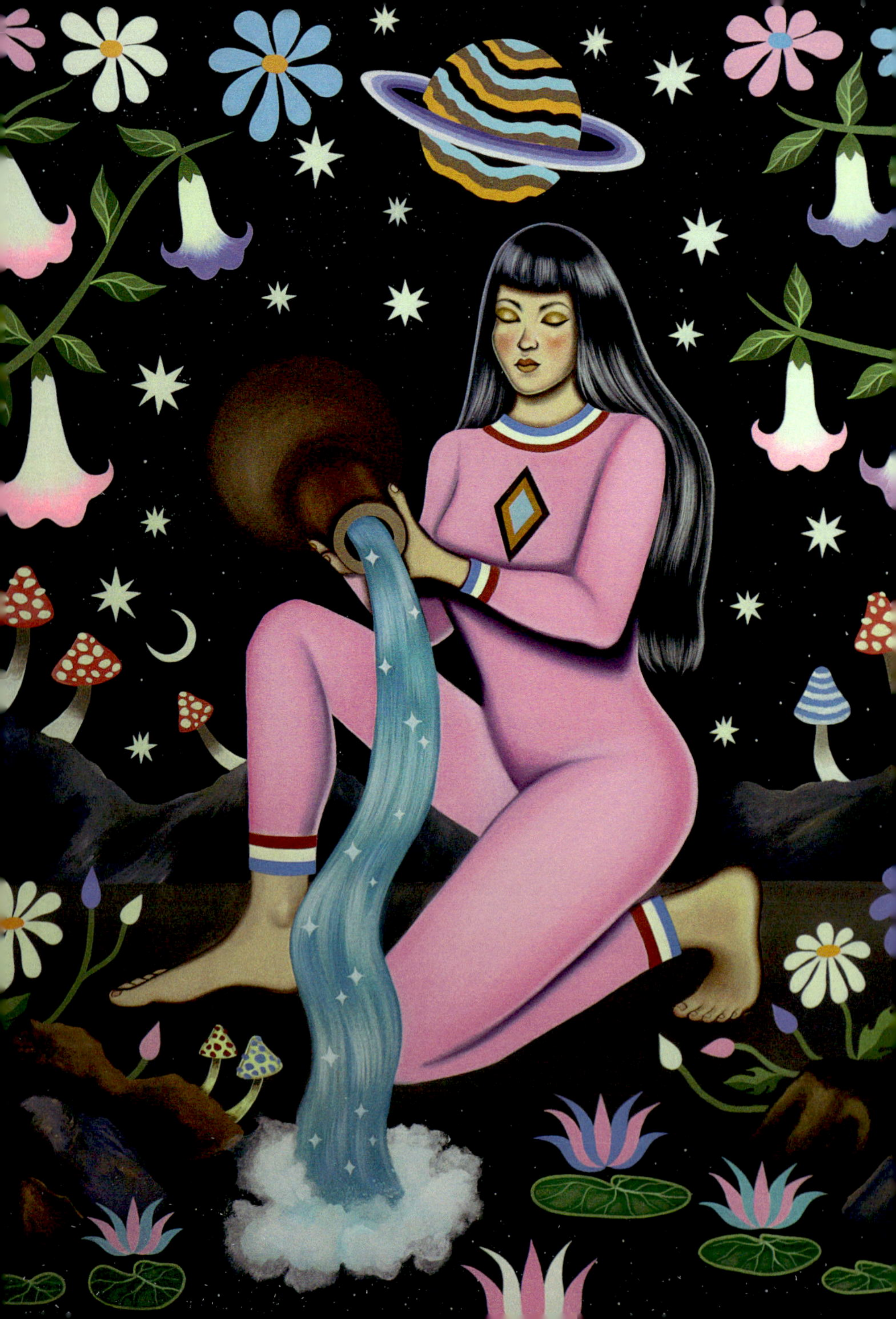

ÉLÉMENT	MAÎTRISE	POLARITÉ
Air	Saturne · Uranus	Lion

≈≈

20 JANVIER-18 FÉVRIER

VERSEAU

XI

UN DON DE VISIONNAIRE

De par son symbole, le Porteur d'eau, c'est-à-dire le Verseau, laisse croire à tort qu'il est un signe d'eau. En fait, il complète la série des signes d'air, et comme eux, son influence est éminemment sociable et tournée vers la communauté. Plutôt que de lui allouer les attributs de l'eau, il importe de comprendre qu'il n'en est que le porteur, celui qui partage avec les autres le don primordial de la vie, sans que celui-ci le concerne. Le Porteur d'eau transmet. Les catalogues d'étoiles babyloniens évoquent la « Grande », une constellation représentée par le dieu Ea, version plus tardive du dieu sumérien de l'eau, de la connaissance et de la création. Il est souvent représenté avec un vase qui déborde. Mais les eaux ne sont pas toujours bienvenues sur la Terre. La pluie est une malédiction qui provoque parfois la crue catastrophique de fleuves comme le Nil. Grâce à leur légèreté, les Verseau sont à l'aise dans les situations de chaos et de traumatisme. Leur désir de rendre service et de partager est si fort qu'ils sont capables de triompher des oppositions ou de la lutte des contraires. C'est là l'un des attributs majeurs du signe : les Verseau ne pensent pas de manière conventionnelle ; visionnaires charismatiques, ils excellent à convaincre les autres de rejoindre leurs révolutions. Gouvernés par Uranus, ils ont un lien fort à la technologie : ce sont des inventeurs (Internet, par exemple) qui changent les modes de communication de l'humanité. Allié dans le tarot à l'Étoile, une carte qui représente l'espoir, la guérison et l'introspection, le Verseau est à nouveau associé à une lumière qui guide, apportant l'eau donneuse de vie qui étanche la soif spirituelle du monde.

Paula Duró · *La Estrella* · Argentine · 2019 L'eau est l'instrument de ce signe d'air. Le Verseau donne la vie au monde avec une eau régénératrice et purificatrice comme l'illustre le personnage féminin de la peinture de Duró. Les Verseau sont souvent des idéalistes et des militants.

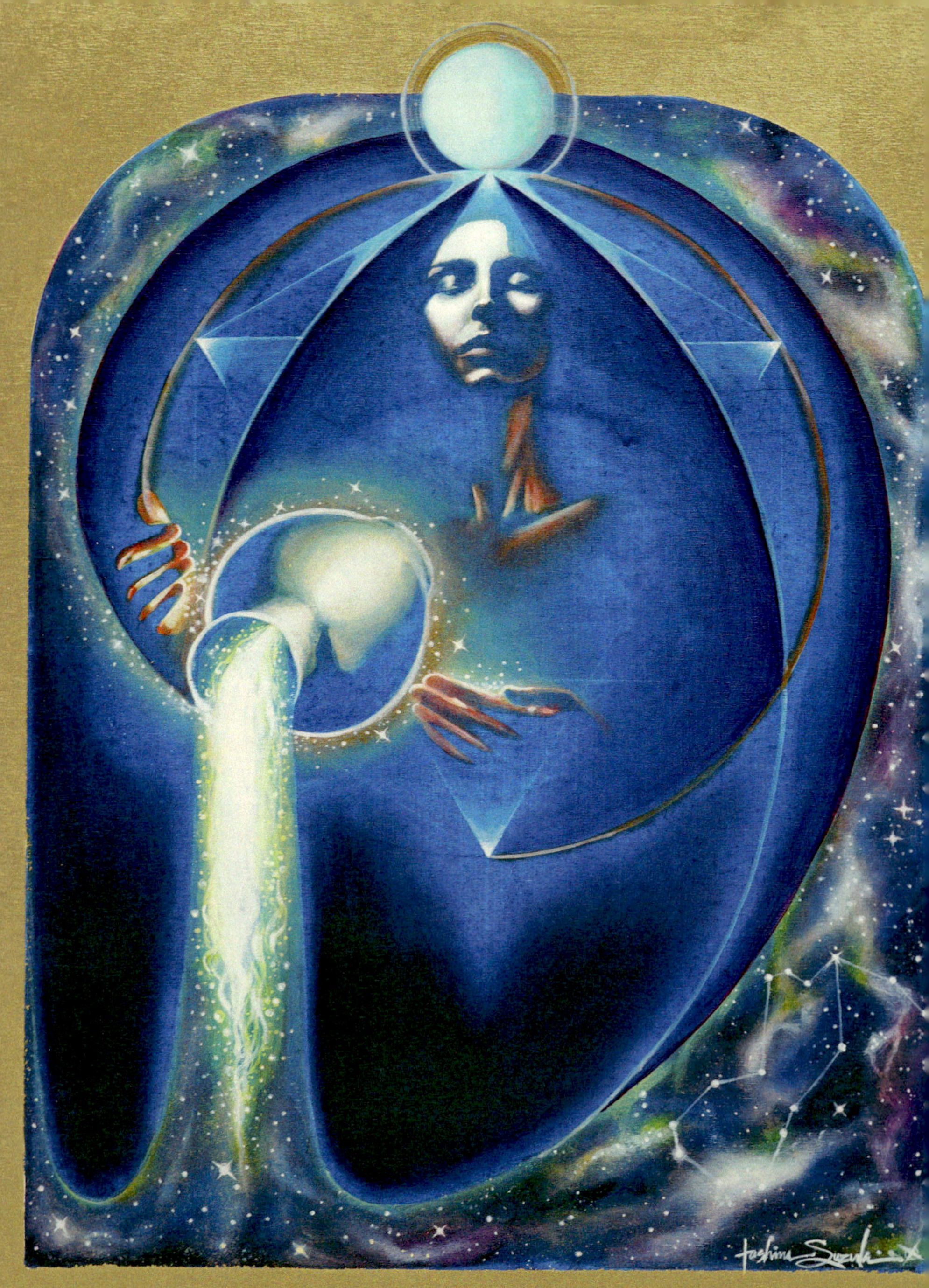

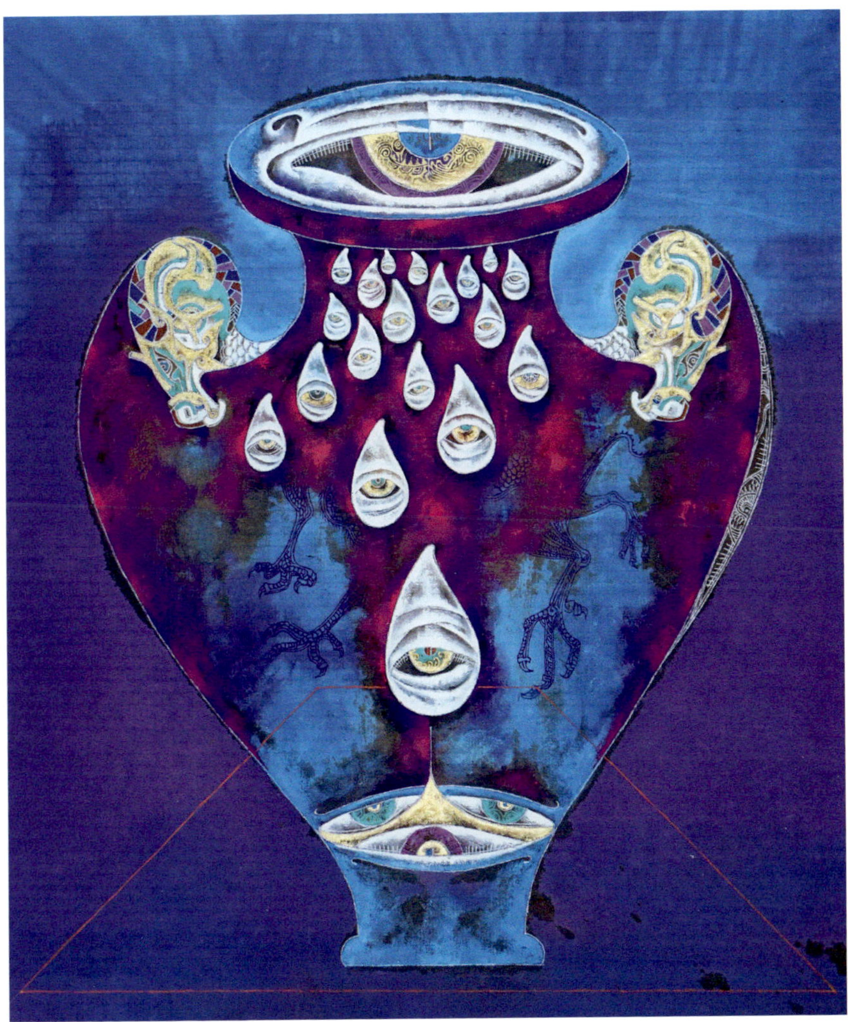

Tashina Suzuki · *Aquarius* · États-Unis · 2019
Conçue alors que l'artiste méditait sur un mantra,
la peinture (à l'huile et à la feuille d'or sur bois)
aide le spectateur à accéder à l'énergie visionnaire
du Verseau afin de favoriser le combat pour la
justice et le changement social.

Lu Hong · *Aquarius* · Chine/États-Unis · 2019
À la manière des saisons, un signe astrologique
annonce le suivant, comme le montre Hong avec
les chèvres du Capricorne regardant par-dessus le
vase du Porteur d'eau. Les gouttes d'eau renferment
des yeux qui voient tout, signes d'illumination.

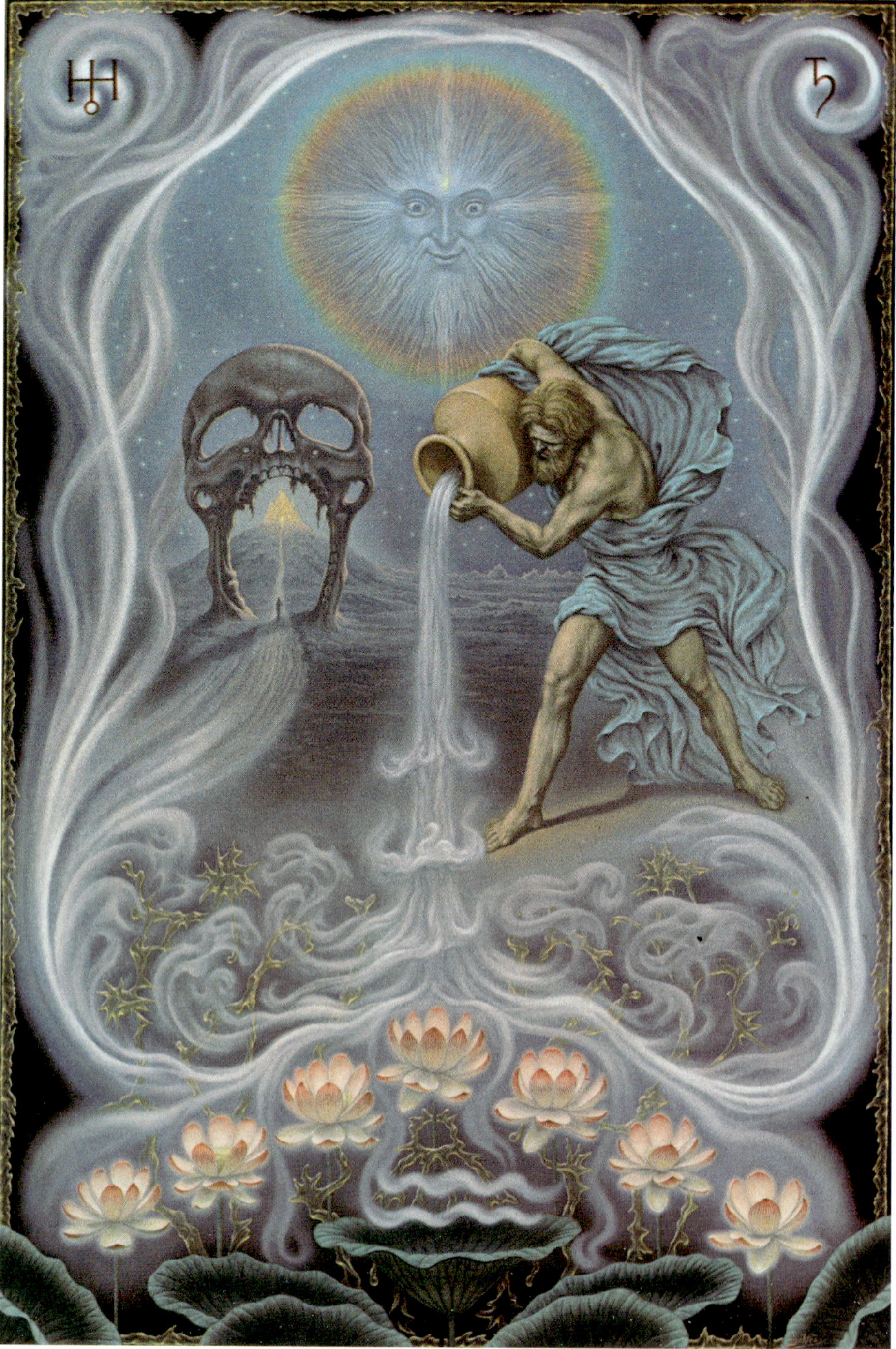

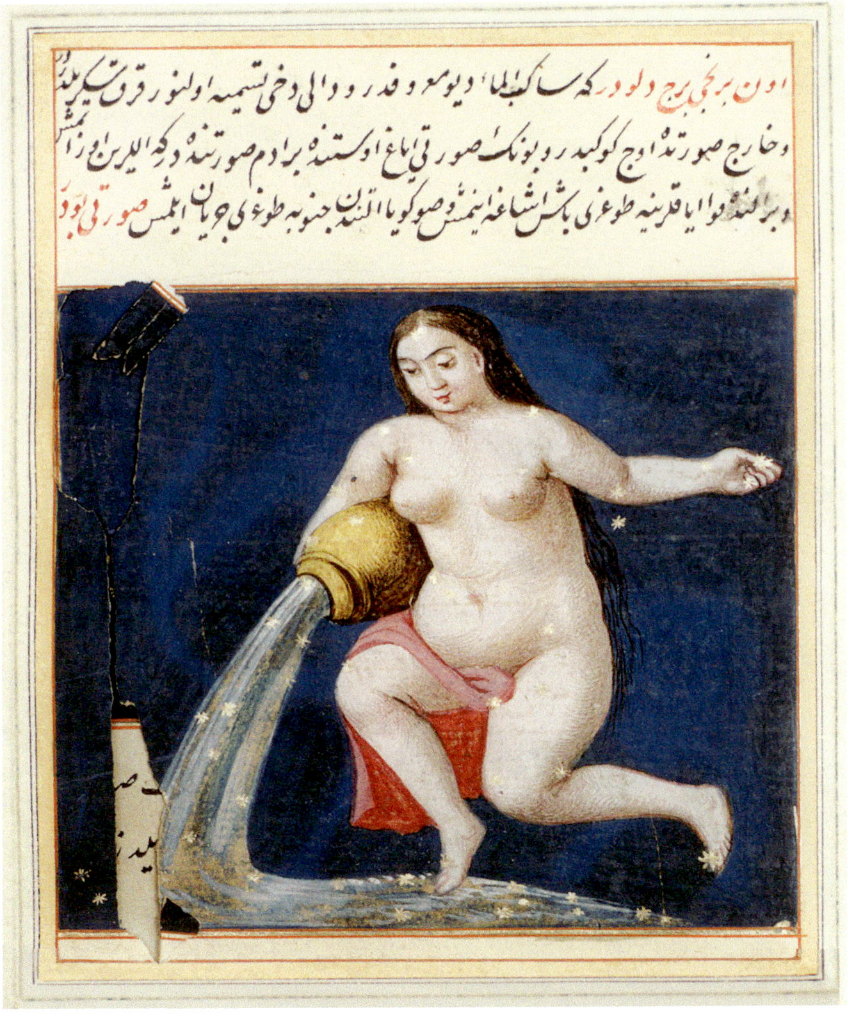

Johfra · *Verseau* · Pays-Bas · 1975 Dans l'œuvre
de ce peintre néerlandais, les eaux du Verseau,
chargées de vie, irriguent le cosmos. Les nénuphars
se réfèrent aux Poissons, le signe du zodiaque qui
suit. Les glyphes des planètes gouvernant le signe
figurent dans les angles supérieurs.

Anonyme · *Verseau* dans *Iqd al-Juman fi-Tarikh Ahl
al-Zaman* · Empire ottoman · 1750

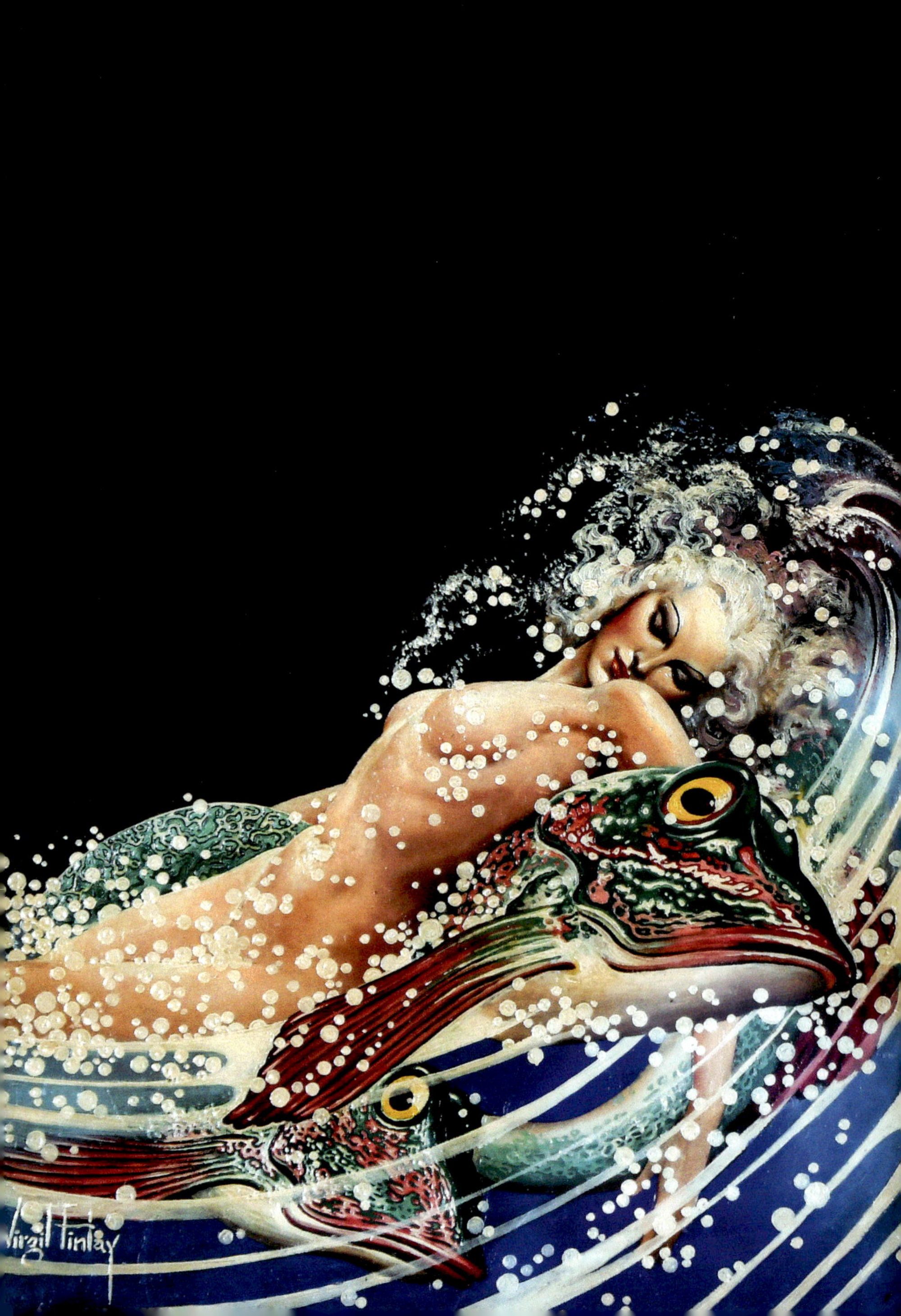
Virgil Finlay

ÉLÉMENT	MAÎTRISE	POLARITÉ
Eau	Jupiter · Neptune	Vierge

1 9 FÉVRIER-2 0 MARS

POISSONS

XII

VOIR AU-DELÀ

Dernier signe du zodiaque, les Poissons trônent au sommet de la roue ; ils incarnent la pleine maturité de l'individu et l'achèvement du cycle. On dit souvent qu'ils recèlent tous les éléments des signes zodiacaux qui les précèdent, et c'est pourquoi ils marquent le terme – l'apogée de l'éveil de l'esprit. De multiples cultures rapprochent le poisson de la sagesse spirituelle. Le poisson suit le flot ou nage à contre-courant. Le symbole des deux poissons nageant dans des directions différentes possède une dimension spirituelle : l'un se dirige vers l'illumination céleste, l'autre vers la Terre, en écho au principe hermétique qui veut que ce qui est en haut soit comme ce qui est en bas. Le signe étant associé à la conscience spirituelle et à la faculté de voir au-delà des frontières, les Poissons sont souvent considérés comme ayant des capacités psychiques. De même, l'effacement des frontières entre eux et les autres (sachant que nous sommes aussi liés les uns aux autres) leur permet d'être compatissants et indulgents. Alors que le zodiaque progresse de la jeunesse à la vieillesse, de l'identité individuelle à l'identité collective, les Poissons incitent à accepter tout le monde dans leur bassin. Neptune, qui gouverne le signe, accentue cette tendance mystique : la planète maîtresse peut l'emporter si loin dans l'abstraction qu'il en perd son ancrage dans ce monde. Comme le dit Maja D'Aoust : «Les Poissons peuvent inspirer et être une religion, mais ils ne peuvent pas construire l'église. Les Vierge et les Taureau s'en chargent.» Dans le tarot, la carte correspondant aux Poissons est la Lune, tous les deux étant source de rêves, de visions et même de magie.

Virgil Finlay · *Creep Shadow* dans *Famous Fantastic Mysteries* · États-Unis · 1942 Dans la mythologie romaine, Vénus et Cupidon se changent en poissons pour échapper à un monstre, s'attachant l'un à l'autre avec une corde pour ne pas se séparer sous l'eau. Ici, Vénus est promenée par un poisson.

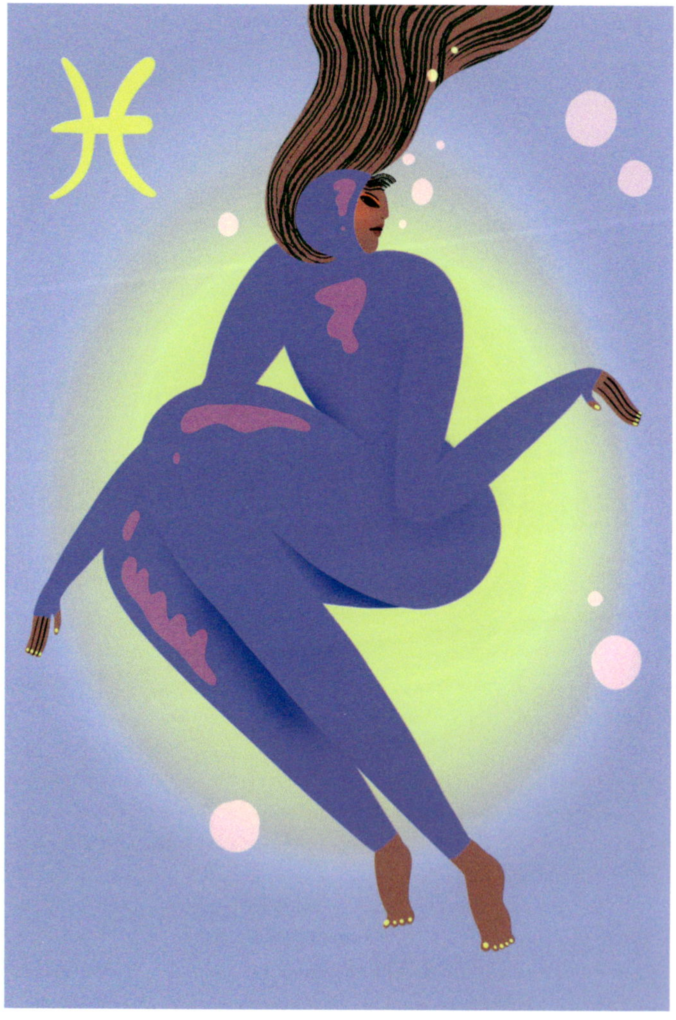

Olivia M. Healy · *Pisces* · Angleterre · 2020 Inspirée par les estampes japonaises, Matisse et l'imagerie des anciens Égyptiens, Healy a confié: «Face à une illustration de femme, je perçois aussitôt le sentiment de puissance et la sagesse qu'elle renferme.»

Rachel Howe/Small Spells · *Pisces* · États-Unis 2019 Le but du zodiaque de Howe, astrologue et artiste, «n'est pas de créer des images traditionnelles, mais des interprétations plutôt intuitives et méditatives».

PISCES

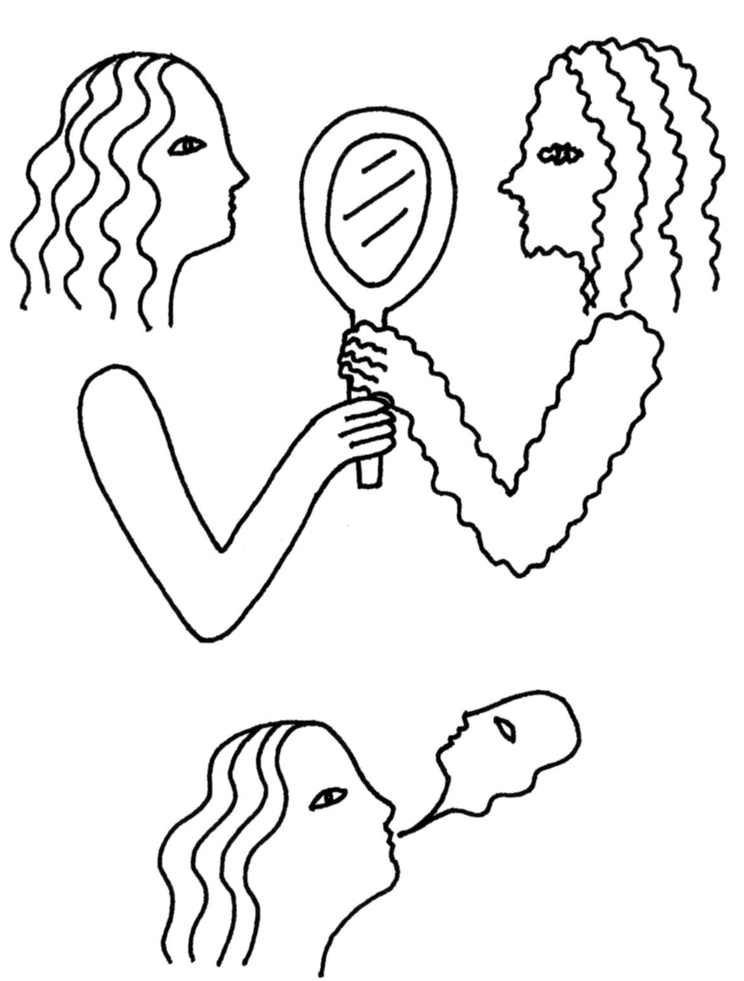

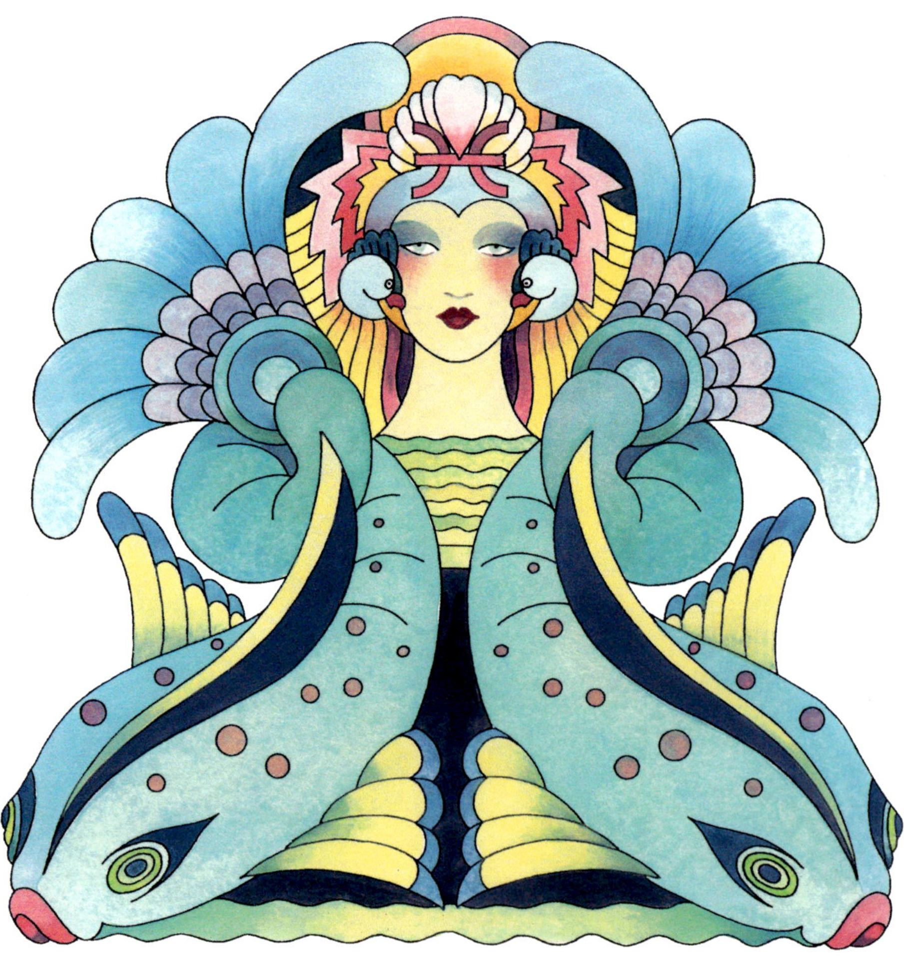

Caroline Smith · *Pisces* · Angleterre · 1969 Dans sa série du zodiaque d'inspiration Art déco, l'artiste représente le Poissons tenant ses deux poissons. Le plus mûr des signes du zodiaque assume une lourde responsabilité. Parfois accablées, ces âmes sensibles ont du mal à prendre des décisions.

C. Finley · *Pisces: The Channel of Inspiration (Full Bed)* · États-Unis · 2016 S'inspirant de la confection de patchworks, de l'art de la Renaissance et de la mythologie romaine, Finley situe les Poissons dans un espace à peine perceptible, mi-terrestre (la plante), mi-spirituel (les yeux omniscients).

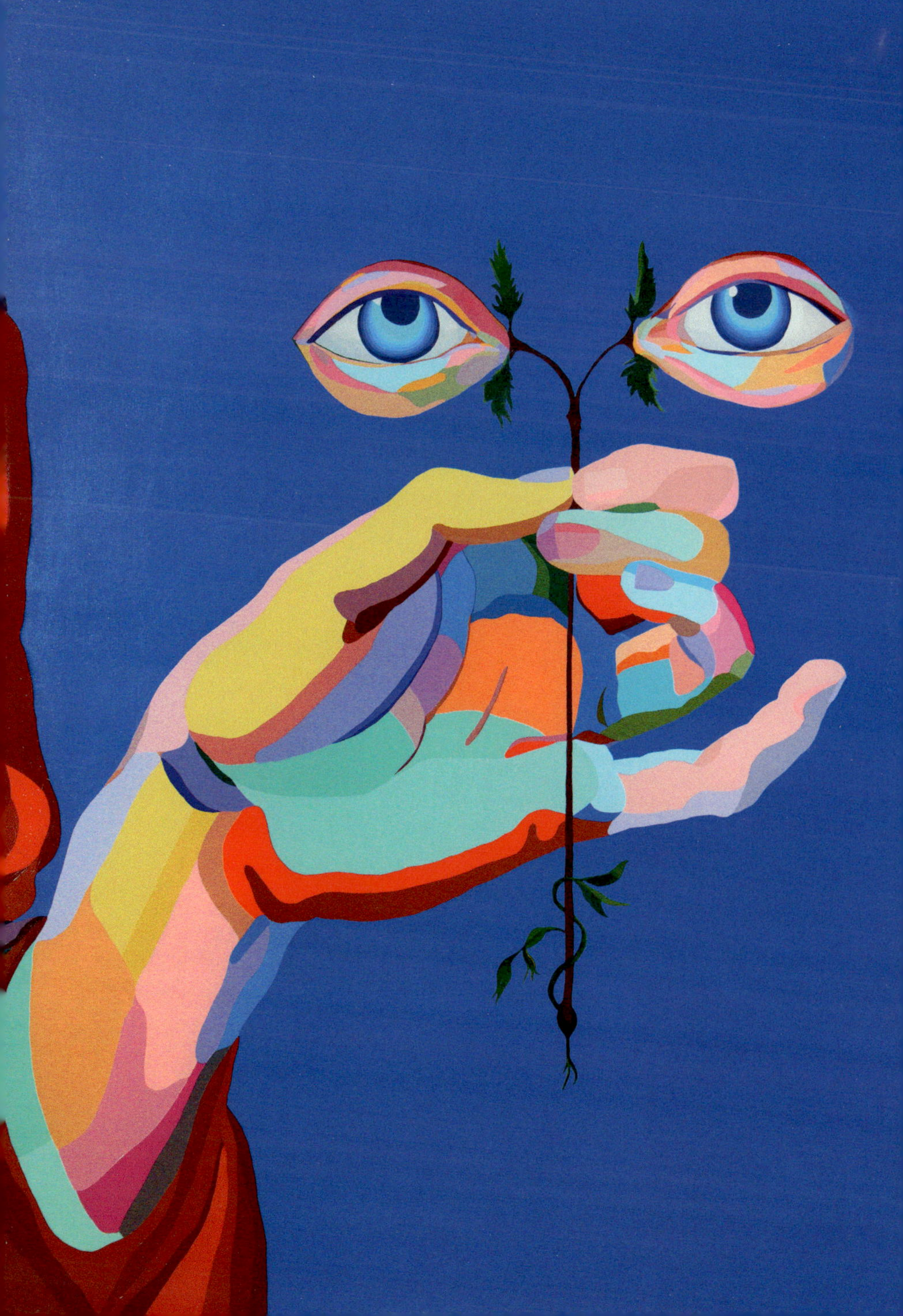

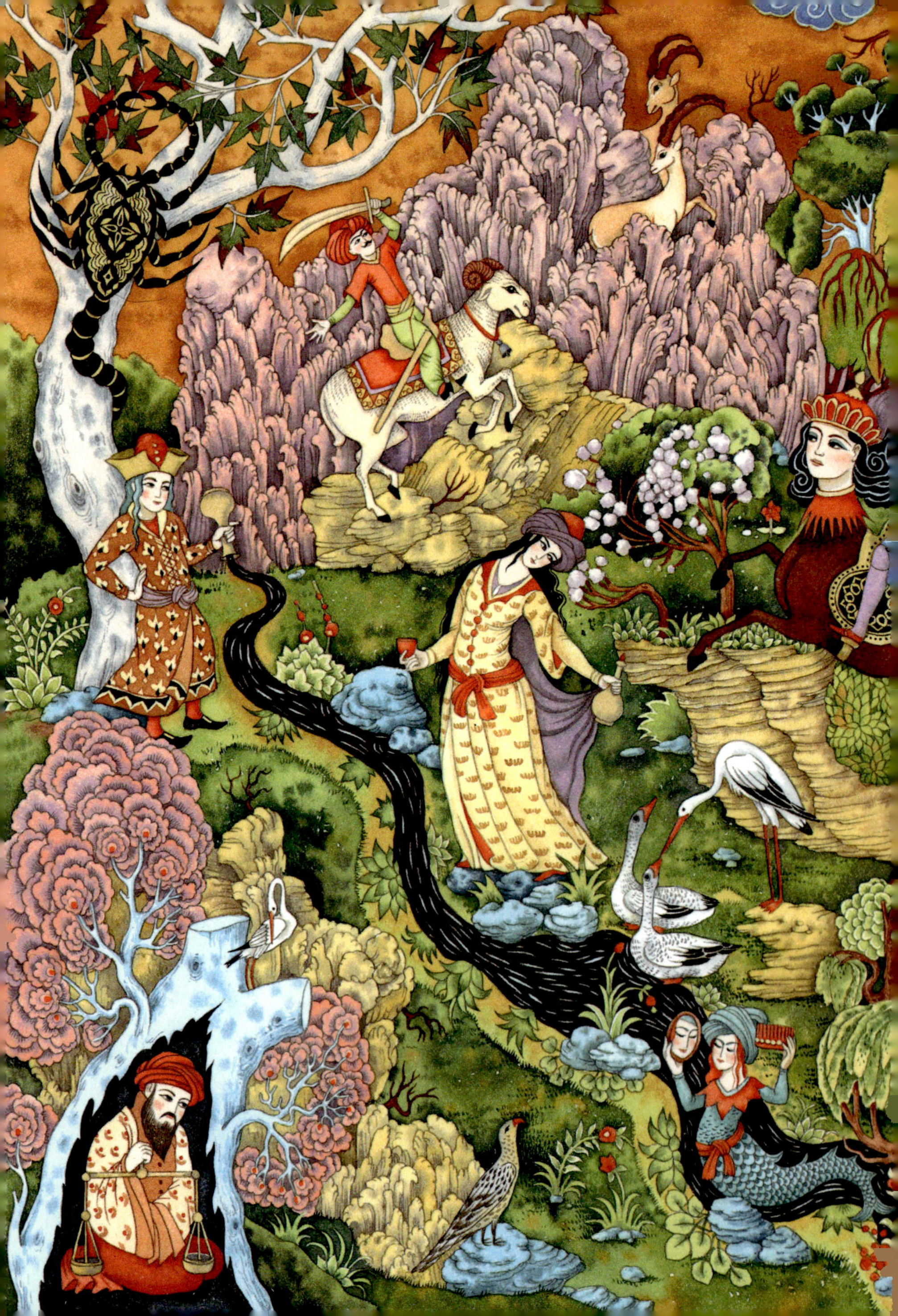

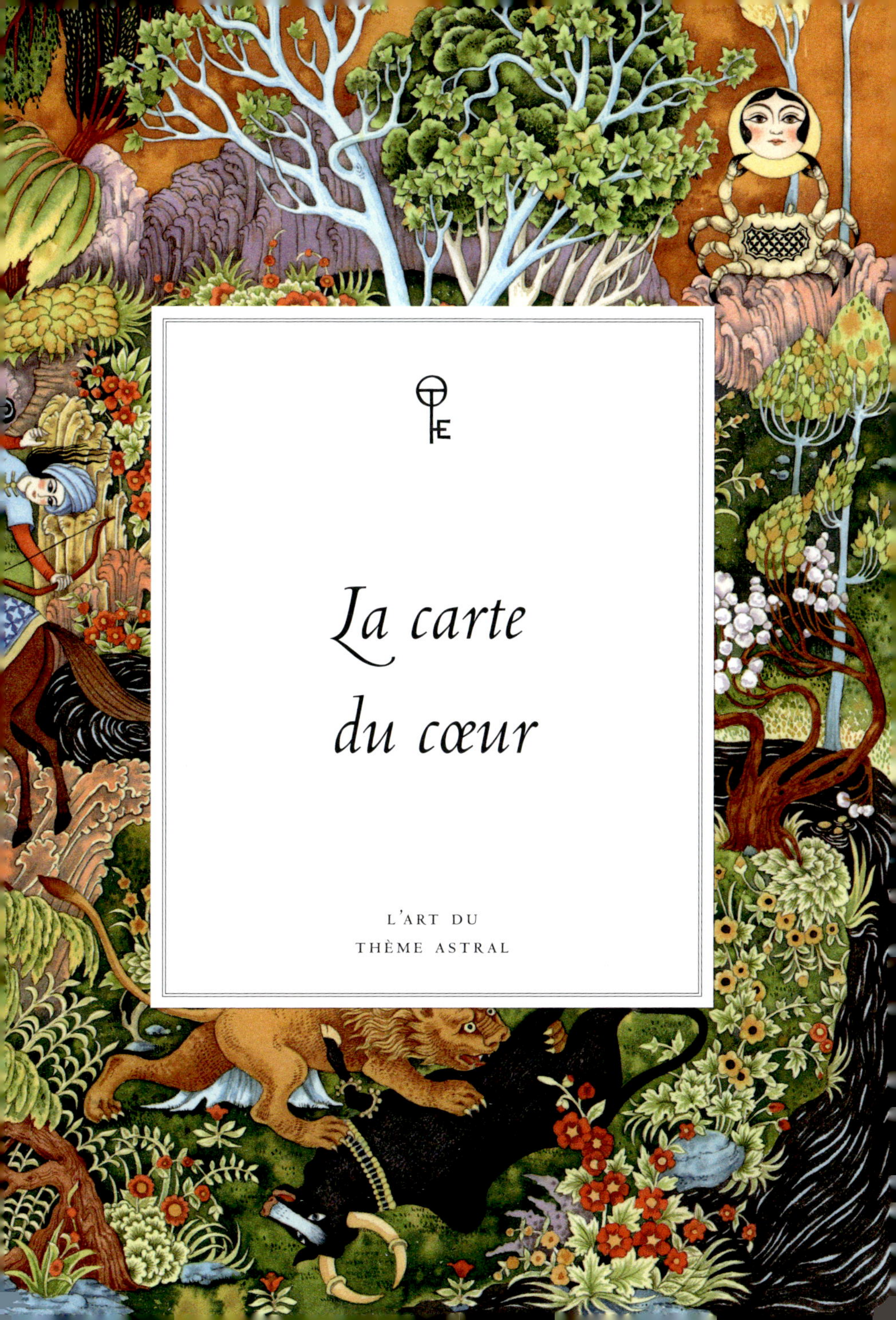

La carte du cœur

L'ART DU
THÈME ASTRAL

L'ART DU
THÈME ASTRAL

Dès le IIe siècle, dans son *Tetrabiblos*, Ptolémée pose les fondements des quatre branches principales de la technique astrologique. Sous des noms différents, ces diverses méthodes se sont imposées au cours de l'histoire, et elles restent d'actualité. Toutes recourent à des cartes. Le procédé principal est, bien entendu, la généthliologie qui repose sur la création d'un thème astral d'après l'heure et le lieu de naissance d'une personne. La forme la plus connue de cette branche offre un aperçu de la personnalité de l'individu et prédit son destin probable en s'appuyant sur la lecture du thème. De nos jours, la technique horoscopique est la pierre angulaire de l'astrologie occidentale et, de loin, la principale permettant de comprendre ce que disent les astres.

Outre le thème natal, il existe des techniques très anciennes, utilisées comme outils de prévision, qui reposent sur l'établissement et la lecture de l'horoscope. L'astrologie judiciaire, ou catarchique, est une branche relative aux commencements et aux sources, qui détermine les périodes les plus favorables pour démarrer une activité. On l'appelle aujourd'hui astrologique « élective ». Au cours de l'Histoire, les souverains et les dirigeants n'ont cessé d'y faire appel, comme le font encore actuellement les couples désireux de choisir et retenir le meilleur moment pour des événements importants. Dans le cas de l'astrologie élective, l'établissement du thème suit un processus différent dans la mesure où l'astrologue est tenu de rassembler davantage de données que l'heure et le lieu de naissance. Il doit consulter des éphémérides, soit des tables où est indiquée jour par jour la position des astres et planètes, pour déceler la configuration la plus favorable à l'activité en question. Par la suite, il peut, en se basant sur l'emplacement des planètes, dresser une série d'horoscopes pour les jours qui paraissent de bon augure.

Proche de l'astrologie judiciaire ou élective, l'« astrologie interrogative », comme la qualifiait Ptolémée, est toujours d'actualité. Appelée aussi « astrologie horaire », elle apporte des réponses à des questions précises basées sur le thème astral individuel, en rapport avec le lieu et l'heure où la question est posée.

(pages 178-179) Svetlana Dorosheva · *The Garden* Israël · 2018 L'artiste a inclus les 12 symboles du zodiaque dans sa série astrologique inspirée de peintures persanes du XVIe siècle.

D'après Daniel Dodd · *Nativities of the Late King & Queen of France* extrait de *A Key to Physic and the Occult Sciences* · Angleterre · vers 1794 Des horoscopes posthumes de Louis XVI et Marie-Antoinette illustrent leur destin astrologique avec la prise des Tuileries et leur exécution par la guillotine.

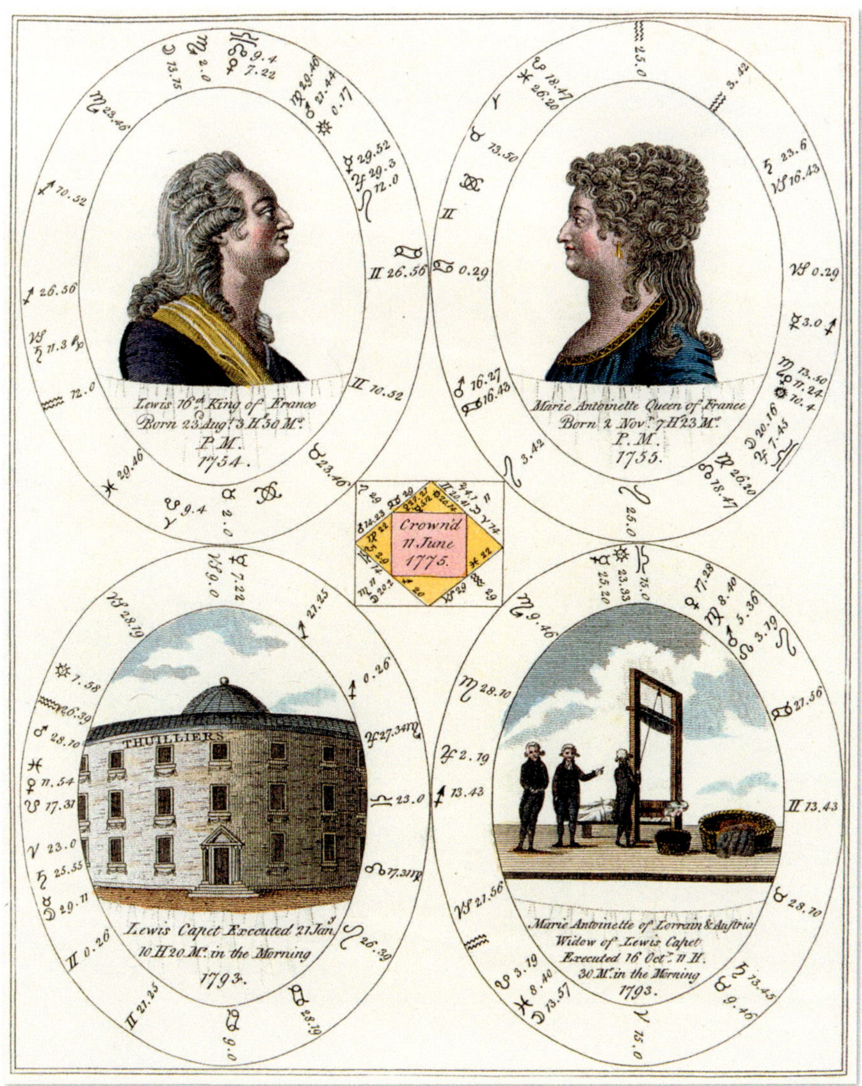

Lewis 16th King of France
Born 23 Aug.t 3 H. 50 M.s
P.M.
1754.
Marie Antoinette Queen of France
Born 2 Nov.r 7 H 23 M.s
P.M.
1755.
Crown'd
11 June
1775.
THUILLIERS
Lewis Capet Executed 21 Jan.y
10 H 20 M.t in the Morning
1793.
Marie Antoinette of Lorrain & Austria
Widow of Lewis Capet
Executed 16 Oct.r 11 H.
30 M.t in the Morning
1793.

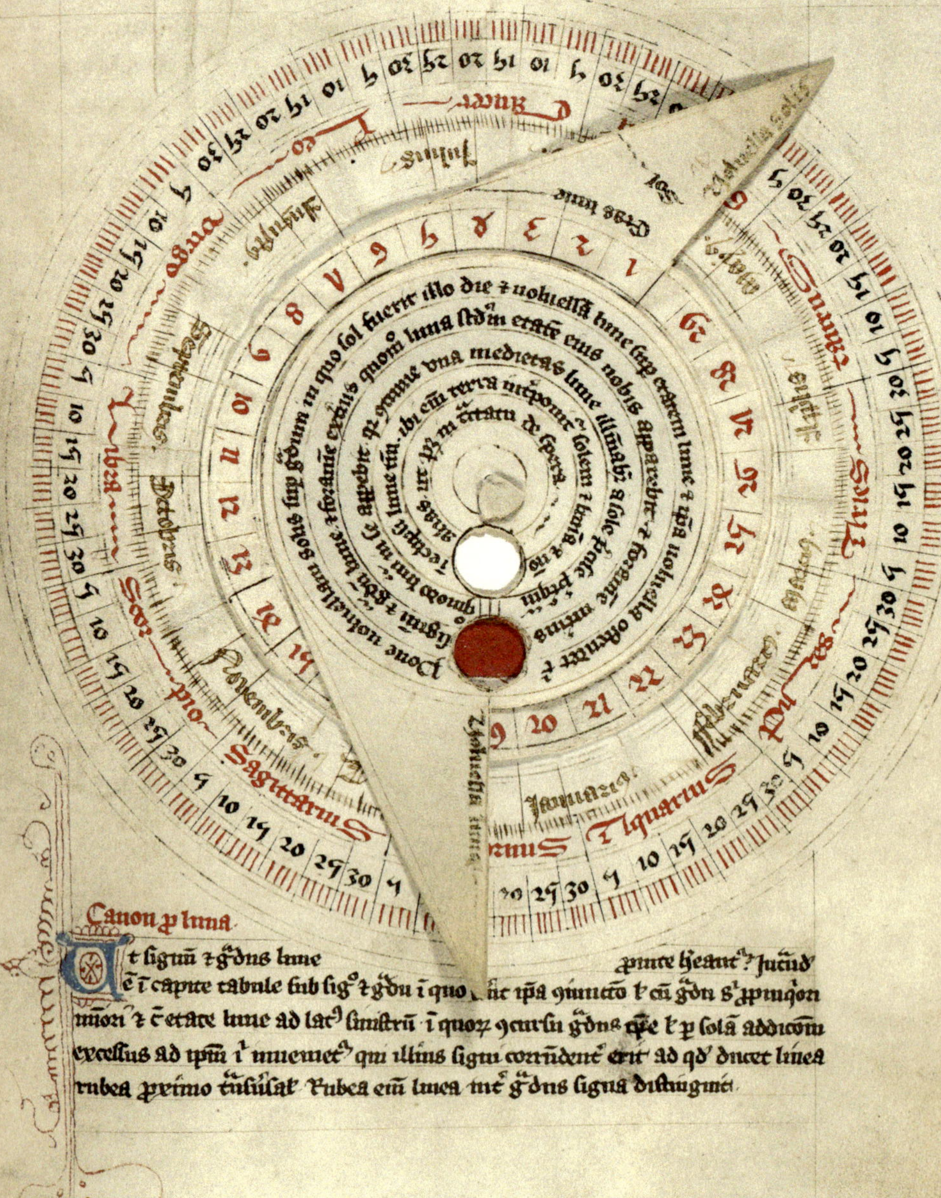

Canon p̄ luna

Ut signū ꝕ gꝰdꝰus lune   ꝑīre hꝫntꝰ Ju

ē ī capite tabule sub sigꝰ ꝫ gꝰdū ī quo . . . āc ipsa gꝰinueto ꝕ cū gꝰdū sꝰ ꝑīnꝯon

mꝰon ꝫ ē etate lune ad latꝰ sinistrū ī quoꝝ gcursū gꝰdūs eꝗe ꝕ ꝑ solā addꝰcū

excessus ad ipm̄ ī¹ mueuieꝰ qui illius signi conūdenꝰ erit ad qꝺ d̄uceꝰ linea

rubea ꝓīmo t̄ūsulaꝫ Rubea enū linea īnꝰ gꝰdꝰus signa diūtuiguīꝰ

Comme dans l'astrologie élective, la position des corps célestes apporte une réponse ou du moins fournit une interprétation qui pointe vers une réponse. Parallèlement aux trois grands piliers de tous les thèmes astraux – les planètes, le zodiaque et les maisons –, les astrologues recueillent des informations pour les horoscopes en calculant les progressions et les transits (cartes du ciel qui avancent dans le temps), en se fondant sur l'astrocartographie (cartes qui partent d'une relocalisation et montrent donc d'autres configurations), ou en intégrant d'autres phénomènes astrologiques comme les retours et les éclipses du Soleil, de la Lune et des planètes. Tous ces phénomènes peuvent être pris en compte dans un thème astral, d'autant que, théoriquement, il en existe un pour tout, et pas uniquement pour les gens ou les événements. Rien n'empêche, en effet, de dresser l'horoscope d'une organisation, d'un animal, voire d'un objet. Toutefois, la plupart des thèmes astraux sont ceux de personnes. Un domaine entier, appelé l'« astrologie mondiale », prédit les événements collectifs plutôt qu'individuels, en appliquant l'astrologie aux affaires du monde et de la collectivité. Ici, la symbolique des planètes change (comme dans l'astrologie horaire), et les maisons ont davantage d'associations. Ainsi, dans l'horoscope d'un pays ou d'une nation (ou thème astral national), le Soleil représente la tête de l'État et non plus l'individu, tandis que la maison une exprime les caractéristiques du pays concerné.

L'une des formes de pratique les plus anciennes est l'astrologie mondiale qui a été utilisée de manière assez générale afin de prévoir, par exemple, les conditions météorologiques, les catastrophes naturelles et humaines, les activités militaires et les changements de gouvernement. Or, à mesure que les cultures favorisaient l'individu aux dépens de la communauté, le recours aux connaissances astrologiques s'est déplacé du niveau collectif au niveau personnel. Selon les époques, certaines pratiques astrologiques ont gagné ou perdu en popularité. Bien que la technique permette de différencier astrologie traditionnelle et astrologie moderne – la première ne mettant en jeu que les sept planètes classiques, visibles à l'œil nu et connues des anciens astrologues, alors que la seconde intègre les planètes dites externes –, c'est davantage l'interprétation que l'approche technique qui les distingue l'une de l'autre. L'apparition de la psychologie au XIXe siècle a transformé la pratique de l'astrologie : d'outil de prédiction scrutant l'avenir, elle s'est muée en instrument critique explorant le monde intérieur plutôt qu'extérieur. Dans l'astrologie horoscopique, la pratique comprend la création et l'interprétation d'une grande variété de cartes du ciel, pour prédire des événements mondiaux ou offrir à l'individu un aperçu de son psychisme. Avant l'ère numérique, ces diagrammes complexes exigeaient des connaissances de niveau professionnel en mathématiques, géométrie, astronomie et trigonométrie. De même, ils nécessitaient des outils spécifiques pour observer et collecter des données, ainsi que des ouvrages de référence. C'est grâce aux

Anonyme · Table astronomique avec volvelle Angleterre · vers 1386

(page 184) Adriaan van de Vijsel · Horoscope pour Piet Mondrian · Pays-Bas · vers 1911-12

(page 185) William Law · *The True Principles of All Things* dans *The Works of Jacob Behmen*, Vol. 3 · Allemagne/Angleterre · 1764 Dans son ouvrage, Freher inclut le zodiaque dans une gamme de symboles pour illustrer la relation entre astrologie et géométrie sacrée.

sphères armillaires, aux horloges astronomiques et aux instruments portatifs comme l'astrolabe, qui ont servi pendant des siècles en Europe et en terre d'Islam, qu'on déterminait l'altitude des étoiles et autres corps célestes et calculait leurs mouvements.

Avant l'apparition des ordinateurs personnels, la maîtrise des instruments de la profession – des petits objets tels l'alidade et les globes terrestres aux engins astrologiques publics comme les cadrans solaires et les horloges astronomiques – demandait une grande compétence et de longues années d'étude. De même, les données obtenues étaient enregistrées sous une forme manuscrite complexe, fourmillant de symboles que seuls les experts identifiaient. L'astrologie, comme d'autres sciences, était le domaine d'élection des universitaires et/ou des amateurs passionnés prêts à lui dédier des années d'étude. L'invention de l'informatique et d'Internet permet désormais à chacun de réaliser son thème astral, en entrant simplement des dates, heures et lieux dans un logiciel ou sur un site. Mais comprendre l'horoscope et l'interpréter, le «lire», exigent encore de la rigueur et des connaissances. Deux astrologues ne liront pas un thème astral de la même manière, car il peut se comprendre de multiples façons. Les horoscopes, merveilleuses cartes du ciel, proposent non seulement de multiples informations, mais aussi quantité d'interprétations.

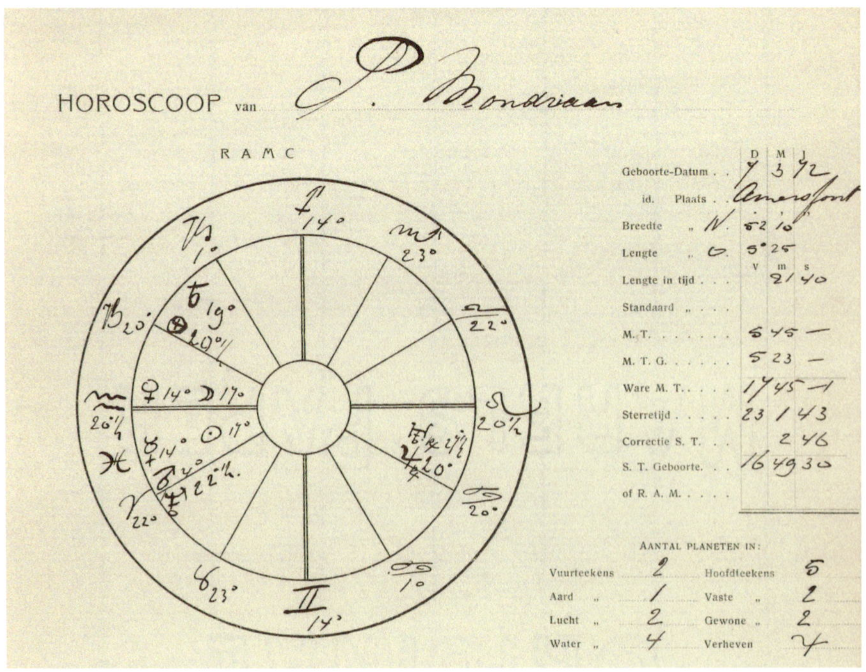

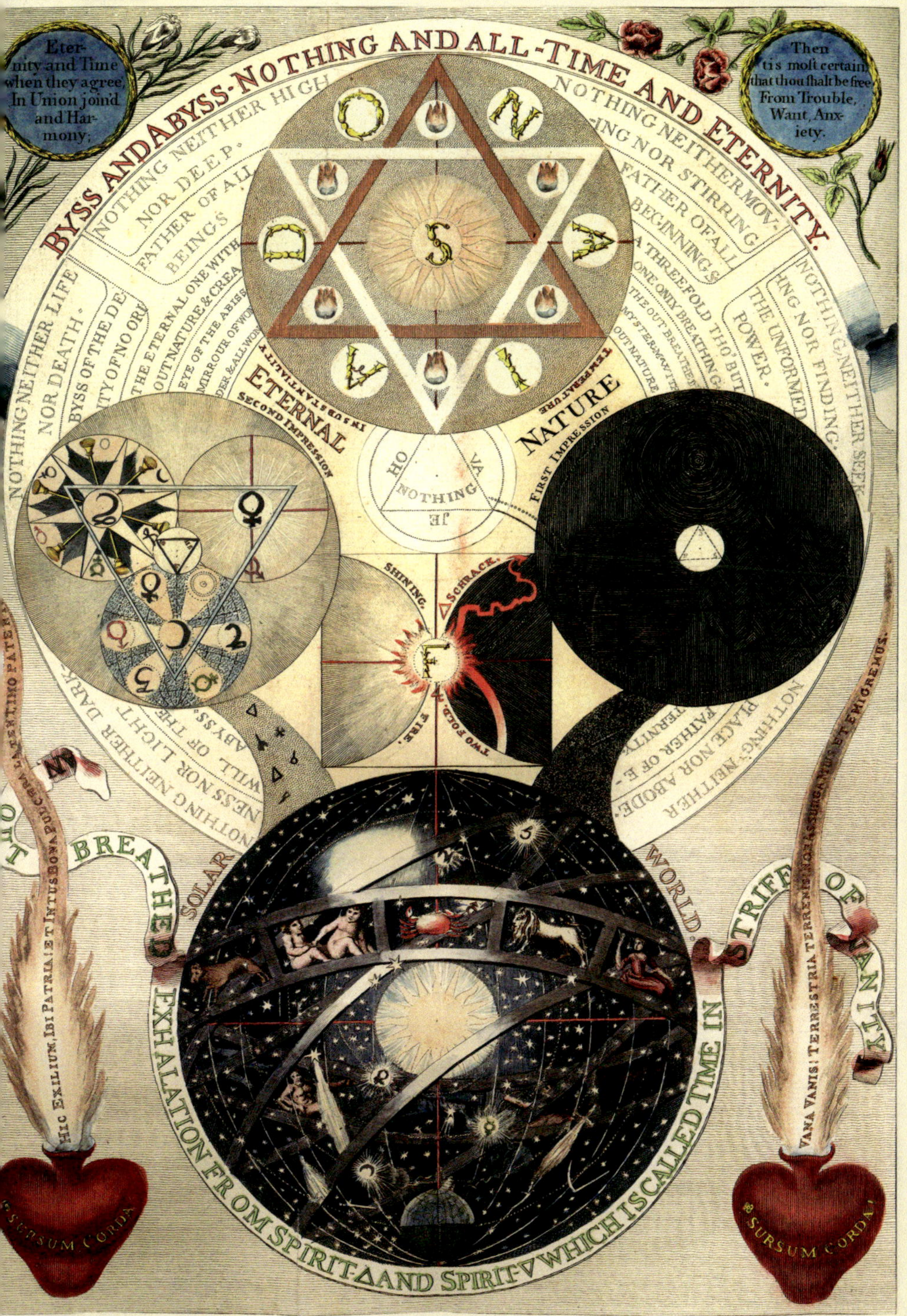

BYSS AND ABYSS - NOTHING AND ALL - TIME AND ETERNITY.
Eternity and Time when they agree, In Union join'd and Harmony;
Then 'tis most certain that thou shalt be free From Trouble, Want, Anxiety.
NOTHING NEITHER HIGH NOR DEEP.
FATHER OF ALL BEINGS.
NOTHING NEITHER MOVING NOR STIRRING.
FATHER OF ALL BEGINNINGS.
A THREEFOLD THO' BUT ONE ONLY BREATHING.
THE OUT BREATHING MYSTERY.
OUT NATURE.
NOTHING, NEITHER SEEKING NOR FINDING.
THE UNFORMED POWER.
NOTHING NEITHER LIFE NOR DEATH.
BYSS OF THE DEITY OF NO ORIGINAL.
THE ETERNAL ONE WITHOUT NATURE & CREATURE.
EYE OF THE ABYSS.
MIRROUR OF WONDER & ALL WISDOM.
ETERNAL
SECOND IMPRESSION
NATURE
FIRST IMPRESSION
IN SUBSTANTIALITY
TEMPERATURE
O N D A V I
S
HO VA NOTHING JE
SHINING.
SCHRACK.
FIRE.
TWO FOLD.
NOTHING NEITHER DARKNESS NOR LIGHT.
WILL OF THE ABYSS.
BREATHED
SOLAR
WORLD
STRIFE OF VANITY
EXHALATION FROM SPIRIT AND SPIRIT WHICH IS CALLED TIME IN
NOTHING NEITHER PLACE NOR ABODE.
FATHER OF ETERNITY.
HIC EXILIUM, IBI PATRIA: ET IN IPSO BONA PULCRA LATENT IMO PATENT.
VANA VANIS: TERRESTRIA TERRENIS: NOS ASSURGAMUS, ET EMIGREMUS.
SURSUM CORDA.
SURSUM CORDA.

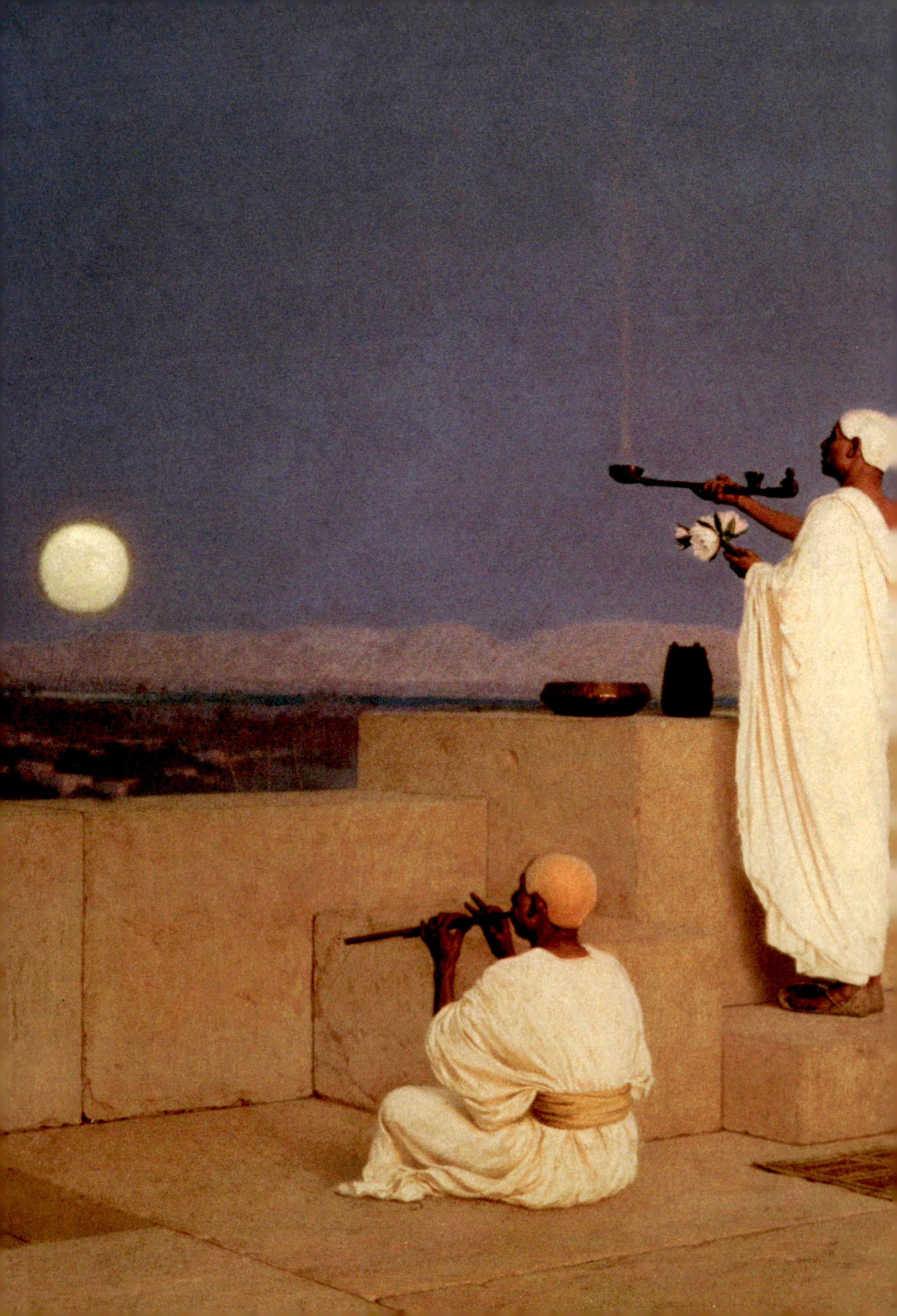

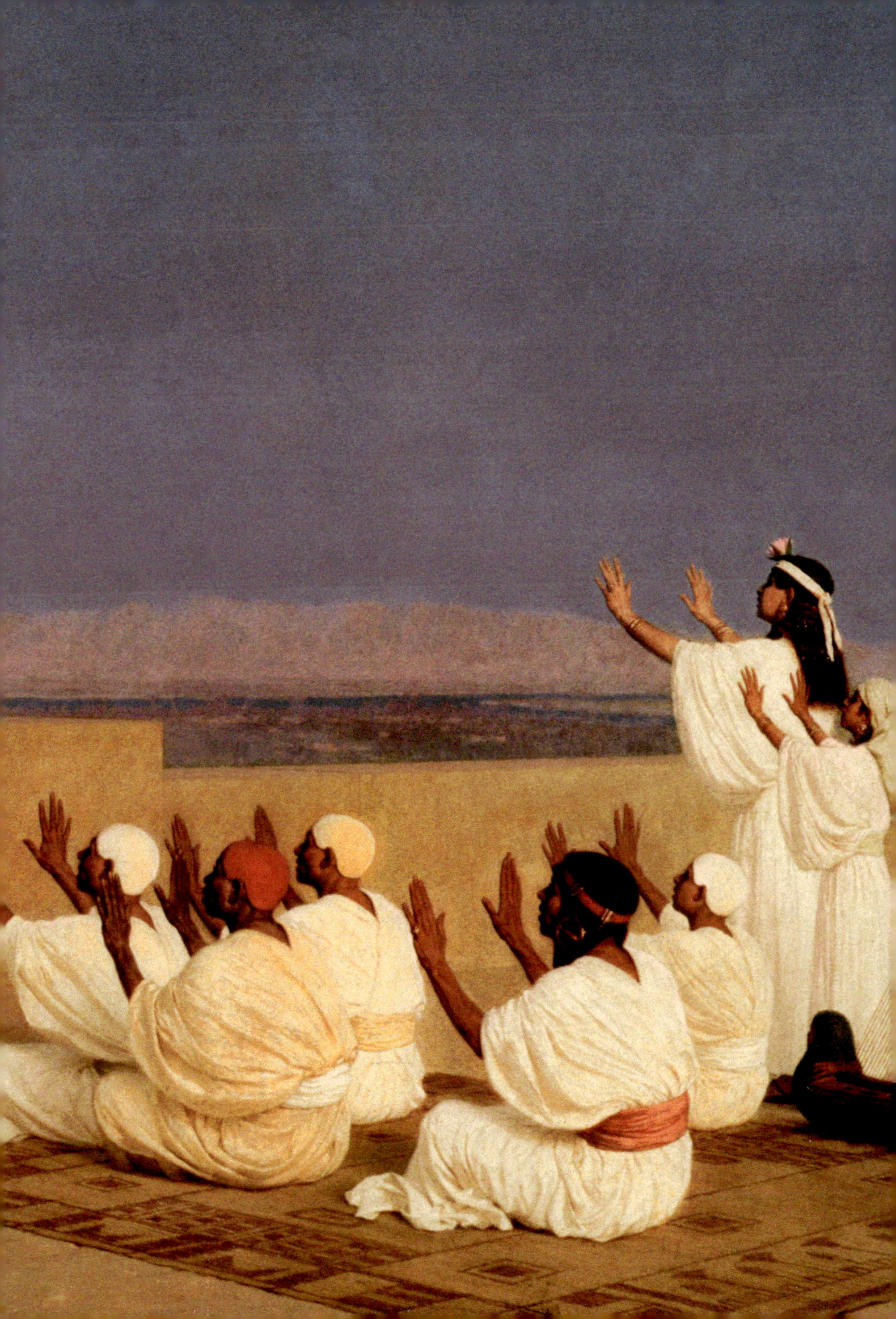

EN QUÊTE SPIRITUELLE

Un dernier mot sur *La Bibliothèque de l'Ésotérisme*

La collection *La Bibliothèque de l'Ésotérisme* étudie la riche histoire visuelle des arcanes en présentant des œuvres inspirées d'une multitude de traditions et de rituels. Son objectif est de faciliter l'accès aux anciens rituels et d'explorer leur symbolisme complexe d'une manière objective plutôt que dogmatique. L'idée est de soulever le voile pour apprécier plus justement ces précieux outils de la psyché. La connaissance ésotérique offre des méthodes d'introspection et de méditation efficaces. Ces pratiques magiques, qui ont évolué au fil des siècles, permettent d'avoir une meilleure compréhension de son monde intérieur.

Le but de la collection est de présenter des résumés de ces anciens systèmes afin d'inciter le lecteur à explorer plus avant les rituels, les cérémonies et les philosophies sacrées de diverses cultures. De l'inviter aussi à aller à la rencontre de la connaissance, à étudier les enseignements des savants du passé et du présent qui ont œuvré au développement et à la préservation de ces arts anciens.

Nous espérons que *La Bibliothèque de l'Ésotérisme* encouragera le lecteur à parcourir les sombres allées des arcanes, à attraper les ouvrages poussiéreux sur les étagères, à sortir les cartes usées de leur étui, à observer le ciel et à déchiffrer le mouvement des étoiles.

Comme l'a exprimé si justement Manly P. Hall dans son ouvrage magistral *The Secret Teachings of All Ages*, «vivre dans le monde sans prendre conscience de son sens, c'est comme déambuler dans une grande bibliothèque sans toucher les livres». Plus loin, dans cette somme incontournable des enseignements ésotériques du monde, il proclame: «Seule la philosophie transcendantale connaît la voie. Seule la raison éclairée peut porter vers la lumière la partie compréhensive de l'homme. Seule la philosophie peut apprendre à l'homme à bien naître, à bien vivre, à bien mourir et, dans une parfaite mesure, à bien renaître. Ceux qui ont choisi une vie guidée par la connaissance, la vertu et l'utilité, les philosophes de tous les temps vous invitent dans ce groupe d'élus.»

(pages 186-187) Stepan Wladislawowitsch Bakalowitsch · *The Worship of the Moon God Chons* · Russie · 1905

Vladimir Manzhos Waone · *Le Mage* · Ukraine 2012-14

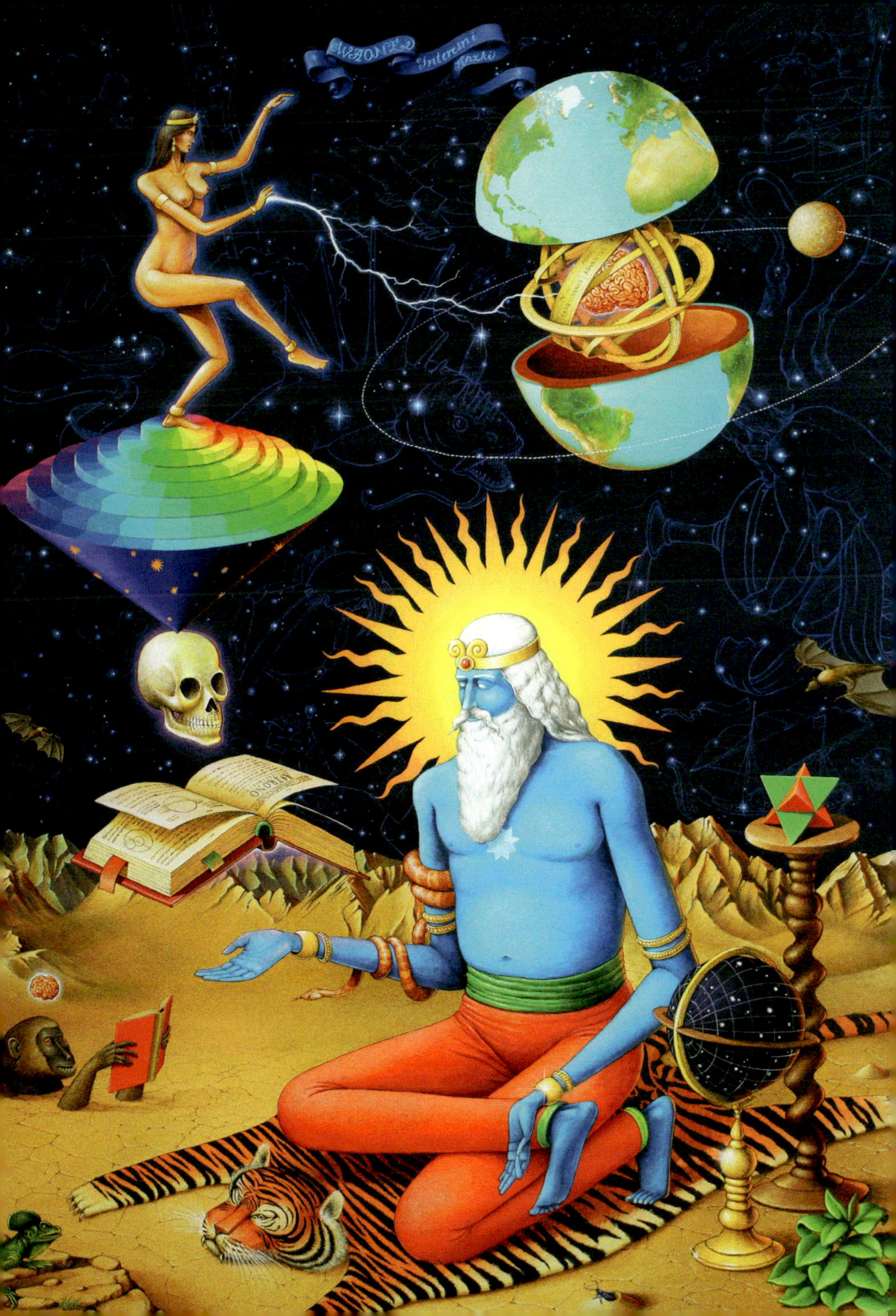
Interni
bazki

CRÉDITS

REMERCIEMENTS

Nous remercions les artistes, auteurs, éditeurs et spécialistes qui ont aimablement partagé leur savoir et leur passion de l'astrologie ainsi que les astrologues, cités page ci-contre, pour leur généreuse contribution. Nous remercions particulièrement pour leurs précieux conseils Maja D'Aoust, Robert Hand (et Elyse Hand pour sa salutaire correspondance), Ladan Akbarnia, Sheila S. Blair, Jonathan Bloom, Zoltan Levay et Colin Harding.

Nous remercions Manzel Bowman, qui a fourni le visuel de la couverture et dont l'œuvre inventive émaille les deux premiers titres de *La Bibliothèque de l'Ésotérisme*.

Nous exprimons toute notre reconnaissance pour leur générosité et leur soutien aux personnes et organisations suivantes : Kelly Carmena à la bibliothèque et aux archives Manly P. Hall de la Philosophical Research Society et Anne Blecksmith de la Huntington Library.

Nos remerciements s'adressent aussi à ceux qui nous ont soutenus au cours du projet : Norwood, Phoebe et Gray Cheek, Andee Nathanson, Pamela Grossman, Mijanou Montealegre de Mystic Mamma et Devany Amber Wolfe de Serpentfire.

Enfin, ce livre n'existerait pas sans le savoir-faire et le dévouement de Nic Taylor et Lisa Doran, sans la relecture pointilleuse de Teena Apeles et Amanda Horn, sans la sagesse et les encouragements de Nina Wiener, Marion Boschka, Andy Disl et Benedikt Taschen.

— JESSICA HUNDLEY & ANDREA RICHARDS, Los Angeles

(Ire de couverture) Manzel Bowman · *Lux*
États-Unis · 2017
(4e de couverture) Cristoforo de Predis · *Sol* extrait
de *De Sphaera* · Italie · 1470

(page 2) Attribué à Andrew Bell · Fig. 177
dans *Encyclopaedia Britannica* · Écosse · 1797
(page 5) Svetlana Dorosheva · *The Astrologers*
Israël · 2016
(pages 6-7) Elihu Vedder · *The Pleiades* extrait de
The Rubáiyát · États-Unis · 1885

ÉGALEMENT DISPONIBLES

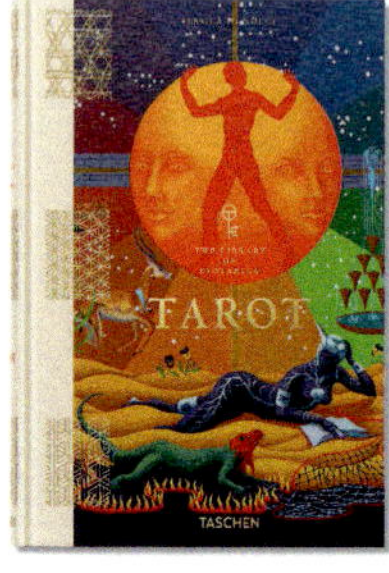 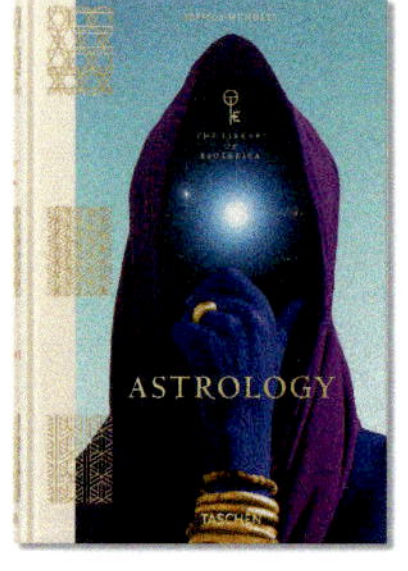 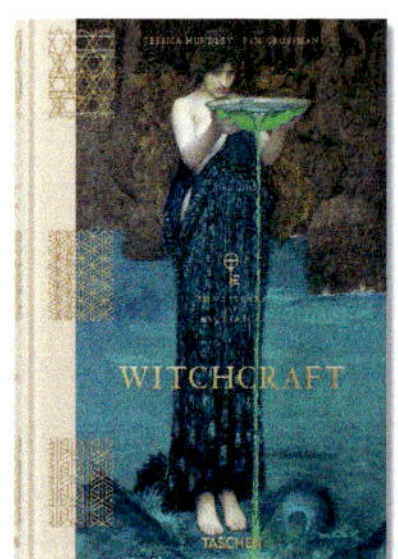

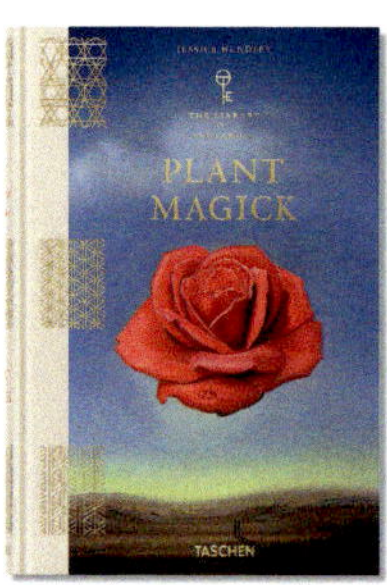 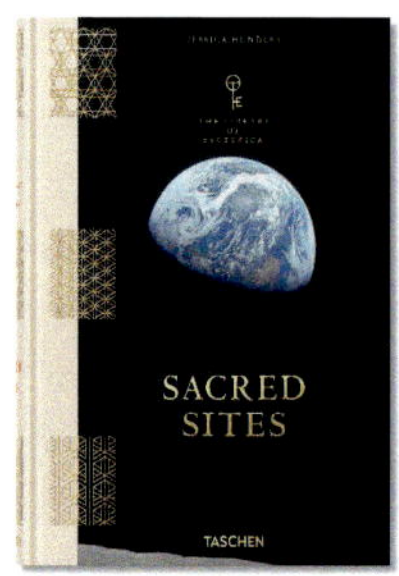 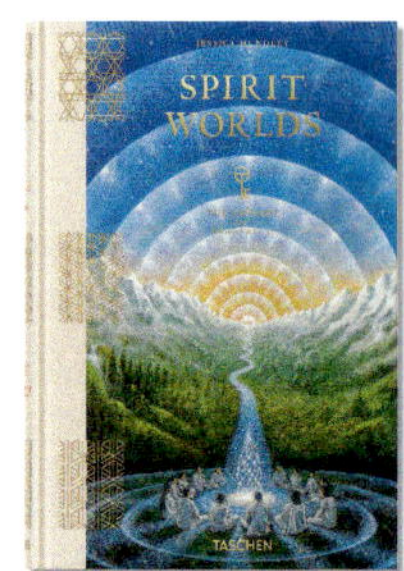

IMPRINT

Sous la direction de Jessica Hundley · Textes d'Andrea Richards · Légendes par Andrea Richards et Jessica Hundley, avec Teena Apeles · Conception de Thunderwing, Los Angeles · Édition française : Agence Juliette Blanchot, Paris, avec Sylvie Gauthier · Traduction de l'anglais : Florence Maruéjol

Toutes les images et citations © Copyright leurs ayants droit respectifs. En cas d'erreur ou d'omission, merci de contacter l'éditeur.

UN LIVRE TASCHEN, UN ARBRE PLANTÉ !
Chaque année, nous compensons nos émissions de CO_2 avec l'Instituto Terra, un programme de reforestation de l'État du Minas Gerais, au Brésil, fondé par Lélia et Sebastião Salgado. Pour plus d'informations sur ce partenariat environnemental, rendez-vous sur : www.taschen.com/institutoterra
Inspiration : illimitée. Empreinte carbone : (presque) nulle.

Envie d'en savoir plus ? Consultez taschen.com pour découvrir nos toutes dernières parutions, parcourir notre nouveau magazine et vous abonner à notre newsletter.

© 2025 TASCHEN GmbH
Hohenzollernring 53, D–50672 Köln
www.taschen.com

ISBN 978-3-7544-0167-5
Printed in Italy